# 臺灣歷史與文化 研究輯刊

## 八 編

## 第 19 冊

## 論日本統治在臺灣閩南歌謠之映現（下）

羅 文 華 著

花木蘭文化出版社

國家圖書館出版品預行編目資料

論日本統治在臺灣閩南歌謠之映現（下）／羅文華 著 — 初
版 — 新北市：花木蘭文化出版社，2015〔民104〕
目 4+188 面；19×26 公分
（臺灣歷史與文化研究輯刊 八編；第 19 冊）
ISBN 978-986-404-445-0（精裝）
1. 民間文學 2. 文學評論 3. 日據時期
733.08                                                        104015143

ISBN- 978-986-404-445-0

9 789864 044450

臺灣歷史與文化研究輯刊
八　編　第十九冊
ISBN：978-986-404-445-0

論日本統治在臺灣閩南歌謠之映現（下）

作　　　者　羅文華
總 編 輯　杜潔祥
副總編輯　楊嘉樂
編　　輯　許郁翎
出　　版　花木蘭文化出版社
社　　長　高小娟
聯絡地址　235 新北市中和區中安街七二號十三樓
　　　　　電話：02-2923-1455／傳眞：02-2923-1452
網　　址　http://www.huamulan.tw 信箱 hml 810518@gmail.com
印　　刷　普羅文化出版廣告事業
初　　版　2015 年 9 月
全書字數　272862 字
定　　價　八編 29 冊（精裝）台幣 58,000 元

# 論日本統治在臺灣閩南歌謠之映現（下）

羅文華　著

目

次

# 第五章　歌謠中反映的戰爭時期情景

　　日本在一次大戰中，雖因西歐列強無暇顧及中國與亞洲市場，而有一段經濟景氣時代，但在戰後西方各國生產力恢復後，卻開始面臨戰後恐慌，接著大正十二（1923）年的關東大地震又帶給日本經濟莫大的打擊，企業界不景氣引起昭和二（1927）年的金融恐慌，昭和四（1929）年世界性經濟恐慌，則再一次對日本經濟造成重大影響。另外，由於資本主義的進展，造成國內市場狹小，也形成日本經濟發展的一大阻礙。為解決國內經濟問題與尋求更廣大的市場，日本張擴其早已存在的向外侵略的野心，這造成昭和六（1931）年九一八事變的發生。三〇年代日本軍國法西斯主義的高度抬頭，終釀成昭和十二（1937）年中日戰爭爆發。戰爭的爆發並非無跡可循，由楊守愚在戰爭爆發前一年到約前半年間所寫的日記，就見到當時臺灣島上一些不尋常的跡象：

　　（1936.9.18）晚，八時頃，開始攻防演習，看的人，人山人海，機關銃轟轟隆隆，幾欲把人的膽子震破。尤其是那催淚彈，更叫人流淚不止。新兵器的威力，直非改隸當時所能夢想。走反云云的那些遺老們，也應嚇得腿軟了。

　　（1936.10.19）今天迎媽祖。藝閣倍遜往年，毫無足觀，惟反映非常時局之桃太郎、肉彈三勇士、鐵甲車、飛機、探照燈、高射砲等，頗引觀眾注目耳。

　　（1937.1.23）金屬物大騰貴，就連垃圾堆裡的舊鉛線、壞鉛板，也受到人家的重視。在買收，或拾取者，真是滿街都是。這軍需イソフレ，直影響到小學生裡面去。我的兒子勵人，昨今兩天，同他的

小朋友，也出動了。歸來時，我問問他，他說：「三個人統共拾取廿
多斤，賣了十三錢呢。」〔註1〕

從攻防演習，以武器裝備為主題的藝閣，再到軍需工業所需金屬物價騰貴，
頗可觀出山雨欲來，戰爭即將爆發的態勢。果不其然，昭和十二（1937）年
七月七日，日本蓄意發動蘆溝橋事變，點燃了中日兩國的戰火。

　　戰爭爆發後，日本進入戰時體制，身為日本殖民地的臺灣，自然無法置
身時局之外，亦必須被納入戰時體制中。在臺灣首先展開的是對臺灣人思想
進行強化的「皇民化運動」，此運動可說是日本近衛文麿內閣於昭和十二
（1937）年九月推展的「國民精神總動員運動」的殖民地版，以及昭和十一
（1936）年七月由總督府發起的「民風作興運動」的延續〔註2〕，這乃為因應
面對兩個祖國——中國與日本交戰，如何使臺灣人對日本保有忠誠這個問題
而產生的。又為集中全力於戰爭，昭和十三（1938）年四月，日本頒布了「國
家總動員法」，以進行戰時人力、物力等經濟資源的統制與運用。昭和十六
（1941）年四月，臺灣總督府成立「皇民奉公會」，從此「皇民奉公運動」承
續之前的皇民化運動開始運作，將原本皇民化運動強調的國民精神涵養層
次，轉為忠君愛國行動實踐的積極化奉公層次，其在成立、運作的四年當中，
努力扮演了供應後方物資、支援人力，以及控管民眾生活的角色〔註3〕。

　　進入戰爭期後，臺灣人被殖民者更加嚴密箝制與管控，思想上要皇民，
行為上要奉公，臺灣人必須全心全意輔助日本進行這場不義之戰。鄭清文在
〈我的戰爭經驗〉文中，即透過回憶錄的方式，以十來歲孩童的眼光描寫處
於戰爭中的臺灣人的種種生活情狀：學校教育方面，精神教育、軍事教育、
鍛鍊體魄的運動和操練，大大加重了分量；戰時總動員下，孩童亦須「奉仕
作業」，在學校做堆肥、採草仔、種蓖麻，有時也要出去幫農人割稻；因為島
內物資不足，實施配給制度，物資不但量不夠，質也差，在量不夠的情況下，
黑市因而形成起來，不管能吃的與不能吃的，均流入暗市中；為出征軍人送
行，揮舞著小旗，唱軍歌，口喊萬歲；戰時空襲頻頻，昭和二十（1945）年
五月卅一日的臺北大空襲，幾乎將半個臺北市炸爛了；學生在戰爭末期，因

---

〔註1〕許師俊雅、楊洽人編：《楊守愚日記》（彰化：彰縣文化局，1998.12），頁70、
　　　85、131。
〔註2〕參蔡錦堂編著：《戰爭體制下的台灣》（臺北：日創社文化，2006.10），頁
　　　15。
〔註3〕同前註，頁86～87、96。

為人力需求孔急，已無法上課，須被派去做勞役〔註4〕。鄭清文這篇文章，對戰爭時期臺灣人生活情景，有清晰的回顧，讀時，戰時之境歷歷在目。

　　除歷經當時代人的回憶性文字，通過戰爭時期的歌謠，亦可以了解當日臺灣人的生活情景：配合戰爭進行，日本統治者在臺灣推行哪些政策？為培養臺灣人的忠誠度，如何對臺人進行澈底的思想改造？在統治者所制定的因應戰爭的政策下，臺灣人做出了哪些犧牲？又戰爭非常時期，臺灣人被迫改變生活常態，在太平洋戰爭爆發後，臺灣成美軍空襲的目標，這段空襲歲月是經歷過日治末期的臺灣人所無法忘卻的記憶，筆者的母親就還清楚地記得，她說為了避空襲，家中自己挖了一個防空洞（往地下挖掘，上面覆以竹葉），每當空襲警報響起，就趕緊躲到這個簡陋的防空洞中。無情的炸彈空襲，臺灣人民的生死往往在一瞬間，對臺灣人生活影響重大的空襲事件自然成為歌謠的題材，呈現那個時代人民無法逃避的一段經歷。上文提及的問題與現象，即為本章欲探討者，希冀透過相關歌謠的研究，對處於戰爭時期的臺灣人民的生活情景與心底真正的聲音，有更加真實與透澈的了解。

# 第一節　殖民者對臺民動員

## 一、軍事動員

　　戰爭期中，除日本人為當然的兵員來源，臺灣人亦須接受殖民者的軍事動員，配合與協力日軍的侵略行動。軍事動員最早是軍伕、軍屬等隨軍人員的徵調，在中日戰爭爆發當年，就有命名為「白襷隊」的臺灣人伕在中國大陸擔任臺灣軍的運輸工作，這批軍伕不是志願前往戰地，而是被強制徵傭的〔註5〕。由於第一批軍伕係採無差別、無秩序的徵調方式，過程混亂粗糙，隔年初的第二波軍伕徵調過程就改以志願或由壯丁團等團體中採擇的方式，避免引起臺灣人的反彈與後方社會問題的產生〔註6〕。除此，「臺灣農業義勇團」也是另一種形式的軍伕工作，農業義勇團是為解決中國戰場上國

---

〔註4〕鄭清文：〈我的戰爭經驗〉，收錄於鄭明娳、林燿德選註：《人生五題——憂患》（臺北：正中，1990.7），頁138～150。

〔註5〕參鄭麗玲：〈不沈的航空母艦——台灣的軍事動員〉，《臺灣風物》44卷3期，1994.9，頁54。

〔註6〕參蔡錦堂編著：《戰爭體制下的台灣》，頁98。

民政府採取焦土政策及日軍戰線過長所造成的補給問題，昭和十三（1938）年四月從臺灣招募一千人到上海附近栽培軍用蔬菜，此爲第一期農業義勇團，隔年七月又從臺灣徵調一千名第二期農業義勇團。此外類似臺灣農業義勇團形式的還有爲支援廣東及海南島日軍米穀、蔬菜，而派遣出技術人員和指導農夫，負責指揮當地農民從事栽培〔註7〕。

　　不論是白襷隊，或是農業義勇團，均是在中國戰場徵用的軍夫，而在日軍將戰場擴大到南洋之後，同樣亦徵用臺灣人軍夫。昭和十六（1941）年，攻打越南的法印派遣軍透過臺灣軍要求總督府提供一千名軍夫，在總督府募集下，組成一千人的「台灣特設勞務奉公團」，除第一批外，隨後還徵用五批，總計六千多人。除台灣特設勞務奉公團，又有以「台灣特設勤勞團」、「台灣特設農業團」、「建設團」爲名的軍夫團體，其中台灣特設勤勞團總計派遣三十回，人數多達兩萬八千名〔註8〕。

　　臺灣總督府除對臺灣人進行軍夫的動員，也進行軍屬的動員。軍屬爲在軍中服務的技術人員，主要以日本人爲主，但隨日軍佔領地的擴大，需要更多的軍屬，故也動員臺灣人參與。臺灣人被徵調爲軍屬者，大多從事戰地翻譯、警察工作、宣傳撫慰、調查工作、醫療技術人員，或獸醫、家畜傳染病防疫等工作〔註9〕。但不論軍夫或軍屬，在軍中的地位都是非常低下的〔註10〕。

　　所以在戰爭剛開始時，臺灣人根本未擁有從軍的「資格」，但日本或許是考慮到發動太平洋戰爭之後，日軍將要投入更多兵員在南洋地區的佔領地，日本本土兵員恐有不足，而臺灣在地理上最接近南洋，所以，昭和十六（1941）年六月，日本內閣開始規劃改變臺灣殖民地兵制，六月二十日，日本內閣會議決定在臺灣實施陸軍特別志願兵制度，於隔年四月一日起正式實施，在徵兵制實行前，採用的陸軍志願兵約有五千餘名。海軍特別志願兵制度的實施，則是昭和十八（1943）年日軍節節敗退，臺灣的軍事位置由向來補給的基地，變爲第一線的戰鬥基地，日本開始在臺灣進行「要塞化」的準備的背景下所產生的。當年八月一日，開始實施，共計六期，第一期一千人，

〔註7〕 參鄭麗玲：〈不沈的航空母艦——台灣的軍事動員〉，《臺灣風物》44卷3期，1994.9，頁54～57。
〔註8〕 同前註，頁58～60。
〔註9〕 參蔡錦堂編著：《戰爭體制下的台灣》，頁109。
〔註10〕 在日本軍隊中有如下之階級排列：軍人、軍馬、軍犬、軍屬、軍夫。軍屬與軍夫分佔最低兩個階級。

其餘五期，每期都取用二千人〔註11〕。

　　在日軍戰事失利，兵員嚴重不足下，昭和十八（1943）年因爲陸軍提議，日本內閣通過自昭和二十（1945）年起在臺灣實施徵兵制度，隔年九月臺灣總督府遵照內閣決議正式公布實施徵兵制度，並定昭和二十（1945）年一月開始徵兵檢查，首批的徵兵檢查，以大正十四（1925）年出生者爲徵召對象，大部分以現役兵入伍〔註12〕。

　　在徵兵制之前以「志願」爲名的軍事動員中，有的根本是被迫參加，在非志願的情況下作了帝國的卒子，如當過志願兵的王長祿即言：

　　　　日本人在臺灣實施志願兵制度，其間曾受日本人課長、部長、州知
　　　　事等長官半鼓勵半脅迫之下，不得不提出志願，當時原暗想在四、
　　　　五十萬人當中只徵五百人，也許可以幸運不被錄取，但事實卻相反，
　　　　終於去當兵，經嚴格難忍之訓練後，被派到濠北南方戰區約四年，
　　　　受盡難以形容的苦楚，日軍戰敗後才遣送回臺，可謂浪費了毫無代
　　　　價的四年寶貴青春，一切變成一無所有，必須重頭開始。〔註13〕

另在陳千武具自傳性的戰爭小說〈旗語〉中，亦能見到這種「被迫志願」：

　　　　台灣青年沒有義務當日本兵，但可以特別志願，就是在巡查督促保
　　　　正（今的里長）的監視之下，很「特別」的在志願書上蓋章申請，
　　　　這種不是出自於自己意願的「志願」，成爲「榮譽」的日本現役兵後，
　　　　可獲得跟日本人一樣的義務與稍有不同的權利。而所謂權利卻是爲
　　　　日本天皇陛下「敢死」爲光榮的權利。〔註14〕

成爲志願兵的臺灣人的權利是光榮地爲天皇敢死，而非要求在戰爭中能夠安然地生存，可見殖民者將何等荒謬的「忠君愛國」思想灌輸給臺灣人。在強迫志願下，甚至發生若有違抗徵調命令，即遭到殺害的情形〔註15〕。但也有人是眞的志願，這些志願者或認爲躲不過，乾脆志願；或爲生活所迫；也有人因日本

〔註11〕參鄭麗玲：〈不沈的航空母艦──台灣的軍事動員〉，《臺灣風物》44卷3期，1994.9，頁61～67。

〔註12〕參蔡錦堂編著：《戰爭體制下的台灣》，頁116。

〔註13〕臺灣省文獻委員會採集組主編：《嘉義市鄉土史料》（南投：省文獻會，1997.7），頁83～84。

〔註14〕陳千武：《活著回來──日治時期台灣特別志願兵的回憶》（臺中：晨星，1999.8），頁14～15。

〔註15〕此據屏東縣耆老尤清海所言。蕭銘祥主編：《屏東縣鄉土史料》（南投：省文獻會，1996.1），頁751。

教育的教導，而產生當兵的念頭〔註16〕。屏東縣耆老賴文鳳就言：「日據時期因鼓勵徵召宣傳感化高招，並無強迫情事，常被曲解。」〔註17〕有些臺灣青年基於對日本的認同感，同時被日本殖民者刻意營造的皇道精神的氛圍所激勵，以血書明志〔註18〕，願輔翼皇國精神，為日本的侵略野心奔赴戰場。因為日本帝國的野心，臺灣人不管願不願意，都得奉獻自己所有，包括珍貴的生命。殖民當局要求臺灣人服兵役時，必須把當「皇軍」看成是日本所賜予的「恩惠」〔註19〕，這就是日本人要求臺灣人的絕對忠誠。

　　日人發動侵略戰爭，卻要臺灣人以生命作陪，若家中有男子被徵調從軍，面對征夫此去生死難卜，家屬對日本殖民者自是懷藏深深的怨恨：

龍眼好食粒粒有

蓮霧開花像銅鐘

天壽日本仔做僥倖

叫阮君仔去做兵〔註20〕

蓮霧開花吊銅鐘

天壽日本仔叫阮阿胤仔去做兵

欲去關仔嶺許神明

許若返來去散步較流行〔註21〕

這同首歌謠的兩種異文均咒罵日本人短命早夭，只因殖民政府徵調臺灣子弟上戰場，而被徵調的臺灣人能否平安歸來，終是無法預知。人在徬徨無助時，往往藉助宗教信仰尋求心靈寄託，歌謠中亦求助神明，希望親人能夠平安歸

---

〔註16〕參鄭麗玲：〈不沈的航空母艦 —— 台灣的軍事動員〉，《臺灣風物》44卷3期，1994.9，頁73～74。

〔註17〕蕭銘祥主編：《屏東縣鄉土史料》，頁733。

〔註18〕「臺灣青年寫血書志願從軍，最初出現在徵用軍夫時。到了公布志願兵制度將在臺灣實施時，『血書志願』更蔚為一股風氣，在年輕人之間十分流行。」周婉窈：〈日本在臺軍事動員與臺灣人的海外參戰經驗〉，收錄於氏著：《海行兮的年代 —— 日本殖民統治末期臺灣史論集》（臺北：允晨文化，2003.2），頁143。

〔註19〕參鄭麗玲：〈不沈的航空母艦 —— 台灣的軍事動員〉，《臺灣風物》44卷3期，1994.9，頁77。

〔註20〕胡萬川總編輯：《彰化縣民間文學集10歌謠篇（四）》（彰化：彰縣文化局，1996.6），頁98；講述者：胡林翠香。

〔註21〕黃哲永總編輯：《六腳鄉閩南語歌謠集》（嘉義：嘉縣文化局，1997.6），頁12；講述者：陳招蘭。

來。歌謠裡，除看出臺灣人民對殖民者動員臺灣人上戰場的不滿，也可觀察出皇民化運動中要臺灣人參拜神社，奉祀神宮大麻，實施家庭正廳改善運動與寺廟整理運動等改易臺灣人宗教信仰的政策〔註 22〕並未奏效，因爲臺灣民眾在遇到困難時，求助的還是慣常信仰的臺灣神祇，「欲去關仔嶺許神明」指的應是關仔嶺的碧雲寺或大仙寺，這皆是臺灣傳統廟宇，殖民者以外力強制推行宗教改易，終因違逆臺灣傳統習俗，無法深入臺灣人的生活與心理，可說是失敗的舉措。

除對殖民者的怨恨，亦有婦人抒發丈夫被徵調至海外從軍的失偶的悲痛：

我君調去海南島
害阮台灣揣無哥
無采君情對阮好
上驚下日歟合好

第一悽慘守寡婦
儂儂笑阮無丈夫
阮是爲囝來辜負
即著離母𢃇身軀

大囝哭枵細囝啼
家中無米閣無錢
甘願受苦過日子
望卜晟囝出頭天〔註23〕

歌謠第一段描寫丈夫被徵調到海南島從軍後，妻子心中的擔憂，唯恐丈夫無法生還，那夫妻倆就沒有再度團圓的一天。第二段描寫妻子的擔憂果然成眞，丈夫身死異鄉，自己在沒有選擇下成了寡婦。第三段寫丈夫身死，家中尚有黃口小兒嗷嗷待哺，在戰時物資缺乏，無錢又無米的情況下，情願自身受苦，只希望能將孩子撫養長大，他們有出人頭地的一天。歌謠反映戰爭期間的社會景況，當時有許多臺籍軍夫被徵調到海南島，他們在日軍的皮鞭下，又累又餓又病，死了不少人。一批批臺籍軍夫出征，又一批批白布包的四方形「遺

〔註22〕相關宗教政策可參蔡錦堂：〈日據末期台灣人宗教信仰之變遷——以「家庭正廳改善運動」爲中心〉，《思與言》29 卷 4 期，1991.12，頁 65～83。

〔註23〕黃鴻禧主編：《員山相褒歌》（宜蘭：員山鄉公所，2002.2），頁 185～186；講述者：簡阿花。揣：找；無采君情對阮好：難捨老公對我的感情這麼好。

骨盒」被送回來〔註24〕。日本帝國的侵略行動，造成許多臺灣人幸福家庭的破滅，成其野心的陪葬品。雖然歌謠中並未對殖民者怒罵，但悲慘境遇的刻畫，就是對殖民者無言卻深沉的強力控訴。

## 二、勞力動員

日治末期，日人依據「國家總動員法」徵調公工，年齡在二十到五十歲之間，首先依據上級需要人數，通知派出所，派出所再通知各個保甲，由各保造名冊，送到總部隊徵調的公工，包括學生、青年部隊和一般民眾，公工期間或三天、或十天、或一百天不等〔註25〕。這些徵調的公工，主要負責防禦工事的修築，為日軍修建機場、軍用道路和防空野戰工事。「做公工」為殖民者對臺灣人民的勞力榨取，因為這通常是沒有酬勞的，甚至有些被徵去修築工事的臺灣人，在工事完成後就被殺掉〔註26〕。在地方耆老的回憶中，就曾提及「做公工」的情形，如曾任保甲書記的陳金水言：

> 戰前的「公工」主要是築馬路，由保甲分段分區地築；……戰爭期間的「公工」則按照紅單指示，依保輪調人員到指定地點報到，去修建防空壕或貯藏物資的洞穴，一保調幾個人工，通常都是少壯青年。紅單的日語是「紅紙」，係由軍方發出的軍事召集令；村民接到紅單就頭痛恐懼，因為要絕對服從指示，照所說的日期地點去報到。……不去就押去警察課，飽嚐一頓拳腳及拘留的待遇。在此鐵蹄下，誰敢多說兩句？有苦也不敢說，只有唯命是從。保正、甲長也無可奈何。〔註27〕

另據曾任職街庄役場的賴江和的口述：

> 戰時動員的「做公工」，也是由派出所主辦，庄役場協辦。魚池庄「做公工」的動員情形是這樣的：警察系統方面會把「做公工」所需動員的日數和人數交給庄役場，由其規劃配合。例如要動員公工去修築水里和埔里之間的道路，首先由郡警察課公佈動員的總日數

〔註24〕參吳克泰著：《吳克泰回憶錄》（臺北：人間，2002.8），頁64。
〔註25〕參戚嘉林作：《臺灣史》（臺北：戚嘉林，1998.8），頁1745。
〔註26〕安然著：《台灣民眾抗日史》（臺北：海峽學術，2005.9），頁219。
〔註27〕蔡慧玉：〈保正、保甲書記、街庄役場 —— 口述歷史之二〉，《臺灣風物》44卷2期，1994.6，頁85〜86。

　　和總人數，再由庄役場調查每戶有多少勞動人口，以及可以動員的
　　人有多少。然後將結果製成名冊，交付各派出所，由巡查憑名冊通
　　知庄民「做公工」的日期、地點、與相關事項。「做公工」時，我
　　們必須自備米糧菜食，步行到水里工作；有時甚至住在工寮中，工
　　作期間長達好幾個月。做什麼事都是事先規劃好的：多少戶，多少
　　人參與，道路修多長等，都有規定。如果應去不去，日本巡查就會
　　打人或把人關起來。〔註28〕

由上文口述資料，即知戰時「做公工」為殖民政府藉國家權力的動員，其本
質是強制性與非自願性的，故若不遵從，就會受到懲戒，如陳金水與賴江和
皆言的被毆或是被拘留。臺灣人民在戰時物資欠缺、生活艱困的環境中，尚
要配合國策，負責供應免費的勞力，可想見他們身心所遭受到的雙重壓力與
痛苦。

　　戰時勞力動員的情形不僅存在老一輩臺灣人的口述回憶中，也見於歌謠
的唱述，底下這首，即呈現戰爭時期臺灣人勞務奉公的景況：

　　支那事變英國反
　　割稻仔派派總動員
　　日本保正來置管
　　一排分做兩三圍〔註29〕

由以上歌謠，可知中日戰爭爆發後，臺灣人即被迫從事割稻等勞力動員，以
及勞力動員的相關配置情形。下列這首亦反映殖民政府對臺人的強制勞務奉
公：

　　徵發公工照戶分，海軍做佫週陸軍，
　　媠个免做咧歇睏，穤个就做佫痠跤筋。〔註30〕

從「徵發公工照戶分」一句，可知每戶人家皆負分擔勞務的義務，而且不僅
男性，連女性也須勞務奉公。澎湖耆老的口述回憶中即曾提及：

---

〔註28〕 蔡慧玉：〈保正、保甲書記、街庄役場——口述歷史（三）〉，《臺灣風物》45
　　　　卷4期，1995.12，頁100～101。
〔註29〕 林錦賢總編輯：《宜蘭縣壯圍鄉囝仔歌老歌謠》（宜蘭：宜蘭縣壯圍鄉立圖書
　　　　館，1999.6），頁19；講述者：林炎能。置：在。
〔註30〕 洪敏聰著：《澎湖水調：澎湖的褒歌續集》（澎湖：澎縣文化局，2003.8），頁
　　　　144；講述者：陳顏換。穤：醜；痠跤筋：腳筋都萎縮。

> 呂英偉先生：防風牆實際上是一項重大的戰備工程，日本政府卻假
> 　　　　　　藉澎湖產業、農業及防風的名義，動用全體男、女百
> 　　　　　　姓去掘石頭，並且規定每個人要交出多少石塊。……。
> 林抱先生：……當時的情形是每戶人家家裡不論男、女，只要沒有
> 　　　　　　工作者就被徵調並分派工作，每人一公尺、一戶五口即
> 　　　　　　五公尺，限期完成。而且，還要從田裡挖土囤到防風牆
> 　　　　　　裡，所以田地就無法耕作。……。〔註31〕

戰時需要大量人力，臺灣男子在被軍事動員後，勞動力嚴重短缺，即需由女性來填補。當時的保甲、壯丁團就把女性納入傳統的保甲制度中，昭和十五（1940）年十月在臺南警察署率先組成婦人保甲團體，由各派出所組成聯合保甲婦女團〔註32〕。另外大日本婦人會臺灣本部與桔梗俱樂部則分別有鼓吹女子勞動與實際從事勞務動員的情形〔註33〕。由此可觀在戰況吃緊，勞動力大量需求的情況下，對女子勞力的重視與運用。雖然女子亦須負擔「做公工」的義務，但按歌謠中的描述，這些掌管勞務奉公的日本人，對待不同姿色的女性還是有分別的，較漂亮的女子，任其休息，較醜陋的女子，就讓她持續工作。雖然歌謠只在描寫眼見之實，但從中也可看出管工的日本人的心態。就殖民者與受殖者的統治角色觀之，日本人是殖民者，做公工的女子為受殖者；就男性與女性的性別角色來看，管工的日本人為強勢的男性角色，做公工的女子為弱勢的女性角色。因為身處受殖者與女性的雙重弱勢角色，所以這些臺灣女子只能任殖民者支配、宰制。這是從歌謠中所能讀出的更深層的意涵。

下列這首歌謠則描寫民眾被迫奉公，並得以勞務奉公優先的情形：

　　徵發公工艙離手，山面種作難得收，

　　拄著宮本無講究，蘆黍逐穗發喙鬚。〔註34〕

戰爭期間，亟須大量人力構築軍事防禦工事，在以勞務奉公為優先的既定政

---

〔註31〕呂順安主編：《澎湖縣鄉土史料》（南投：省文獻會，1994.1），頁81。
〔註32〕鄭麗玲：〈日治時期台灣戰時體制下（1937～1945）的保甲制度〉，《臺北文獻》直字116期，1996.6，頁33。
〔註33〕楊雅慧：〈日據末期的台灣女性與皇民化運動〉，《臺灣風物》43卷2期，1993.6，頁76。
〔註34〕洪敏聰著：《澎湖水調：澎湖的褒歌續集》，頁143；講述者：許葉春蓬。拄到：遇到；講究：講理。

策下，民眾根本沒有餘力去採收自己種植的農作物，貫徹上級命令的警察，對這些民眾絲毫不肯通融，當人民要求去收割栽種的高粱時，竟遭其無理拒絕，以致高粱整穗冒出白色的鬚根而無法收成。在戰時國家利益至上與國家權力支配下，臺灣人被允許的僅有以國家需要為優先，用皇民的忠誠之心全力奉公，以協助戰爭的順利進行。

　　另外，臺灣人構築防禦工事的辛苦也顯露於歌謠中：

　　　　早起上工五點半，下昏煞工日落山，

　　　　阮厝父母金金看，看汝心肝在內垵。〔註35〕

構築工事每天都要準時上工，因為工地距離住家甚遠，所以一早就要徒步到工地去，以便準時到達，而收工時間以太陽下山為準，故收工後，都要摸黑走回家。歌中描述的是住在澎湖二崁村的一戶人家，父母在家擔心年幼的孩子被分派到內垵村去工作還沒有回來的心境〔註36〕。五點半即須上工，直至太陽下山才能歸家，從工時之長，即知勞役的辛苦。雖然父母擔心孩兒安全，但懾於殖民者的威勢，哪能有所抗議，只能懷藏無奈，望眼欲穿地盼望孩子早些平安回家。另外兩首歌謠同樣表露此種苦辛：

　　　　想著做工真歹命

　　　　三烏四暗亦著行

　　　　行到腳底燒熱痛

　　　　找無小娘可憐兄〔註37〕

　　　　石頭發草繪勇健

　　　　教狗犁園繪曉行

　　　　擔石肩頭哩會痛

　　　　腳骨若酸就繪行〔註38〕

殖民者的命令一下，不管多早，都得上路，「行到腳底燒熱痛」、「擔石肩頭哩會痛」、「腳骨若酸就繪行」，頗可見臺灣人在勞力動員下的慘累狀。

　　在人力被國家統制下，修築軍事防禦工事因具有絕對優先性，臺灣人沒

〔註35〕同前註，頁145；講述者：陳顏換。

〔註36〕洪敏聰著：《澎湖水調：澎湖的褒歌續集》，頁145。

〔註37〕張詠捷計畫、執行：《海島的歌·澎湖地區褒歌採集計畫成果》（臺北：國家文化藝術基金會補助，2000.1），講述者：陳顏換。

〔註38〕同前註；講述者：陳顏換。

有拒絕的權利，亦不獲商量的餘地，不管願不願意，只能按照上面的規定去執行被分配到的勞務，工作的輕鬆或辛苦，只能由居上位的日本統治者決定。被剝削勞力的臺灣人雖然辛苦，但在國家法令箝制下，為免受到處罰，也只能順良的奉獻自己的勞力。

## 第二節　殖民者對臺民行思想改造

　　戰爭時期，總督府為使臺灣人貢獻人力、物力，協助戰爭進行，必得對臺灣人進行精神思想改造，以確保臺灣人的忠誠，皇民化運動即為總督府此種政策的具體實踐。皇民化運動中，除了一些制式的宗教與社會習俗的改革、國語運動、改姓名運動、志願兵制度，殖民者還慣於運用一些人物故事，以較為軟性的手法來進行宣傳。這種宣傳手法，不是皇民化時期才開始的，如日治初期日人對「吳鳳傳說」即頗為熱衷，吳鳳事蹟可說是因日人而重顯於世的〔註39〕，因為這個傳說有助於推展「殺身成仁」、「奉公無私」等皇國精神，為此文部省還於大正二（1913）年將吳鳳傳編入教科書，甚至在日治末期欲消弭臺灣固有宗教的皇民化運動中，吳鳳信仰是不列入所欲排除的神祇中〔註40〕。

　　戰爭時期，「君が代少年」、「莎韻」〔註41〕更是殖民政府刻意渲染的兩個人物典範。「君が代少年」詹德坤確有其人，他是新竹州苗栗郡公館庄（現苗栗縣公館鄉）人，他在昭和十（1935）年四月廿一日發生的中部大地震中受重傷而終不治身亡，因其在臨終之際意識朦朧中突然起身唱起國歌，歌至一半再度失去意識，昏厥而逝，因此提供了殖民者一個皇民化教育的素材，他的故事被編入日本帝國圈內的小學「國語」讀本中，廣為學童所誦讀。課文中強調的詹德坤的三項作為：體行日本宗教儀式，拒絕講臺灣話、堅持說國語（日語），崇敬國歌，皆是在宣揚殖民者的皇民思想〔註42〕。但實際上，詹

〔註39〕楊雲萍：〈吳鳳事蹟與一英國人〉，收錄於氏著：《台灣的文化與文獻》（臺北：臺灣風物雜誌社，1990.1），頁187。

〔註40〕參翁佳音：〈吳鳳傳說沿革考〉，《臺灣風物》36卷1期，1986.3，頁41～45。

〔註41〕莎韻，係日文「サヨン」之音譯，據泰雅族人稱此名音近於「sayun」，因此有作莎勇，或沙鴦者。參周婉窈：〈「莎勇之鐘」的故事及其周邊波瀾〉，收錄於氏著：《海行兮的年代——日本殖民統治末期臺灣史論集》，頁13。

〔註42〕參周婉窈：〈日治末期「國歌少年」的統治神話及其時代背景〉，收錄於氏著：

德坤是否眞是具有這些殖民者眼中「美好」特質的純良小孩，則頗值得懷疑。
在一場苗栗耆老口述歷史座談會中，就有耆老郭煥章表示詹德坤是個生性愚
笨的小孩，他斷氣前高聲唱歌是希望能使疼痛稍減，其實他不會唱別的歌，
只會唱日本國歌；另一位耆老彭雙松則言曾聽詹德坤的鄰居說，其實他是個
極爲調皮搗蛋的小孩〔註43〕。由此可見「君が代少年」這個故事的虛僞性，
但殖民者就是慣於以這種手法，包裝其皇民思想。

　　「莎韻」則是一位幫助從軍的日籍警手田北背負行李而失足落水的原住
民少女，原本的事件很單純，只是勞務奉公〔註44〕，但在總督長谷川清爲表
彰莎韻的「愛國」事蹟，而於昭和十六（1941）年四月十四日頒贈一只鐘給
利有亨社作爲紀念後，這件事蹟已從昭和十三（1938）年九月廿九日《臺灣
日日新報》所刊載的「蕃婦跌落溪流」，演變成愛國少女「莎韻之鐘」的故事。
整件事中被強調與渲染的「愛國精神」，使得「莎韻之鐘」成爲當時詩歌、繪
畫、譜曲與活動的熱門題材與對象，亦使莎韻的故事廣爲流傳。昭和十八

---

　　　　《海行兮的年代——日本殖民統治末期臺灣史論集》，頁1～12。
〔註43〕臺灣省文獻委員會採集組編校：《苗栗縣鄉土史料》（南投：省文獻會，1999.
　　　　6），頁37。
〔註44〕在1994.6.19宜蘭縣史館主辦的「莎韻之鐘的迷思座談會」中，悲劇發生時
　　　　緊隨在莎韻身後的陳鳳玉，透過其丈夫陳金樹發言指出，當時因爲有義務
　　　　勞動的制度，有七個人被警察指定要幫老師運送行李，根本不像電影裡描
　　　　述的師生戀、自願相送。事件發生當天，由於颱風剛過境，水位提高，從
　　　　南溪到大南澳之間，有一個圓木搭成的臨時橋，第一個過橋的平錦勇帶著
　　　　一名小孩過橋之後，莎韻跟著過橋，但她一個不小心竟滑落山澗，被急流
　　　　衝刷而去，緊隨在後的陳鳳玉及時被制止，轉而隨同他人到親戚家住了一
　　　　夜。另一位見證人平錦勇則回憶，他當時距離莎韻約十公尺左右，過橋後
　　　　只聽到身後有人大叫「好痛、好痛」，才發現莎韻已經掉下橋去。周美惠報
　　　　導：〈追溯莎韻之鐘‧歷史見證人‧中日學者會師宜蘭〉，《聯合報》1994.
　　　　6.20，35版。另筆者於2007.11.24參加「莎韻之鐘殖民地文化國際學術研
　　　　討會」，會中莎韻的家族亦表示，莎韻是女子青年團員，因被動員，才去揹
　　　　行李，又對之後訛傳的師生戀極爲憤怒，認爲這已使他們家族受到傷害，
　　　　在以訛傳訛的情況下，家族甚至還被問到他們兩人是否有小孩。據在場的
　　　　南澳鄉鄉長言，因爲訛傳，莎韻被認爲是「偷客兄」的女子，按泰雅族的
　　　　律法，這種行爲是會被拉到樹下使其上吊的。這也是爲何莎韻家族對這種
　　　　訛傳如此在意的原因。又筆者曾訪問過住在宜蘭南澳鄉的兩名泰雅族人，
　　　　其中的王世豪聽老人家說，莎韻爲將日本部隊從山上帶回平地，途中經過
　　　　南澳南溪時被水沖走；駱仕豪則聽與莎韻同爲武塔村人的大姐夫言，莎韻
　　　　是爲揹東西到軍隊給她的男朋友，大水沖來被沖走。可見這件事的確有許
　　　　多訛傳。訪問日期：2008.10.2。

（1943）年莎韻的故事甚至被搬上銀幕，片名就叫「莎韻之鐘」。這波熱潮也延燒到小學教科書上，「莎韻之鐘」成爲小學教科書的教材，出現在《初等科國語》卷五中﹝註45﹞。殖民當局所以渲染莎韻的事蹟，就是爲了激發和培養所謂的皇民精神，更製造「軍國美談」和褒揚「愛國青年」，以達成道德示範作用﹝註46﹞。以眞實存在的人物事蹟（雖然已經渲染）來宣揚皇民理念，以設定好的人物典型供殖民地人民仿傚，這對同化應具潛移默化之效。

　　除用上述這些方式改造思想，殖民當局尚利用歌曲這種大眾娛樂，下文將以李臨秋作詞、鄧雨賢作曲的〈送君譜〉及其變例來作觀察，觀殖民當局對臺灣人進行的思想改造是否有效；另外，當時一些富皇民精神的歌謠，以及〈送軍夫〉一類歌謠，亦是觀察對象。以下分三小節論之。

## 一、〈送君譜〉及其變例

　　日治末期就讀新莊東國校的杜武志曾談到彼時殖民者利用歌曲進行的思想改造：

> 太平洋戰爭發生後，爲了加快教育每一個本島人，成爲眞正具有日本意識、大和精神的日本人，所以，要不厭其煩的天天灌輸皇民意識。每天朝會，照例要升旗。升太陽旗時，要聽著歌頌日本皇室萬世興盛的國歌（在講堂時則要齊唱），以注目禮望著太陽旗如太陽般冉冉上升。大約在太平洋戰爭一周年起開始唱「隨君征海」歌——表達決心隨時隨地爲天皇獻軀效忠的歌。在結構上接在國歌之後，由於悲壯至極，所以，在唱完國歌後唱出來時，不由得慷慨激昂起來，會衝動願爲天皇不惜獻出生命的一種情緒來。爲使達到這個效果，於是大政翼贊會便指定它爲僅次於國歌的「國民之歌」，規定在各種集會時必須齊唱！由於差不多天天聽、天天唱，所以，必須效忠天皇這件事，便銘刻在幼小的心靈上。﹝註47﹞

以煽惑的歌詞與悲壯的曲調共譜成的時局歌曲，使孩童「沐浴」在特意營造的皇國氛圍中，而生發願爲天皇效忠的志願，甚至還將此事銘刻於心，可見歌曲感染力之深與強。殖民當局不僅善用歌曲灌輸孩童特定的意識型態，對

---

﹝註45﹞ 參周婉窈：〈「莎勇之鐘」的故事及其周邊波瀾〉，收錄於氏著：《海行兮的年代——日本殖民統治末期臺灣史論集》，頁13～31。
﹝註46﹞ 陳昭順整理：〈莎韻之鐘的迷思〉，《歷史月刊》79期，1994.8，頁110。
﹝註47﹞ 杜武志：《日治時期的殖民教育》（臺北：北縣文化局，1997.7），頁281。

一般大眾亦是如此，除新創作時局歌曲，還將受臺灣民眾歡迎的流行歌曲曲調填上新詞，利用民眾對曲調的熟悉，達到宣傳目的。鄧雨賢作曲的〈望春風〉由霧島昇改填日語歌詞，題目變成了〈大地は招く〉（大地在召喚）；〈月夜愁〉改爲〈軍夫の妻〉（軍夫之妻），〈雨夜花〉改爲〈譽れの軍夫〉（榮譽的軍夫），這兩首均由栗原白也進行改詞。歌謠的旋律，亦由原來徐緩、哀怨的調子，轉爲激昂、悲壯的進行曲，以此鼓舞臺灣青年。這些歌曲由哥倫比亞唱片重新出片，搭配日本自己寫的歌，像〈支那の夜〉等，透過「臺北放送局」播出，並在各地舉行演唱會、演奏會，推出當時臺灣人最喜愛的歌手──愛愛、純純、豔豔、吳成家等，手拿日本太陽旗，大聲唱著「皇民化後」被改造過的「臺灣歌謠」〔註48〕。臺灣人作曲家所創作出的優美曲調，就這樣被日本殖民者拿來當作戰爭、同化的工具，以臺灣瓶裝日本酒的方式，使宣傳的思想能深植臺灣人腦海中。

但〈大地は招く〉、〈軍夫の妻〉、〈譽れの軍夫〉皆爲日文歌曲，對不諳日語的臺灣民眾來說，實難收宣傳之效，不如以民眾熟悉的語言填寫歌詞，輔以強力放送，倒容易讓民眾快速學會，達成宣傳效果。這可以〈送君譜〉爲代表，這首歌的前身爲李臨秋以「留傘調」填詞的〈送君詞〉〔註49〕，原詞意爲送別夫君遠行打拚，叮嚀夫君在外不可貪戀野花香，與期盼夫君此行能夠光宗耀祖〔註50〕。但改編後，卻變身成富含軍國主義思想的勸出征作品：

> 送阮夫君要起行，
> 目屎流落昧出聲；
> 正手夯旗，左手牽子，
> 我君仔做你去打拚，
> 家內放心免探聽。

---

〔註48〕　參莊永明著：《臺灣歌謠追想曲》（臺北：前衛，2000.9），頁41；戴書訓等編纂：《重修台灣省通志・卷十・藝文志・文學篇》（南投：省文獻會，1997.12），頁1108。

〔註49〕　葉龍彥：〈日治時期臺灣「唱片」史〉，《臺北文獻》直字129期，1999.9，頁77。

〔註50〕　李臨秋填詞的〈送君詞〉歌詞爲「送阮夫君欲起行，起行，目屎流落昧做聲，做聲，出外做你去打拚，家內放心免探聽，家內啊！放心啊！放心免探聽，哪哎唷地唷。君著帶念梅花欉，花欉，不通貪著野花香，花香，有閒批信較輕送，最好每夜乎阮夢，最好啊！每夜啊！每夜乎阮夢，哪哎唷地唷。詞中難得表眞情，眞情，加講傷心無路用，路用，祝君此去好環境，顯祖耀宗蔭家庭，顯祖啊！耀宗啊！耀宗蔭家庭，哪哎唷地唷。」莊永明、孫德銘編《台灣歌謠鄉土情》（臺北：孫德銘，1994.6），頁112～113。

> 爲國盡忠無惜命，
> 從軍出門好名聲；
> 正手夯旗，左手牽子，
> 我君仔神明有靈聖，
> 保庇功勞頭一名。
> 火車慢慢欲起行，
> 一時心酸昧出聲；
> 正手夯旗，左手牽子，
> 我君仔身體著勇健，
> 家內放心免探聽。〔註51〕

歌中描寫一位妻子送別夫君從軍，雖然內心悲傷，但還是堅強地告知夫君毋須掛心家中事務，並期勉他要好好爲國盡忠，就算犧牲性命也不需惜，而以爲國家建功爲上。這首歌曲意圖相當明確，即告知臺灣婦女在國家艱難之際要識大體，以國家需要爲優先，個人利益須拋諸腦後，夫婿若從軍，臺灣婦女切不可拘於小情小愛，要深明大義，忍住悲痛送夫婿上戰場。這是澈底貫徹戰爭時期日本統治者對臺灣婦女的期望：

> 當一個傳統女性將自己生命的重心 —— 丈夫、兒子送往戰場時，仍
> 要感謝皇恩賜予她這個機會，參與聖戰的機會。〔註52〕

這首以閩南語作詞的歌曲用語淺明，富感染力，又能善用疊章法增強記憶，因此成爲某些老一輩臺灣人記憶中的歌曲，在各地方從事的歌謠采集中，就出現許多老者唱這首歌，可見此歌流傳廣泛。若殖民當局是要臺灣民眾記得這首歌，發揮宣傳效果，從這首歌尙如此鮮明地活在臺灣人的記憶中，可說他的目的已達到了。但這首歌值得觀察之處，還在它之後有超出殖民者期望的發展。

雖然採訪中許多民眾都唱起這首歌，但或許當時主要的傳播媒介在口頭的哼唱〔註53〕，並沒有參看文字寫成的歌詞，所以本非民間歌謠的〈送君譜〉

---

〔註51〕莊永明著：《臺灣歌謠追想曲》，頁44。有江蕙演唱之版本（http://blog.sina.com.tw/323/article.php?pbgid=323&entryid=14318），可參考。

〔註52〕楊雅慧：〈日據末期的台灣女性與皇民化運動〉，《臺灣風物》43卷2期，1993.6，頁80。

〔註53〕唱出這首歌的謝巧雲說，這首歌爲其小時候聽人家唱，就把它學起來。參胡萬川總編輯：《大甲鎮閩南語歌謠（二）》，頁159。另一位歌唱者張淑女則言本歌爲其十七歲時所學的，時值二次大戰末期，她受征召挑石頭做工，以興

竟如同民間歌謠般起了變異。底下先將蒐集到的相關歌謠以表列之，與〈送君譜〉作一對照：

表 5-2-1

| 〈送君譜〉 | 變例一 | 變例二 | 變例三 |
|---|---|---|---|
| 送阮夫君要起行<br>目屎流落昧出聲<br>正手夯旗左手牽子<br>我君仔做你去打拚<br>家內放心免探聽 | 送阮夫君卜起行<br>目屎流落無做聲<br>正手舉旗倒手牽子<br>我君仔做你去拍拚<br>家內放心免探聽<br><br><u>火車慢慢卜起行</u><br><u>逐个萬歲叫三聲</u><br><u>正手舉旗倒手牽子</u><br><u>我君仔做你去拍拚</u><br><u>家內放心免著驚</u> | 送阮夫君卜起行<br><u>逐个萬歲喝三聲</u><br>正手舉旗倒手牽子<br>我君啊做你去拍拚<br>家內放心免探聽 | 送阮夫君卜起行<br><u>目屎流漓儈出聲</u><br>正手舉旗倒手牽子<br>我君做你去拍拚<br>家內放心免探聽 |
| 爲國盡忠無惜命<br>從軍出門好名聲<br>正手夯旗左手牽子<br>我君仔神明有靈聖<br>保庇功勞頭一名<br>火車慢慢欲起行<br>一時心酸昧出聲<br>正手夯旗，左手牽子<br>我君仔身體著勇健<br>家內放心免探聽 | 爲國盡忠無惜命<br>從軍出門好名聲<br>正手舉旗倒手牽子<br>我君仔神明有靈聖<br>保庇功勞頭一名<br>火車慢慢卜起行<br>一時心酸哭出聲<br>正手舉旗倒手牽子<br>我君仔身體顧勇健<br><u>盡忠報國頭一名</u> | 爲國盡忠無惜命<br><u>招君出門好名聲</u><br>正手舉旗倒手牽子<br>我君啊神魂有靈聖<br>保庇功勞頭一名<br>火車慢慢卜起行<br><u>目屎流落儈出聲</u><br>正手舉旗倒手牽子<br>我君啊<u>卜轉隨便聽</u><br><u>凱旋回轉滿街迎</u> | 爲國盡忠無惜命<br><u>將軍出門好名聲</u><br>正手舉旗倒手牽子<br>我君麼神明有靈聖<br>保庇功勞頭一名<br>火車慢慢卜起行<br><u>目屎流漓儈出聲</u><br>正手舉旗倒手牽子<br>我君麼<u>著隨便定</u><br><u>解散歌詩滿街迎</u> |
| | 〔註54〕 | 〔註55〕 | 〔註56〕 |

說明：底線標出者爲變例與〈送君譜〉明顯相異處。

---

建石岡電廠上方的壩堤，因聽做工的人們唱起，覺得不難聽，就把它學會了。
參胡萬川總編輯：《石岡鄉閩南語歌謠（二）》（臺中：中縣文化局，1993.6），頁145。據兩位之言，這首歌的主要流傳方式當是口頭傳唱。
〔註54〕胡萬川總編輯：《中壢市閩南語歌謠〈一〉》（桃園：桃縣文化局，2002.11），頁188、190；講述者：藍游阿貴。
〔註55〕胡萬川總編輯：《大甲鎮閩南語歌謠（二）》（臺中：中縣文化局，1995.1），頁156；講述者：謝巧雲。
〔註56〕胡萬川總編輯：《石岡鄉閩南語歌謠（二）》，頁142、144；講述者：張淑女。

　　這些〈送君譜〉變例均是口述，而後擇定文字予以記錄，因為選定記錄的文字不同，字句難免有所差異，但除因此造成的差異，可發現這首歌曲因口頭傳唱的關係，竟發生變異〔註57〕，變異表現在歌曲字句的增加與改易。就增加來看，變例一由原〈送君譜〉的三段結構衍生為四段，添加了「火車慢慢卜起行，逐個萬歲叫三聲，正手舉旗倒手牽子，我君仔做你去拍拼，家內放心免著驚」這幾句。改易則為變例一將〈送君譜〉的「家內放心免探聽」改為「盡忠報國頭一名」；變例二將「目屎流落昧出聲」改為「逐個萬歲喝三聲」；變例二與變例三均將「一時心酸」改為「目屎流落（漓）」，以及最後兩句帶有明顯變化。於此看出原本有固定歌詞的〈送君譜〉，竟因口頭流傳形成變異，而變作帶有民間歌謠質素的作品。歌中字句的改易，反映民眾對時局的認識，如變例一與變例二均有的「逐個萬歲叫三聲」，是當時歡送出征軍人的實況；此句與變例一、二由原〈送君譜〉「家內放心免探聽」的對從軍者的寬慰語改成的「盡忠報國頭一名」、「凱旋回轉滿街迎」，均讓原本已富有濃厚「勸從軍」意味的歌曲，更具昂揚的軍國性。所以從這首原本不是民間歌謠的歌曲的變異中，可以觀察到殖民當局對臺灣人民所進行的思想與精神的改造，在以創作歌曲作為思想改造的工具後，民眾不但接受這首歌曲，還以官方加諸他們身上的意識型態去改變它，使它朝向更符合殖民者的期望發展，可見殖民當局強力推行的皇民化運動，是有效果的。

## 二、富皇民精神歌謠

　　在皇民化運動強力推行中，臺灣民眾自然清楚殖民者所要傳達的意識型態，日人稻田尹曾與林清月在汐止采訪到幾首歌謠：

　　　　坐轎愛知扛轎重　　齒痛愛知齒痛人
　　　　守備恩情是真重　　忘恩背義仙不可
　　　　我勸朋友人勸我　　趁錢不可思慮華
　　　　出征軍人情意大　　咱住臺灣真快活

---

〔註57〕流行歌有固定的作詞者，但有時因口頭傳唱的關係，也會變質為具有民間歌謠性質。此即顏文雄言：「流行歌原是立意創作之品，不可以與民謠混為一談，然而事實告訴我們台灣已有不少古代流行歌變成民謠，由長時間流傳於民間或無意修改或有意增刪，已經失去原作的面目，人民已經忘記作者。難怪町田嘉章列流行歌為廣義民謠之一。」顏文雄：《臺灣民謠（二）》（臺北：音樂研究所、中華大典編印會，1969.1），頁26。

平素開用鹹死死　　虛華眞會出得錢
講着寄附緊閃避　　公益無卜插半絲
非常時局的時代　　此時行情愛著知
咱帶臺灣隻自在　　塊受致陰何處來
此時算是非常時　　有賣新聞誰不知
咱的兵士眞勇氣　　每擺都搰優勝旗
日本帝國的國民　　士農工商愛認眞
着積兵費較要緊　　出門即繪逢看輕
自我食到隻大漢　　非常時代上爲難
總着勤苦骨力趁　　食較節約無相干
非常時局愛用錢　　着毬着儉可相添
我共朋友恁講起　　若不識思鬟百姓〔註58〕

歌者爲汐止街長找來的四十一歲以種藥爲生的文盲，歌謠原本刊登在《臺灣時報》上〔註59〕，但缺以「平素開用鹹死死」開頭的這首，之後收錄於《臺灣歌謠集》裡。歌謠合理化日本發動戰爭的原因，賦予其正當性，並歌頌出征軍人的偉大，強調日本對臺人的恩情，且宣傳國策，要臺灣人配合戰時經濟統制體制，響應政府獎勵國民儲蓄，與節約金錢以支援軍事費用，所表露的正是不折不扣的皇民精神。雖有研究者認爲歌謠中有反諷意味〔註60〕，但通觀這八首歌謠所表現的意涵，實在很難作此解說。歌者唱誦這種具皇國意識的歌謠，有可能眞是其內心的想法，也有可能因爲采訪者爲日人，爲迎合殖民者，或怕被視作「非國民」，才刻意唱出此等歌謠。但無論哪種想法，均可看出總督府灌輸給臺灣人的皇民意識，這種意識有意或無意地在歌謠中呈顯出來。

　　總督府透過種種方法灌輸臺灣人皇國思想，的確有所收效，雖然前文有控訴殖民政府對臺人軍事動員的歌謠，但也有表現樂於爲日本帝國出征的歌謠，恰成一明顯對比：

〔註58〕稻田尹：《臺灣歌謠集》（臺北：臺灣藝術社，1943.4），頁2～6。
〔註59〕稻田尹：〈臺灣歌謠と民眾〉，《臺灣時報》25卷8號，1941.8，頁20～27。
〔註60〕胡紅波認爲「坐轎愛知扛轎重，齒痛愛知齒痛人；守備恩情是眞重，忘恩背義仙不可。」裡頭有臺灣同胞眼前內心的辛酸苦楚，而稻田尹將前兩句解釋爲臺胞對日本「皇軍將兵」的感恩戴德，沒有眞的弄清楚坐轎、扛轎的到底是誰？那個時代無論如何也輪不到臺灣人民坐轎。參胡紅波：〈稻田尹的《臺灣歌謠集》〉，《臺灣文學評論》1卷2期，2001.10，頁214～215。

我身亦卜志願兵　　著喊賢妻來參詳
母親汝著來接應　　我對國即有盡忠

丈夫汝去得認眞　　即是眞正丌國民
母親我會來奉敬　　做汝放心去戰爭

我當身體驗兩擺　　驗著甲種眾儂知
上慢茲个幾日內　　軍營著會寄批來

丈夫靴遠丌地界　　汝著寫批回轉來
唔知三年抑五載　　丈夫燕回合應該〔註61〕

歌謠爲預備上戰場的臺灣人所表現的對日本帝國的忠心。其中丈夫相當以他的甲種體格自傲，對從軍一事滿懷期待，妻子對丈夫將被徵調入伍，不僅未顯哀傷，反倒鼓勵丈夫認眞打仗，毋須記掛家中大小事務，只勿忘寫信回家即可。

　　這種以出征爲榮的歌謠，與前文痛責殖民者動員臺灣人從軍的歌謠，其態度實天壤之別。但由這兩種不同類型的歌謠，恰可看出當時臺灣人擁有的兩種思想面向。殖民者施行軍事動員，使家人生命受到威脅，因此產生的憤恨情緒是可以被理解的，但不該忽視的是，日治末期殖民者對臺灣人強力放送皇民精神與思想，的確激起某些臺灣人的「愛國」熱忱，勇於爲日本帝國犧牲。如昭和十九（1944）年到戰地擔任從軍看護士的周彩霞，她曾這麼回憶：

> 我是參加看護士第三回，當時全省有五百人報考。錄取後父親陪我到嘉義火車站，我們一行先到臺灣神社參拜。當時大家抱著必死決心，把頭髮、指甲剪下來，有的人甚至還作一首詩，把這些東西都放在神社的一個盒子內，如果不幸在前線陣亡，留給家人當作紀念品。當時我僅有十七歲，會作出如此重大的決定乃是受了日本天皇的精神感召。〔註62〕

---

〔註61〕林錦賢總編輯：《宜蘭縣壯圍鄉囝仔歌老歌謠》，頁22；講述者：林佳重。丌：的；燕回：魚雁往返。另有不以出征爲意的客語歌謠，錄於下，可供參考：一、日本戰爭眞威風，百姓青年調空空。青年調去無要緊，放忕老人做奉丁。二、日本戰爭鬧煎煎，青年調去在外邊。青年調去無要緊，放忕老人來耕田。邱坤良、施如芳、張秀玲、藍素婧、郝譽翔：《宜蘭縣口傳文學》（宜蘭：宜蘭縣政府，2002.5），頁541～542；講述者：江余立。
〔註62〕應大偉著：《台灣女人》（臺北：田野影像，1996.7），頁205。

處於日本統治下的臺灣人，尤其是日治後才出生的臺灣人，因為自小接受日本式教育，再加上日治末期殖民政府極力灌輸皇國思想，會產生這種行為實不足為怪！因此在回顧這段歷史時，不應刻意忽略這種思想，而該正視在殖民統治下，這種思想本就會存在，如果不存在，日本統治臺灣又何能稱為「殖民統治」。

## 三、〈送軍夫〉一類歌謠

　　另一可作為觀察對象的為因時局而產生的〈送軍夫〉一類歌謠。有些講述者會說這是從日本歌〈送軍夫〉改編的。若是如此，這類歌謠當如〈送君譜〉般，有一個原型存在，而後再從原型衍生出不同變化，但原型為何，難以查考，因為這類歌謠不似〈送君譜〉有固定的歌詞流傳下來，故只能就目前見到的這類歌謠，探討其不同面目。日本歌〈送軍夫〉，該具有強烈的宣揚國策性質，但其變異後的不同發展方向，卻頗堪玩味。這類歌謠如果按「正常」方向發展，是歌詞產生變異，而原本的中心思想則不變，這樣的歌謠有之，就以其中兩首來看：

then$^7$ ni$^7$ kha$^1$ ua$^1$ li$^3$ te$^7$ u$^1$ ki$^1$ io$^1$ cu$^2$

前去志願做軍伕

為著國家咧的義務

出去無比在咱厝

離開某子咧流目屎

卜送軍伕喝萬歲

元帥內底喝出來

雙腳企入 hong$^3$ bu$^7$ 內

元帥內底喝出來

手提手巾拭目屎

聽見水螺咧彈一聲

薄情火車做伊行

無想咱厝的某子

火車直直到兵營〔註63〕

---

〔註63〕胡萬川總編輯：《彰化縣民間文學集 6 歌謠篇（三）》（彰化：彰縣文化局，
　　　　1995.7），頁 222；講述者：楊月英。據講述者言，本首歌為日語改的。then$^7$ ni$^7$

提出志願做軍伕

出征不比在咱厝

得要保重咱身軀

就送軍伕到驛頭

相送彼人亂糟糟

離別妻兒想欲哭

嘴喊"萬載"目滓流

聽著風螺瞋一聲

無情火車拖在行

今日離別咱台灣

阮厝父母唸哀怨

會得和平來解散

若無刣贏就不願〔註64〕

這兩首歌謠，應是〈提出志願做軍夫〉這類時局歌曲的變易〔註65〕。若拿當

kha¹ ua¹ li³ te⁷ u¹ ki¹ io¹ cu² 應為日文「でんにかわりできおうつ」，意思是替天行道，殺敵致勝；hong³ bu⁷：高高的臺子，站在上面才能跨上車子。

〔註64〕 黃哲永總編輯：《東石鄉閩南語歌謠（二）》（嘉義：嘉縣文化局，1997.6），頁176；講述者：黃王險。這類以出征為榮的歌謠，筆者所查閱到的尚有以下兩首：

一、拂出志願做軍夫，這是國民个義務，出征怀比在咱厝，著愛保重咱身軀，遲緩母恩來（難）長久，東洋平和仙所賜，有名軍夫上營頭，看送个儂亂謙謙，咱做人民守銃後，盡忠報國才有勢。洪敏聰著：《澎湖的褒歌》（澎湖：澎縣文化局，1997.6），頁155。

二、then⁷ i⁷ ka¹ ua¹ li³ te⁷ hu¹ li¹ io¹ sin²　來去志願做軍兵　明意軍兵入驛頭　歡送人馬亂吵吵　離別某子強卜哭　三聲萬歲目屎流　雙腳跨入火車內　眾人贊成喝萬歲　手提手巾拭目屎　您當轉去阮卜來去　烏貓講話無定性　將來國家得抽兵　青瞑跛腳全無用　抽卜勇將去做兵　第五軍兵到王店　來去台南著試驗　試驗一个若減點　通陣軍兵攏總嫌　第六軍兵台北州　台北過了是琉球　阮厝某子佇得想　來去支那惛悶娘　今日離開咱台灣　父母在家免哀怨　哀怨一去予人 Thai³ 管　若無太平死毋願。胡萬川總編輯：《大甲鎮閩南語歌謠（二）》，頁160、162；講述者：陳盞。「國家文化資料庫」有本歌謠的錄音資料（http://nrch.cca.gov.tw/ccahome/index.jsp），可參考。

〔註65〕 當時在出征前，學校中的學生、社會人士會爭相拿著日本國旗到車站送行，口中並唱著「提出志願做軍夫」的愛國歌曲。參林照真調查採訪：〈台籍日本兵權益誰閒問〉，《中國時報》1994.6.6，17版。由上文這兩首歌謠均有「前（提）去志願做軍伕」句，可知應是屬於這類歌曲。另外吳克泰亦有拿著小

時另一首時局歌來看，可發現是有某些相似處的：

| | |
|---|---|
| 天ニ代ワリテ不義ヲ打ツ | 代天征伐不義 |
| 忠勇無雙ノワガ兵ハ | 我們忠勇無雙的軍兵 |
| 歡呼ノ聲ニオクラレテ | 歡呼之聲送上前線 |
| 今ゾ出デ立ツ父母ノ國 | 今天動身爲父母之國 |
| 勝タズバ生キテ歸エラズト | 若不戰勝決不生還 |
| 誓フ心ノ勇サマシサ | 誓此心情何等英勇〔註66〕 |

第一首與這首都有「天ニ代ワリテ不義ヲ打ツ」句，第二首「若無刣贏就不
願」則是本首「勝タズバ生キテ歸エラズト」的表現，只是前兩首歌謠的皇
國精神不似這首時局歌這般濃厚。雖然這兩首歌謠皆流露從軍者與家人離別
的無奈心緒，但也強調從軍爲應盡之義務，而言「若無刣贏就不願」，所以
歌謠主題還是不離「勸出征」的皇民精神的宣揚。

　　但也有此類歌曲朝向「反其道」的方向發展，沒有強烈的勸從軍意涵，
只有臺灣人被迫動員的無奈：

　　　爲著國家的啊義務
　　　出啊外母比在咱厝
　　　才著保重的身軀
　　　趄去車頂想著厝
　　　想著咱厝的啊父母
　　　想啊著父母可憐代
　　　目屎流落無人知〔註67〕

據講述者言，此爲日本歌〈送軍伕〉改的〔註68〕。歌謠中描述男子爲國家義
務從軍，家人對他的殷切叮嚀，以及從軍男子想到家中父母而滿腹心酸的情
景。表達的感情是臺灣人深切的無奈，這與時局歌曲中強調的爲帝國奔馳效
死，至死不悔的光榮感，是截然不同的。

　　下列這首歌謠也是此種情緒的表露：

---

　　　旗，唱著「勝つて來るぞと勇しく……」（爲了勝利歸來而勇敢地……）的
　　　軍歌，去歡送出征軍人的回憶。吳克泰著：《吳克泰回憶錄》，頁58。
〔註66〕黃武東著：《黃武東回憶錄》（臺北：前衛，1989.2），頁137～138。
〔註67〕胡萬川總編輯：《沙鹿鎮閩南語歌謠（三）》（臺中：中縣文化局，1994.6），頁
　　　248；講述者：林陳嫌。可憐「代」：事情。
〔註68〕同前註，頁248。

風雲變色風颱雨

煩惱翁婿海南島

家庭散三頓難度

細子致病卜如何

望翁婿轉來照顧

又去遠路途

望天公共阮保護

保護翁婿過來台灣島〔註69〕

據講述者言，這首歌是日本歌〈送軍伕〉改編的。但究歌意，根本毫無「勸出征」的意味，反而流露對從軍在外的夫婿的擔憂，以及哀嘆丈夫從軍後家計窘迫的困境。完全觀察不到〈送軍伕〉這類歌曲該具有的特質。

〈送軍伕〉這類歌曲的變異，恰與〈送君譜〉有著不同發展方向，相對於〈送君譜〉的變例朝向更符合殖民者期望的方向發展，〈送軍伕〉這類歌曲的變異雖然有些保留其原本「勸出征」的意識型態，但也有些是背離了殖民者的期望，抒發了臺灣人因為戰爭動員而飽嚐的悲苦。

由上文所引這三類歌謠，能觀察出皇民、非皇民這兩種意識型態是並存於當時臺灣社會上。往常會從文學作品來考察日治末期臺灣文人對皇民化的依違，而判定皇民作家與非皇民作家，這見出的是臺灣高級知識分子的思想型態；而由民間歌謠中，則能觀察皇民化對庶民大眾的影響。透過歌謠這個媒介，絕對有助對那個時代庶民思維的理解。

## 第三節　戰爭生活記

### 一、物資匱乏

戰爭時期，軍事費用急速膨脹，在國家財源吃緊的情況下，日本內閣於昭和十三（1938）年四月一日公布「國家總動員法」，五月開始實施。「國家總動員法」第一條強調，國家總動員，就是在戰爭時期為達成國防目的，使國家全部的力量作最有效的發揮，所進行的人力、物資源的統制運用。根據本法，舉凡物資的生產、配給、輸送，及勞動力的徵調、輸出入品的限制禁

〔註69〕胡萬川總編輯：《沙鹿鎮閩南語歌謠（三）》，頁253；講述者：林陳嫌。

止、企業的管理、利潤的處分等等，政府均可依照「勅令」加以統制，因此確立了戰時的經濟統制體制〔註70〕。臺灣身為日本殖民地，當然亦須響應與貫徹此種國策。

因為中日戰爭長期化與太平洋戰爭爆發後的戰事激烈化，軍需物資需求迫切，這壓迫了民需物品的供應。日本政府不得不開始限制民生物資生產與流通的自由，將大部分民生物資予以統籌收購，再按戶或按口分配給民眾，這就是所謂的「配給制度」。臺灣於昭和十三（1938）年起已針對鋼鐵、皮革、舊銅、鐵屑、絲、肥料實施配給。隔年十月七日公布實施「米穀配給統制規定」，開始對民眾的主要糧食——米採取配給制度。昭和十五（1940）年七月實施火柴與砂糖配給制度，隔年四月又將豬肉納入配給範圍。除此之外，尚有許多物資項目，也都列入配給管制之中〔註71〕。據經歷過戰爭時期的曾文通的回憶，在日本與中國交戰的四年多期間，臺灣還不曾進行糧食管制，一直要到被美軍打了之後才施行經濟統制，實施配給制度，那時臺灣很多壯丁被調去做勞務，所生產的米也大多要供出，尤其是戰爭結束前的一年裡，管制得特別嚴格，所以米不夠時，一般人家都是在米中加高麗菜、蕃薯一起煮來吃〔註72〕。食物嚴重匱乏，應是經歷那個時代的臺灣人的共通回憶。

在殖民政府對食品與民生必需品採取管制配給，物資嚴重缺乏的情況下，當時黑市交易頗為活絡。曾文通亦有黑市交易場景的生動描述：

> 在當時，「走野物」（黑市交易）的人很多，我記得那時我們住在河底，每天要通車到台北開南商工去上學，常在車上看到婦人家「走野物」，她將小豬的豬頭戴上帽子，豬腳穿上襪子，然後揹在背上，用背巾包著，和人家擠火車，這種情形我們常常看到。雖然說經濟警察會取締他們，不過當時火車站有兩個警察輪班，二個都是「將眼睛矇上」，到了艋舺、台北那裡的警察也是一樣，因為他們一抓，台北人要吃什麼？所以都是睜一隻眼閉一隻眼。〔註73〕

將豬隻裝扮成孩童，這種難以想像的事情，就活生生地發生在戰時物資貧乏的

〔註70〕參蔡錦堂編著：《戰爭體制下的台灣》，頁142。
〔註71〕同前註，頁145～146。
〔註72〕戴寶村計畫主持，曾秋美、賴信真訪談整理：《口述歷史：說古道今話桃園》（桃園：桃縣文化局，2000.12），頁14。
〔註73〕同前註，頁14～15。

臺灣社會中〔註74〕。雖然殖民政府在昭和十三（1938）年實施經濟警察制度，專門取締經濟違法事件〔註75〕，但此處的警察顯然較為寬容，默許臺灣人的黑市交易行為。只是並非每位警察都能體諒這不得已的非法交易，有警察對此嚴加取締。如沙鹿鎮耆老洪掛言：

> 到了民國廿九年不得不在台灣實施「統制」。農民生產的農作物，都
> 要按照公定的低價賣給日本政府，再由政府定量「配給」。……在「統
> 制」之下，一切私人交易都禁止。連農民私底下暗藏的少量食米、
> 花生或在小溪撈到的魚蝦，都不能出售。如果黑市交易（稱「啞米」）
> 被日警發現，不但要充公，受罰，要不然這些稀物被他們私下吞沒。
> 〔註76〕

連溪中魚蝦都屬國有，黑市交易被警察發現，即遭充公、處罰。事實上，當時就連偷掘草，都會遭到處罰：

> 招官做人真破格
> 假意掘草欲煮糜
> 予到洪賞 gie1 兩下
> 空擔擔起嚎唉唉〔註77〕

歌謠中名為招官的女子，偷掘草被保正洪賞抓到，被打了兩巴掌。連掘草都不被允許，可見在財源窘困、經濟枯竭的情況下，殖民政府對臺民的嚴苛的統制行動。

軍需用品優先政策，造成民生物資嚴重短缺，因此在民眾生活間出現大量代用品。昭和十二（1937）年底，已經強制業界棉毛製品必須與人造纖維混合使用。昭和十三（1938）年四月「國家總動員法」公布後，更進一步限

---

〔註74〕這在鄭清文的〈我的戰爭經驗〉文中亦有提及：「當時，因為有親戚在種田，米自己種，雞鴨自己養，有時還有私宰的豬，只要有錢，有時間，就往鄉下跑。……我們往鄉下跑，都是為自己的消費。但是，也有些人，是為了出售，叫跑黑市。有人把豬肉弄成小孩子的樣子，用揹巾揹在背上。後來，可能有人密報，也被抓到了。」收錄於鄭明娳、林燿德選註：《人生五題──憂患》，頁141。

〔註75〕洪麗完等主編：《臺灣史》（臺北：五南，2006.4），頁183。

〔註76〕臺中縣立文化中心編：《中縣口述歷史──第一輯》（臺中：臺中縣立文化中心，1993.6），頁112。

〔註77〕張詠捷計畫、執行：《海島的歌‧澎湖地區褒歌採集計畫成果》；講述者：陳顏換。

制民需用品製造過程中對金屬、纖維、皮革、橡膠等的使用。從那時起，開發、製造與普及民需物品的代用品，已經成為日本的國策之一。昭和十六（1941）年底，日本對美國宣戰後，其統治的所有地方，包括臺灣，滿眼所及，都是代用品充斥，這種情形一直延續到戰爭結束。就拿服裝來看，當時鼓勵衣著簡素化，男性以國民服為首選，女性則推廣樸素、行動方便的モンペ（monpe）。因為衣服的主要原料棉花、羊毛多被拿去製作軍用被服等，故以相關的纖維代用品來取代。這裡面最被廣為應用的是人造纖維（staple fiber），臺灣人取 fiber 一字，以日文念成ファイバ＿（faiba ￣）。這種人造纖維不堪於水，經過搓洗容易破損，穿著時一摩擦就會捲曲，但臺灣人卻也沒有太多的選擇〔註78〕。「ファイバ＿」這個外來語成了「代用品」的代名詞，經常地掛在人們嘴邊〔註79〕。人造纖維製成的衣服雖然品質不佳，但臺灣人為了遮身蔽體，還是得將其穿上身，當時走江湖的人就說出了富有趣味的短謠，來形容人造纖維製服裝的不耐穿：

> 台中到豐原，褲底結一丸，
>
> 豐原到彰化，褲底就破了。〔註80〕

由臺中到彰化，一件褲子就破了，可見人造纖維製服品質的低劣，亦可觀戰爭時期，在軍需物資優先政策下，臺灣人被迫降低生活水平，必須忍受不良代用品的情景。

## 二、空襲轟炸

中日戰爭開始後，臺灣曾在昭和十三（1938）年二月廿三日遭受中國飛機轟炸，目標為臺北松山和新竹兩地。但之後有好長一段時間，臺灣都不再發生空襲，直到昭和十八（1943）年底〔註81〕。昭和十八（1943）年底開始的空襲以美軍為主，分為三期：空襲新竹機場（1943.11.25）、空襲臺灣六日（1944.10.12～17）、大肆空襲臺灣（1945.1.3～8.12）。在空襲臺灣六日中，據日本當局十月

〔註78〕參蔡錦堂編著：《戰爭體制下的台灣》，頁154～158。

〔註79〕鍾肇政著：《鍾肇政全集 11　原鄉人；怒濤》（桃園：桃園縣立文化中心，2000. 12），頁351。

〔註80〕王正雄總編：《中縣口述歷史 —— 第三輯》（臺中：臺中縣立文化中心，1994.6），頁37。

〔註81〕參蔡錦堂編著：《戰爭體制下的台灣》，頁161～162。

廿四日廣播，十二日到十四日共炸死三八一人、傷三四八人、炸燬民房一,九四
九戶，工廠軍事船隻鐵路等亦均有損失。昭和二十（1945）年的大肆空襲臺灣，
更使臺灣各地受創嚴重，如三月一日對臺南市大轟炸，造成全市房屋遭焚者難
以計數，死屍遍處，市民皆束手無策，平時的防火訓練根本毫無用處，入夜，
全市仍大肆焚燒，據估計，遭炸斃者約二,○○○人以上。再如五月卅一日對臺
北市的空襲，當日對臺北市進行一波又一波交錯地毯式轟炸，轟炸約自上午十
時開始，一直持續到下午一時左右，由於燒夷彈的威力，臺北市內多處火煙，
並持續燃燒一個晚上，總督府亦燒個不停，新公園則被炸得一個又一個大坑，
大樹也連根拔起。據臺灣總督府警務局資料，自昭和十九（1944）年十月十二
日至昭和二十（1945）年八月十日止，臺人因空襲死亡者有五,五八二人，失蹤
有四一九人，輕重傷則有三,六六七人〔註82〕。

在龍瑛宗小說〈燃燒的女人〉中，即呈現空襲造成臺灣社會秩序解體與
蕭條的景況，尤其對五月卅一日的臺北大空襲更有真實、慘不忍睹的描寫：

> 民國三十四年之夏天，美軍對臺北城的轟炸極其熾烈。市民們疏開
> 於山村，雖然那麼繁華的大稻埕一帶，也顯得空蕩蕩的，喪失了商
> 業要衝的機能。
>
> 尤其是五月三十一日的大轟炸，歪曲了臺北城的姿態，改變了表情。
> 五百公噸的爆彈使得路上滿是大坑。沒有腦袋和手腳的奇奇怪怪的
> 死者，被挖出來了而搬運走去。流淚者沒有一個人。其實，市民們
> 的淚被熊熊劫火，和即將來臨的轟炸恐怖流乾了。市民們情不自禁
> 地對於生的本能，絡繹不絕地排著亂形長蛇，而逃難去了。老年人
> 和幼童，他們烙了打杖的符號，掮背著悲哀，手攜著手而浴在滿身
> 是血的夕陽裏蹣跚地逃走了。
>
> 雖然，夜幕降落了。但是火災還沒有熄滅。紅磚的阿呆塔附近，炸
> 得天翻地覆了。夜闌了，路上一隻人影也看不見了。鬼哭啾啾的阿
> 呆塔仍然雄雄烈火著。如果，臺灣人觀望阿呆塔的劫火，也許感慨
> 千萬。日本五十年來的殖民地統治，作響地崩潰了。好像，一場邯
> 鄲之夢。〔註83〕

〔註82〕參戚嘉林作：《臺灣史》，頁 1821、1828、1837、1838、1843、1846、1848。
〔註83〕龍瑛宗作，張恆豪編：《龍瑛宗集》（臺北：前衛，1991.2），頁 183～184。

被炸彈炸出的大坑洞、奇奇怪怪的死屍、絡繹不絕的逃難人潮、熊熊大火燃燒不熄的臺灣總督府，這番景象實在怵目驚心，空襲帶來了血淋淋的戰爭經驗，臺灣人沒有迴避的餘地，必須面對每一次驚心動魄的空中襲擊。

　　雖然空襲頻繁，日子還是得過下去，不能因為不定時的空襲轟炸，就將各項事務停擺，就這樣，臺灣人在慣常的作息律動與突來的不定時炸彈中生活著，度過日本統治的最後階段。許玉女就有在空襲中完婚的驚駭又難忘的人生經歷：

> 我二十歲嫁人，坐轎去，半路中，空襲來啊！槍子噓！噓！噓！掉
> 下來，抬轎的攏走了了，放我孤一個，啊我驚嘎比比掅，不知走都
> 位，就坐列轎內不敢出來，差不多二十分過，空襲才結束，轎夫才
> 回來趕緊把我抬回新郎家。〔註84〕

頻繁的空襲，影響臺灣人生活作息至鉅，可以這麼說，以美軍為主所進行的空襲，已成為斯時臺灣人無法拒絕的生活的一部分了，也很自然地成為歌謠的題材與內容。

　　其中有描寫美軍空襲，日軍應戰之情形：

> 敵機來袼公用地
> 炸彈下了陳水螺
> 日本看著眞正感
> 想想分高射砲扑一下〔註85〕

敵機所指為美軍軍機，美軍大舉來襲，日軍在尚有還擊能力時，自然不可能坐以待斃，乃以高射砲回擊。

　　另有描畫空襲時對民眾實施管制，與民眾躲避空襲的狼狽慘樣：

> 聽去水螺陳一聲　　大路停止繪使行
> 若無照法扑眞痛　　日本軍隊眾儂驚
>
> 聽去水螺陳三聲　　家家戶戶斷火薰
> 腹肚枵枵著周忍　　目屎撙落做飯吞
>
> 敵機來袼街仔底　　掃射見射公用地

---

〔註84〕應大偉著：《台灣女人》，頁297。
〔註85〕林錦賢總編輯：《宜蘭縣壯圍鄉囝仔歌老歌謠》，頁18；講述者：林炎能。袼：
　　　　到；感：恨。

予咱想著足怨感　炸彈下了陳水螺〔註86〕

臺灣民眾不但被日本殖民者的野心所累而受空襲之害，還因空襲時沒有遵照規定遭處罰，何其無辜！在空襲警報突響之後，為了生命安全，顧不得煮飯填飽肚子，無法在正常時間用餐，躲在防空洞裡時飢腸轆轆，饑餓感與恐懼感交織而生，想到這種淒慘處境，一陣辛酸湧上心頭，只是這股辛酸淚也只能往肚裡吞，「目屎撐落做飯吞」了。臺灣民眾在艱難境況中能做的只有忍耐。

此外，尚有反映空襲可怕的殺傷力：

要疏開，

唔疏開，

啄鼻仔來，

汝就知。〔註87〕

「啄鼻仔」指美軍。歌謠中講空襲轟炸的可怕，言如果不進行疏散，等到美軍飛機轟炸，就知道嚴重性與其屬害性。空襲強大的殺傷力使人們害怕，這種畏懼的心態亦表現於歌謠中：

敵機來佫公用地

爆彈抆了陳水雷

害百姓驚一下

有分驚佫做狗爬〔註88〕

空襲致百姓驚嚇不已，有的甚至被嚇到連滾帶爬地逃命，歌謠生動呈現民眾害怕空襲的心理。

頻繁的空襲，使臺灣人生活在恐懼中，一次空襲就是在鬼門關前走了一回，戰爭中誰是正義的一方，誰又是挑起戰爭的惡魔，就某些民眾來說，這不重要，況且這個惡魔還是某些臺灣人心目中的「母國」，可惡的是會對自己性命造成嚴重威脅的敵國軍機，故民眾很自然地咒罵起這些轟炸機駕駛員：

飛行機，

橄欖子，

癩癧王，

癩癧塤，

〔註86〕同前註，頁21；講述者：戴坤輝。著周忍：就得忍；撐：掉。

〔註87〕邱冠福編著：《台灣童謠》（臺南：南縣文化局，1997.12），頁68～69。

〔註88〕黃鴻禧主編：《員山相褒歌》，頁250；講述者：林文普。

來欲死，

來欲放銃子。〔註89〕

「癩瘍王」、「癩瘍墳」，都是怒罵轟炸機駕駛員，責備這些敵軍飛行員爲何要來空襲。

臺灣人蒙受空襲之害，每日提心吊膽，當然盼望這種痛苦日子能有結束之時：

時機變遷攔快換，日本卜換清朝官，

清朝有戲通好看，怀免得驚燒夷彈。〔註90〕

皇民化運動中，殖民政府對臺灣傳統民俗文化多所壓抑，如禁演本地戲劇，只能夠演出帶有宣傳意味的皇民劇，若再回歸清朝統治，那又有傳統戲劇可看，也不用再害怕空襲中投擲下來的燒夷彈，這是那時在現實裡飽經空襲之害的臺灣民眾對未來美好的想望。〔註91〕

# 第四節　小　結

由歌謠中，可以大略勾勒臺灣人戰爭時期的生活情景。在戰爭體制下，臺灣人被強制動員，其中包括軍事動員與勞力動員。歌謠裡，呈顯臺灣人對這些動員的無奈、不甘與怨恨，但在戰爭時期，日本殖民者的支配性格是更加強烈了，臺灣人被其用種種政策箝制住，再加上高壓手段壓制，根本動彈不得！只好聊藉歌謠抒發其不滿心緒。

另從歌謠中，也可窺殖民當局在戰爭時期對臺灣人進行的思想改造。由

---

〔註89〕洪敏聰著：《澎湖菜瓜——雜唸》（澎湖：澎縣文化局，2001.12），頁 134；講述者：呂石養。來欲死：幹嘛來之意。

〔註90〕洪敏聰著：《澎湖的褒歌》，頁 159～160；講述者：陳李問。

〔註91〕另有客語歌謠呈現當時空襲事，錄於下，供參考：日本戰爭實在難，英美敵機過台灣。初回來台測量轉，二回來台放炸彈。邱坤良、施如芳、張秀玲、藍素婧、郝譽翔：《宜蘭縣口傳文學》，頁 541；講述者：江余立。日治末期空襲臺灣雖以美軍爲主，但飽受神風特攻隊衝撞之苦的盟軍第五十八特遣艦隊英軍戰鬥群，也在忍無可忍下，於昭和二十（1945）年四月十二日派出英國艦載戰鬥機四十一架及輕轟炸機四十八架，炸射臺北及宜蘭飛行基地，企圖阻絕日軍神風特攻隊源源不斷的自殺衝撞。參戚嘉林作：《臺灣史》，頁 1840～1841。故歌謠中有「英美敵機過台灣」之言。臺灣遭受猛烈轟炸，民眾眼看社會秩序趨於紊亂，對日軍戰況當有感知，「日本戰爭實在難」，可說爲當時日本的敗色正濃做了恰如其分的註解。

〈送君譜〉的變例歌謠、富皇民精神的歌謠、〈送軍夫〉一類歌謠可知，殖民者對臺灣人進行思想改造，的確有成功之處。只是並非所有臺灣人都能接受殖民者所灌輸的意識型態，尤其當被動員者為自己家人時，對親人的感情會讓他們忘卻殖民者的皇國呼喚，因為心繫家人，使他們對殖民者強行的軍事動員懷藏無奈，反映這種心情，原本應該具有強烈皇民性格的〈送軍夫〉一類的歌謠，其意涵竟有了一百八十度大轉變，反成臺灣人的唱嘆。故由歌謠中，可以得知確有臺灣人接受殖民者的意識型態，但非全部，殖民者對臺灣人實施的思想改造，僅能說部分成功而已。

日本帝國因戰爭長期化，財源枯竭，故實行經濟統制，身為殖民地的臺灣當然也須配合國策，被納入經濟統制體系之中。歌謠反映經濟統制下物資匱乏、不良代用品充斥的情形。而在太平洋戰爭爆發後，臺灣成為美軍的空襲目標，歌謠裡也呈現了這段歷史，流露出民眾對空襲的無奈、驚恐及憤恨，這是當時人民在惶惶不安的日子裡所表現的真實情緒。

戰爭中一切的一切都在昭和二十（1945）年八月十五日日本投降後結束。臺灣人民面對的是殘破不堪的家園與一個新的不可知的未來。新的歌謠又在日本殖民政權壽終正寢的新時代中漸漸產生。

# 第六章　歌謠中示現的日人治臺本質與臺民反抗心態

　　臺灣在日本殖民統治下，半世紀歲月中，依總督為文、武官職的不同，可分為三個階段：一是前期武官總督時代，以鎮壓臺灣人武力抵抗和未歸順原住民為任務，同時奠定開發臺灣的基礎；二是文官總督時代，本階段是為了應付取代武力抵抗而崛起的臺人政治運動，一方面則是配合日本國內的政黨政治；三是後期武官總督時代，其使命是因應中日戰爭擴展為太平洋戰爭的需要，把臺灣當作南方作戰基地，進行整備〔註1〕。雖然各階段統治表面看似有寬嚴之分，但如果看清殖民統治的本質，就知「無論在任何一個階段，日本殖民者對台灣及台灣民眾的統治都是以軍警鎮壓為管理基礎，經濟掠奪為支持手段，倡導『同化』為粉飾工具。」〔註2〕自始至終日本統治者對臺灣人民只是虛矯地倡言日臺平等，實則不過想使臺灣人放棄爭取真正的自由平等，或欲藉此欺瞞臺灣人民，使之甘為帝國驅使的奴僕。但殖民當局對臺灣人明顯、暴露的高壓、歧視與榨取，是不可能被其口頭所賣弄的假平等隱瞞過去的。擁有革命意識或受世界民主自由、民族自決潮流所影響的臺灣人民，紛以武裝或非武裝革命來尋求解脫殖民枷鎖，前仆後繼地為此一理想獻身奮鬥，只是在殖民當局強力鎮壓與巧妙統治手段運用下，臺灣人民試圖以己身之力脫離殖民夢魘的努力終歸是失敗了。

〔註 1〕　參王育德著，黃國彥譯：《台灣：苦悶的歷史》（臺北：草根，1999.4），頁 113～114。

〔註 2〕　安然著：《台灣民眾抗日史》（臺北：海峽學術，2005.9），頁 135。

　　臺灣總督府爲何能夠肆無忌憚地壓制、榨取臺灣人民？這乃得之「六三法」的「恩賜」。根據明治三十一（1898）年三月三十日公佈的法律第六三號第一條，「臺灣總督得於其轄區內，頒布具有法律效力的命令。」基於此法，臺灣總督被賦予律令制定權。雖然日人自稱如此行之，乃考量臺灣的人文程度、風俗慣習與日本內地有異，若將以內地情況爲標準而制定的法律命令直接施行於臺灣，將會招致混亂，對新領土的經營易生阻礙〔註3〕，且條文中對臺灣總督的權限亦有所約束。但此不過是日人的欺瞞言語，條文中的約束對臺灣總督的獨特權力實未形成多大妨害〔註4〕。無論是六三法或之後的三一法、法三號，其本質均在爲臺灣總督的專制獨裁統治提供法律依據，「臺灣土皇帝」總督就依恃這項法律，集行政、立法、司法三權於一身。

　　依據此法，臺灣總督可以訂定法令，剝奪臺民的權利，亦能依此對臺灣人進行經濟榨取。拿明治三十一（1898）年十一月以律令第二十四號發佈的「匪徒刑罰令」來看，此法「完全忽視近代西方法上刑事處罰的原則，表現出傳統東方帝國法的威嚇報復主義。」〔註5〕因此被喜安幸夫稱「爲暴力的統治在法律上所倚爲依靠的法律。」〔註6〕另如「保甲條例」，在與嚴密的警察政治相結合下，使臺灣人處於殖民當局的監控中。是以大正九（1920）年臺灣留日學生提出「六三法撤廢運動」絕非偶然，而是臺灣人在民主意識覺醒後必然產生的反應。

　　殖民政府雖然引進西方式法律，但西方刑事訴訟程序中有關人權保障的規定，經常在事實上爲殖民統治當局所忽視。對「匪徒」的非法屠殺、對「浮浪者」的強制處置、對一般人民的濫行刑訊等等，都充分的說明這一點，可說徒具西方式刑事制度的外形，而不具有「以保障個人權利爲取向」的實質內涵〔註7〕。昭和四（1929）年十月十七日，臺灣民眾黨第三次全島黨員大會中就針對罔顧臺灣人民權益的殖民地惡法展開抨擊：

〔註3〕鈴木宗言：〈臺灣律令論〉，《臺灣慣習記事》第五卷第二號，1905.2。臺灣慣習研究會原著，臺灣省文獻委員會譯編：《台灣慣習記事（中譯本）第五卷上》（臺中：臺灣省文獻委員會，1990.3），頁62。

〔註4〕相關論述可參黃昭堂著，黃英哲譯：《台灣總督府》（臺北：前衛，2002.5），頁218～219。

〔註5〕王泰升著：《台灣日治時期的法律改革》（臺北：聯經，1999.4），頁95。

〔註6〕喜安幸夫著：《日本統治臺灣秘史》（臺北：武陵，1984.1），頁44。

〔註7〕王泰升：《台灣日治時期的法律改革》，頁300。

> 台灣的政治是總督獨裁政治，所謂委任立法，對台灣總督賦與司法
> 立法行政三大權，官選和沒有決議權的總督府評議會及州、市、街
> 庄、協議會之台灣人議員，皆是御用紳士，全然不能代表台灣人的
> 輿論和利益，……日本刑法施行於台灣已久，而匪徒刑罰令，浮浪
> 者取締法，依然存在著，治安警察法已見施行，而行政裁判法尚未
> 實現，其他如渡華旅券制度，甘蔗採取區域制度等皆是踐躪人權的
> 惡法。〔註8〕

黃師樵曾言：「法治沒有民主，法律不過是支配階級的工具，尤其在殖民地的台灣，法律本來就只是支配民族（日本）的統治工具而已。」〔註9〕此言不虛！日治時期法治嚴明，這是任誰都無法懷疑的，但缺少民主的法治，對臺灣人來說，不過是重重枷鎖套在身上，是只能被殖民者控制而無法自主地將自己的願望要求付諸實現。

　　日本帝國爲有效利用與掌控臺灣豐富的資源，使臺灣成爲帝國強有力的經濟後盾，遂於臺灣採行獨佔經濟。在優先考量帝國本身利益之下，犧牲的勢必是臺灣人民的權益。爲使在臺灣的經濟剝削與榨取能夠暢行無阻，且能有效役使臺民，使成勞動力的主要來源，必先得用高壓手段對付臺灣人，使臺民在嚴密控制下，馴良地爲帝國利用。另外則施行種種差別待遇，如：剝奪臺灣人民的政治權利，不讓其有參與決策的機會；實施差別教育，對臺民教育諸多設限，只重視初等與職業教育，使臺民僅具備初級知識與基本技能，可供其驅使即可。在以剝削、榨取爲目的的殖民地統治上，高壓手段與差別政策是維護殖民者利益不可缺少的兩大利器。綜言之，高壓、差別與榨取，即爲日治時期臺灣總督府的治臺本質。

　　臺灣人民對總督府高壓、差別與榨取的治臺本質不可能無所感，這些統治現象遂反映於歌謠中，同時可見的是民眾的心聲。又在殖民者高壓、差別與榨取之治臺手段下，稍有自覺的臺灣人必會產生反抗心態，這於歌謠中亦有所示現。日人高壓、差別、榨取這些治臺本質，實際表現在哪些方面？又臺民如何藉由歌謠表達其反抗心態？此即本章欲探討的兩大主題，下即分節論之。

---

〔註8〕〈台灣民眾黨第三次全島黨員大會宣言〉，收錄於王曉波編：《新編台胞抗日文獻選》（臺北：海峽學術，1998.11），頁175～176。
〔註9〕黃師樵著：《台灣共產黨祕史》（臺北：海峽學術，1999.9），頁207。

# 第一節　日人治臺本質

## 一、高　壓

　　對殖民者來說，最怕與最難解決者應是來自被殖者的反抗吧！爲消除被殖者的反抗，將他們置於嚴密控制下，行高壓統治，當對被殖者起相當之震懾作用，若被殖者有任何反抗跡象，亦能迅速得知，鎮服他們。高壓統治不啻爲殖民者對付殖民地人民的絕佳方法。日本統治者就是用這套方式，來對待被殖民的臺灣人。黃靜嘉即言：

> 日本殖民台灣期間公布之眾多行政法規，數量眾多且廣泛，反映日
> 本殖民政府對於殖民地人民統治之干涉與嚴密控制，殖民地人民在
> 社會生活的各方面均受總督行政立法權力之支配。〔註10〕

總督府藉助六三法賦予總督律令制定權，使其可訂定嚴密的法規來干涉與箝制臺灣人的行動，使臺灣人無日不處在受到控制的環境中，臺灣民眾根本無法從這些繁瑣的法規中獲益，總督府才是殖民地法規的受惠者。

　　日治初期有一首歌謠，頗能表現日本高壓的治臺本質：

> 苦苓開花半黑紅，娘仔要跟日本人，
> 日本金銀水噹噹，嘴鬚胡胡驚死人。〔註11〕

此爲臺灣文學前輩楊雲萍口述。據楊雲萍表示，這首歌謠表現日本治臺初期可說是成功的，物質相當進步，可是對臺人來說，他們性情還是很兇的〔註12〕。「嘴鬚胡胡驚死人」一句，不但表現臺人認爲日人的性情是很兇的，還可以觀察出臺人產生此種觀感的原因，這乃源於日本治臺以來對臺人所施的暴虐的高壓手段，導致臺人對日人產生懼怕感，才有「驚死人」之語。所以就算日本治臺初期在物質建設方面有成功處，但某些部分根本是日人以高壓手段犧牲臺人權益所達成的。

　　日治初期，在警察權尚未確立之前，係採憲兵政治〔註13〕，下列這首歌

---

〔註10〕黃靜嘉，〈從沈榮的際遇談日據時期的殖民地法制〉，收錄於洪宜勇主編：《台灣殖民地史學術研討會論文集》（臺北：海峽學術，2004.2），頁144。

〔註11〕陳美蓉、高玉似記錄：〈第六十七次林本源中華文化教育基金會臺灣研究研討會會議記錄主題：日據初期（1895～1910）西人的臺灣觀〉，《臺灣風物》40卷1期，1990.3，頁169。

〔註12〕同前註，頁169。

〔註13〕明治三十四（1901）年，因鑑於此時臺灣之武裝抗日已逐漸被鎮壓，且地方

謠就反映憲兵以高壓手段對付臺灣人的情形：

> 出日落雨，
>
> 刣猪秉猪肚，
>
> 尪仔穿紅褲，
>
> 乞食走無路，
>
> 走去竹腳邊給狗哺。〔註14〕

歌謠中穿紅褲的尪仔指日本憲兵，其時憲兵身穿紅褲，因不敢明指之，只好用「尪仔」來代替，除此亦有鄙視日人憲兵的裝束好似尪仔一樣的含意。「出日落雨，刣猪秉猪肚」，則在形容憲兵個性喜怒難測，暴虐無常，猶如天氣陰晴不定，又像屠夫翻洗豬肚那樣反反覆覆。綜觀之，整首歌謠所欲表現者乃「日據當初，小民流離失所，無處謀生，都流落爲乞丐，所以遍街滿巷都是求乞的哀聲，爲日憲兵所討厭，一被所見，就要被抓去處罰，致使乞丐惶恐，無路可逃」〔註15〕的情景。日治初期，因臺灣總督府頒布某些新規則，確實形成臺人生計無著的窘境，如明治二十九（1896）年九月的「台灣礦業規則」，因認定明治三十（1897）年五月八日之前臺人國籍未定，不具日本國籍，臺灣的舊業主便不能擁有北部的金、石及硫磺等礦業權，因而導致清時基隆地方有萬餘之採金者，基隆、臺北合計有六、七千採炭者，皆成失業之徒〔註16〕。這些失業之徒或有淪爲乞丐者，因此這首歌謠實呈現日治初期臺民流離失所的社會景象。在日治初期社會未靖之時，這些「浮浪者」爲社會中一股不安定的力量，殖民當局深恐這些人會集結抗日，對其嚴格取締是可以想見的，這殖民者爲方便自己統治的作法，絲毫未慮及臺民的處境。由「走去竹腳邊給狗哺」，可看出在憲兵厲行取締下，淪爲乞丐的臺灣人民已被逼至走投無路、求生無門的地步了。歌謠控訴了殖民當局不恤臺灣人的冷酷的高壓取締手段。

---

警察實力亦已有長足的加強，故於是年四月以勅令修改的「憲兵條例」中，不再設定憲兵在臺灣之掌管特例，在臺之憲兵與內地一樣，主要掌理軍事警察事務，而兼掌行政警察及司法警察事務。參曹永和、吳密察編纂：《日據前期臺灣北部施政紀實　經濟篇　軍事篇》（臺北：臺北市文獻委員會，1986.10），頁 743。

〔註14〕李獻璋編著：《臺灣民間文學集》（臺北：龍文，1989.2），頁 198～199。

〔註15〕參介逸：〈日據時期及光復後的稻江童謠〉，《臺北文物》8 卷 1 期，1959.4，頁 77。

〔註16〕參翁佳音：《台灣漢人武裝抗日史研究（1895～1902）》（臺北：國立臺灣大學出版委員會，1986.6），頁 151。

底下這首歌謠，顯現了日人對臺人的兇惡態度：

刺竹大欉眞難彫

日本仔辦事用藤條

此範阿兄遮爽巧

無儂佮汝帶會稠〔註17〕

由「日本仔辦事用藤條」句，說日人辦事動不動用藤條打人以爲處罰，受處罰的對象想當然爲臺灣人，即知在殖民統治下，臺人沒有所謂的人權，日人恆以高壓統治威壓、欺凌臺人。

下列這首歌謠，則呈現「田舍皇帝」警察對臺灣人民的酷虐：

富貴啊富貴，

摸脈上對，

紅包上貴，

日本仔掠去，

壓倒就打，

按倒就捶，

穿紅衫禁在死囚監，

木蝨歸堆，

蝨母歸總，

某囝來看是啼喃哭淚，

無牌賣藥是萬代烏龜啊，

萬代烏龜。〔註18〕

歌謠中對名叫「富貴」的無牌賣藥者遭日警取締，被抓進監獄遭酷刑虐待的慘狀，有極生動的描繪。從「摸脈上對」一句來看，富貴是擁有高明醫術的漢醫，但因日本在明治維新後所採行的爲西方醫學制度，在臺灣極力推行的亦是這套，臺灣傳統漢醫的空間遂被極度壓縮。明治三十四（1901）年七月廿三日以府令四十七號公布的「台灣醫生免許規則」中，規定全臺從事漢醫及所謂以秘方執行醫業行爲者，於同年十二月底前應向警察機關登記，期限一到，對於沒有登記立案或新養成的漢醫或其他從事傳統醫業者，一律加以

---

〔註17〕黃鴻禧主編：《員山相褒歌》（宜蘭：員山鄉公所，2002.2），頁88；講述者：游余巧。

〔註18〕邱坤良、施如芳、張秀玲、藍素婧、郝譽翔：《宜蘭縣口傳文學》（宜蘭：宜蘭縣政府，2002.5），頁627；講述者：陳旺欉。

嚴格取締，絕不寬貸〔註19〕。且凡臺人從事醫務者，需繳納手續費向地方官申請許可證，經地方官適度認定其醫術之後發給。此後，總督府未再發給許可證，限制傳統醫生成為既定政策，使漢醫人數逐年減少〔註20〕。至昭和五（1930）年一月，全臺灣只有四百五十六名漢醫持有執照〔註21〕。

　　因為傳統漢醫受到限制與排斥，富貴自然無法取得許可，只能無牌營業。沒有執照被「日本仔」抓走，這「日本仔」可想而知為警察。富貴被捉走後，不但被任意毆打，還被監禁在衛生條件極惡劣的監獄中。歌謠中的描寫或有誇張性，只是誇張必有事實為基礎，日人對臺人的酷虐於此也可想見一二。處於日人高壓統治下，被檢舉的富貴無法反抗，亦無所控訴，「萬代烏龜」吐露了臺灣人默然接受統治者殘酷對待的無可奈何的心境。在日本統治臺灣期間，臺灣人對總督府的高壓統治何嘗沒有衝撞過，只是衝撞的結果往往是無謂的犧牲，殖民者的統治根基並未因此鬆動，所以有些民眾生出倒不如默然接受這一切的想法，不去捋殖民者的虎鬚，所受到的痛苦與屈辱可能還少些。「萬代烏龜」這句，顯現臺人在殖民者高壓統治下的卑屈心態。

　　底下這首歌謠，反映殖民當局對臺灣人民的嚴密控制：

　　　男：水蛤仔卜佮恁貫歸攄，貫流溪邊卜飼鱸鰻。

　　　男：恁厝父母失照顧，親像壁邊个尿壺。

　　　女：石頭發草膾勇健，教狗犁園膾曉行，汝怀去台灣係好命，踞厝
　　　　　擔石痟名聲。

　　　男：我頂日仔有去衙門報，一張證明煞失落，畚斗有時嘛會底糞掃，
　　　　　仙人扑鼓有時錯，骹步行歪啥儂無？〔註22〕

這組歌為日治時期澎湖二崁地方民眾從事圍築防風林的工作，在二崁北邊的烏崁山扛石頭時所創作的。因為起先有一些男人說了幾句欺辱女人的話，使在場女人忍無可忍，於是大家就一起商議，編歌來回罵這些男人。歌謠中把男人比喻為狗，譏笑這些扛石頭的男人沒有出息。因為有出息的男人，都到臺灣當大老闆享福去了，沒出息的男人才會留在家裡，而且要來扛石頭造防

〔註19〕莊永明著：《臺灣醫療史：以臺大醫院為主軸》（臺北：遠流，1998.6），頁176
　　　～177。
〔註20〕范燕秋：《疫病、醫學與殖民現代性 —— 日治台灣醫學史》（臺北：稻鄉，
　　　2005.3），頁75。
〔註21〕林東辰著：《臺灣舊事譚》（高雄：大舞台書苑，1979.4），頁150。
〔註22〕洪敏聰著：《澎湖的褒歌》（澎湖：澎縣文化局，1997.6），頁15～16。

風林。這一罵，把當時社會對男人的評價觀念搬到檯面上來，這些被譏笑的男人只能以「我頂日仔有去衙門報，一張證明煞失落」來做為下臺階。因為，既然申報戶口遷出，就要到臺灣辦理遷入，而所以沒有到臺灣去，是因為把那一張申報戶口用的證明書給遺失了〔註 23〕。由「我頂日仔有去衙門報，一張證明煞失落」二句，可見殖民當局對臺灣人民的嚴密控制。當時人民戶口要異動，必須先到派出所去申報，由轄區派出所警察發給證明書後，才可以持證明書到遷入地去申報戶籍〔註 24〕。殖民當局對臺灣人戶籍嚴格控制，乃為有效監控臺灣人，確切掌握臺灣人口的流動，這不但方便在臺人露出反抗跡象時預先防範，亦有利於事後的逮捕工作。

下引這首歌謠，表面看似為臺灣人民對斷髮、解纏足所發出的埋怨，實則存有更深的意涵：

　　　　頭个梳管得骸下鞋，

　　　　想著苦會死，

　　　　清朝怀徛日本天，

　　　　想著日本卜有勢靠，

　　　　無疑擼骸做番婆，

　　　　咱嘛第一氣，

　　　　卜共咱查夫个剪頭毛，

　　　　日本剪髮得這重，

　　　　卜剪鱸鰻个頭鬃，

　　　　日本剪髮格外外，

　　　　路邊剪髮無奈何，

　　　　想著日本佇苦痛，

　　　　苦痛鱸鰻無頭鬃，

　　　　想咱這馬這痞運，

　　　　艱苦佇時會青春，

〔註 23〕同前註，頁 17～18。

〔註 24〕明治四十年，臺灣總督府制定「人口動態調查規則」，由地方警察機關辦理「動態人口報告」，內容包括結婚、離婚、出生、死產、死亡、轉往（轉出及轉入）等六項。運作方式是由總督府印製各種小票，交予各警察單位對每一人戶之動逐一登載，層層上報匯整。蘇碩斌：《看不見與看得見的臺北 —— 清末至日治時期臺北空間與權力模式的轉變》（臺北：左岸文化，2005.8），頁 229。

想著日本這麼惡，

春金怕火倒頭烏。〔註25〕

歌謠表面呈現的是臺灣民眾對總督府斷髮與解纏足政策的不滿與抱怨，只是若再仔細尋繹歌謠中隱藏的意涵，使民眾感到無法忍耐與痛苦的，不在斷髮與解纏足政策本身，而在總督府高壓統治所帶來的行動與心靈的不自由感，這才是民眾最不堪忍受的。殖民地人民「被剝奪了絕大多數人都享有的最寶貴的權利：自由。殖民化制度為受殖者規定的生活條件中沒有自由二字；殖民者壓根兒不把它當回事。」〔註26〕所以這首歌謠實藉斷髮與解纏足事，傳達臺灣人處於高壓統治下的窒悶感。斷髮為頂上事，放足為腳下事，殖民當局對辮髮與纏足的禁制，就是頂上事腳下事通要管，即歌謠中「頭個梳管得骸下鞋」之言。民眾感覺殖民者由頭管到腳，不論何項事均要限制，自然痛苦萬分，才有「想到苦會死」的哀嘆，這「苦會死」並非只針對斷髮、解纏，而是對日本全盤高壓統治的厭惡情緒，但在無能力改變現狀的情況下，只能懷抱苦痛，自傷自己「這痞運」，不知何時才能青春，即有出頭的一天。民眾處於受拘限的痛苦日子裡，只能將希望期諸未來，想日本作惡多端，總有「春金怕火倒頭烏」政權垮臺的一天。歌謠顯現了處於高壓統治下的臺灣人民苦痛與渴求自由的心靈，這實是日治時期許多臺灣人民的心聲。

## 二、差　別

日本以甲午戰爭勝利者之姿統治臺灣人，對日、臺人始終差別對待，在臺日人蒙受總督府諸多保護，臺人則淪為總督府壓榨的對象。臺灣總督府之所以採行差別政策，目的乃在使臺人永居社會下層，受殖民者統治不得翻身。伴隨差別政策的是日人對臺人所抱持的歧視心態，這種心態，不僅存於殖民地官僚身上，亦存在一般在臺日人中，尾崎秀樹的殖民地生活經驗就曾有過這般體會：

殖民地的日常生活都帶有作為日本人的莫名其妙的優越感。人人好

〔註25〕洪敏聰著：《澎湖的褒歌》，頁157～158。格外外：全然不在乎；春金怕火倒頭烏：譬喻日本將來就像延展金子時，金子的末端會被火融蝕掉，也會像瘦巴巴的烏魚游回北方去。

〔註26〕魏米（Albert Memmi）著，魏良元譯，黃燕堃校：〈殖民者與受殖者〉，收錄於香港嶺南學院翻譯系、文化／社會研究譯叢編委會編譯：《解殖與民族主義》（香港：牛津大學出版社，1998），頁5。

像都帶有所謂代表日本對待殖民地被支配者的一種扭曲的情感。而
且抱有這種優越感的人中，還有不少是在日本本土不能容身而跑到
這裏的傢伙。因而劣等感和優越感構成了他們的表裏兩面。〔註27〕

尾崎其實講到所有殖民帝國主義的特色——壞人輸出，本來在本國出身低下的
人，到殖民地這個場合後，就開始裝腔作勢，產生一種傲慢的優越性〔註28〕。
在本國劣等的日本民到臺灣之後，因自覺居於支配者的地位，竟產生莫名的優
越感，可見殖民者是如何看輕被殖者。若說歧視是一種心態，那差別統治某部
分就是這種心態的投射。

　　差別統治造成臺灣人地位明顯低落。第一任文官總督田健次郎雖然宣布
將秉持「同化政策」治理臺灣〔註29〕，看似朝一視同仁、內臺融合的方向發
展，但這根本為假象，不過企圖以假平等欺瞞臺灣人。其實「就同化政策而
論，係大民族、人口居多數的民族使用其政治上、軍事上壓倒性的力量，對
受支配的少數民族強制以支配民族施以的文化、風俗、習慣、宗教等，基本
上就已非平等的思想。」〔註30〕同化政策的本質乃欲將臺灣人變成「下等日
本人」，而非「真正的日本人」〔註31〕。在同化政策下，提倡所謂「內臺共學」，
但結果是造成臺灣人更低的升學機會。就中學入學考試來看，臺人就讀的公
學校，其教材程度明顯較日人小學校來得淺顯；另入學考試筆試部分的試題，
常含有日本歷史和國家觀念的問題，口試部分用的又是日語；再加上各中等
學校皆設有「錄取會議」的組織，此會議對學生錄取與否有相當大的決定權，
而其成員大多數是日本人〔註32〕。由此可證一視同仁的虛偽性。尾崎的另一
篇文章，就直揭總督府差別統治的本質：

---

〔註27〕尾崎秀樹：〈過遲的發言——代後記〉，氏著，陸平舟、間扶桑子合譯：《舊
　　　　殖民地文學的研究》（臺北：人間，2004.11），頁326。
〔註28〕參南方朔：〈殖民文化的認同與抵抗〉，收錄於王昭華、彭揚凱圖文編撰：《台
　　　　灣光復60週年紀念專刊》（臺北：北市文獻會，2005.12），頁108。
〔註29〕雖然日治時期臺灣總督府採取同化政策是由田健治郎開始的，但第一次提出
　　　　此政策的為田健治郎的前一任總督明石元二郎，之後的同化政策也都是以他
　　　　的同化政策做為基礎。參井上聰：〈臺灣第七代總督明石元二郎與同化政策〉，
　　　　《臺灣風物》37卷1期，1987.3，頁33。
〔註30〕檜山幸夫撰，黃紹恆譯：〈戰前日本統治臺灣的權力構造〉，收錄於檜山幸夫
　　　　等譯著：《臺灣總督府檔案之認識與利用入門》（南投：臺灣文獻館，
　　　　2002.12），頁13。
〔註31〕許介鱗：〈批判殖民統治讚美論〉，收錄於王昭華、彭揚凱圖文編撰：《台灣光
　　　　復60週年紀念專刊》，頁100。
〔註32〕參徐南號：《台灣教育史》（臺北：師大書苑，1996.2），頁143～144。

> 五十年的日本統治，一言蔽之，是假借一視同仁、日台同化的精神
> 教育，將經濟、社會的差別狀態掩飾，並削弱島民抵抗的意志，或
> 以利誘欺騙，而把他們塑造成為順從的「皇民」的歷史。〔註33〕

是以總督府倡言一視同仁、內臺平等，不過是堂皇的謊言。殖民者高喊的「同化」，充其量只向臺灣人「約定」平等化會在將來實現而已，目的則為安撫因實施差別統治所引發的不滿情緒，不過是消解臺灣社會不安和政治衝突的一種工具〔註34〕。

　　日、臺人間差別待遇的情形在日治時期殖民地社會中比比皆是。大體上，官吏公務員、資本家及公司職員、銀行員多由日本人獨佔，其背後又有日本國內的政府及大資本家的強權支撐；農民勞工階級，則大部分是臺灣人〔註35〕。就算從事同一項工作，兩方薪資亦有極大之落差，臺人工資約略只有日人的一半〔註36〕。另外同種商品以高級貨供給日本，下級品則由日本進口，例如出售蓬萊米而購買外米，出售檜木而購買松杉〔註37〕。從職業別、工資，到日常物資，再再呈顯總督府差別統治下，臺灣人所蒙受的不平等待遇。此種差別待遇在《臺灣民報》上亦屢有揭露〔註38〕。賴和〈阿四〉一文，亦呈現這種差別待遇現象，小說主角阿四為醫學校畢業之臺灣人，在他到地方醫院就職前，原本懷有遠大的心志、無窮的希望，不料到了醫院之後，加諸他身上的是對臺灣人的種種不公平待遇：薪水不及同時任用的日本人的一半；宿舍因內地人醫員增

〔註33〕尾崎秀樹著、蕭拱譯：〈戰時的臺灣文學〉，收錄於王曉波編：《臺灣的殖民地傷痕新編》（臺北：海峽學術，2002.8），頁313。

〔註34〕參陳培豐著，王興安、鳳氣至純平編譯：《「同化」的同床異夢：日治時期臺灣的語言政策、近代化與認同》（臺北：麥田，2006.11），頁34。

〔註35〕矢內原忠雄著，林明德譯：《日本帝國主義下之台灣》（臺北：吳三連台灣史料基金會，2004.2），頁110。

〔註36〕以昭和元（1926）年下半期臺北市工資表來看：木匠：臺灣人1.80日圓，日本人3.50日圓；泥水匠：臺灣人2.00日圓，日本人4.00日圓；堆瓦：臺灣人1.80日圓，日本人4.00日圓；打鐵：臺灣人1.60日圓，日本人2.50日圓；翻鐵：臺灣人1.60日圓，日本人2.50日圓；腳夫：臺灣人1.50日圓，日本人2.50日圓。矢內原忠雄著，林明德譯：《日本帝國主義下之台灣》，頁116。

〔註37〕矢內原忠雄著，林明德譯：《日本帝國主義下之台灣》，頁130。

〔註38〕反映日、臺人不平等的報導，如：〈橫逆無忌的內地人　警吏置若罔聞〉，《臺灣民報》第二百二十號，昭和3（1928）.8.5，6版；〈差別待遇　臺人苦力叫不平〉，《臺灣民報》第二百廿三號，昭和3（1928）.8.26，6版；〈法律果然因人而異？內地人盜雞無罪臺灣人大感不滿〉，《臺灣民報》第二百廿六號，昭和3（1928）.9.16，3版。

人而無法居住；原有的宿舍津貼十五圓，因是臺灣人獨身，只能領到六折後再七折的六圓三角；在醫院過了將近一年，所處理之事務依然是筆生和通譯的範圍〔註39〕。臺人所蒙受的差別待遇，已明顯到讓人無法忽視的地步。

有歌謠即呈現日治時期殖民政府官員多為日人所佔的不公平現象：

火車欲行螺絲拴

車頭不離啊日本番

娘仔共哥無啥款哪

予恁一庄才反復亂〔註40〕

由「車頭不離啊日本番」句，可以看出殖民政府要職多為日人把持，連火車站的員工也不例外，才會有滿目所及皆為日人的情形發生。

有歌謠表現臺灣人所蒙受的差別待遇：

阿君欲做巡查補，那不店頭食頭路？

想著警察偌艱苦，白白的肉曝屆烏。〔註41〕

日本治臺初期，巡查全由日本人擔任，之後於明治三十二（1899）年七月，以訓令第二○四號正式公布：「為輔助臺灣總督府巡查之職務，於警察經費預算範圍內，得以『巡查補』之名稱，採用本地人之志願者為傭員任用之。」然巡查補的身分，和日本巡查相比，差別很大。此制度一直到州治時期（1920.9）之後，才改制為乙種巡查。由「補」及「乙種」，即知雖同為警察身分，但臺人警察是要比日人警察低一截的。歌謠中言及巡查補工作辛苦，在外勞碌奔走，以致白白的皮膚都曬成烏黑了。工作之辛苦，一部分是由工作本身性質所造成的，另一部分可想而知是源於差別待遇下的勞務分配不均。歌謠實側面反映了總督府的差別政策。

總督府的差別統治，導致某些臺灣人由卑屈轉而衍生出一種偏差心理，即是輕視為自己同胞的臺人，而對日人曲意奉承，如果一朝自己「晉升」至殖民官僚體系中，又產生一種虛幻的優越感，認為自己的臺灣人血統已得到「淨化」，自己比一般臺灣人高出一等。在這種不正常心態作祟下，不但歧視臺灣人同胞，甚而利用職權凌虐之。前引歌謠雖描述差別政策下巡查補工作

〔註39〕賴和：〈阿四〉，收錄於李南衡主編：《日據下台灣新文學明集1‧賴和先生全集》（臺北：明潭，1979.3），頁331～333。

〔註40〕黃哲永總編輯：《東石鄉閩南語歌謠（二）》（嘉義：嘉縣文化局，1997.6），頁116；講述者：陳茸。無啥款：無瓜葛。

〔註41〕李獻璋編著：《臺灣民間文學集》，頁105。

的辛苦，但也有巡查補藉殖民者所賦予的權力虐害臺灣人同胞，賴和詩〈偶成（詠日政時代巡查補）〉與楊守愚小說〈罰〉〔註42〕，即呈顯巡查補這種惡行。巡查補卑劣、可笑的裝大行徑，爲其贏得了「紅腳桶」的謔稱〔註43〕。日本戰敗，有臺籍警察被民眾關在豬籠裡，抬至街上遊行〔註44〕，可想見這是以前受到欺負的臺灣民眾的報復行動。

　　在田健治郎同化政策下，有「日臺通婚」〔註45〕之提倡。臺灣人長久以來社會地位低落，與日人通婚者，因認爲自己已由卑下的被殖者身分脫身而出，故亦如前文某些巡查補般，對爲同胞的臺灣人產生不該有的歧視心態。這即陳映真所言：「同化的一端固然是對殖民者的崇拜和歸附，另一端則正是對自己民族、人民、社會和文化的鄙視、厭憎、疏離和斷絕。」〔註46〕歌謠對與日人通婚，自認被殖者卑微身分已獲提昇的臺灣女子的偏差心態有所呈顯：

　　埔筆仔開花五葉紅

　　阿娘卜嫁日本人

　　娶去三工就做 ok⁴ sang³

　　手舉藤條卜拍人〔註47〕

---

〔註42〕 「一自揚名後。非同草野身。用刑還及母。執法竟無親。時日亡及汝。威風代有人。清如風過袖。到底不憂貧。飽飯閒尋事。貪功每陷人。心同鷹準鷲。性比犬羊馴。以我同胞血。沾他異樣恩。不知民可貴。但畏長官尊。」賴和：〈偶成（詠日政時代巡查補）〉，收錄於李南衡主編：《日據下台灣新文學明集1・賴和先生全集》，頁386；楊守愚：〈罰〉，收錄於氏著，張恆豪編：《楊守愚集》（臺北：前衛，2000.8），頁245～253。

〔註43〕 「台灣人被採用爲『巡查補』，宛若登上皇帝的寶座，狐假虎威，腰佩長刀、搖頭擺尾，搖搖擺擺在街路上。他們戴的帽，圍一大版紅色的布巾，從後面看，宛若戴上一個紅腳桶，因而有人稱他們曰『紅腳桶』。」林東辰著：《臺灣舊事譚》，頁38～39。

〔註44〕 此據桃園縣耆老范良森所言。臺灣省文獻委員會採集組編校：《桃園縣鄉土史料》（南投：省文獻會，1996.5），頁66。

〔註45〕 大正十（1921）年修改戶籍法第四十號，開日臺通婚之路。但「內臺共婚法」要至昭和七（1932）年才以勒令第三百六十號予以制定，翌年三月才實施。

〔註46〕 陳映真：〈等待清算後的後殖民台灣歷史・評「皇國少年」李登輝〉，收錄於李壽林編：《三腳仔——《台灣論》與皇民化批判》（臺北：海峽學術，2001.3），頁230。

〔註47〕 胡萬川總編輯：《大園鄉閩南語歌謠〈一〉》（桃園：桃縣文化局，2000.9），頁204；講述者：游陳寶珠。

歌謠中嫁給日人的臺灣女子，自覺其身分地位已不同於往昔，反映此種心理的外在表現，即「手舉藤條卜拍人」的驕態。這一描畫具體顯現臺灣女子認爲我已嫁給日本人，我的身分已獲得提昇，從此不再是卑屈的被統治者，而可以如同殖民者爲所欲爲的態度。魏米（Albert Memmi）對被殖者這種扭曲的心靈，有相當透澈的剖析：

> 受殖者並不僅僅是要以殖民者的美德來充實自己，而且爲了脫胎換骨，一門心思地貶低自己，否定眞我。連征服受殖者也成了殖民者的美德之一。受殖者一旦接受了此種美德，也就同時接受了自我譴責。爲了解救自己（至少他是這麼看的），他願意摧毀自我。〔註48〕

摧毀自我，否認自身的血緣、隸屬的民族，因此也造就認同的偏差與混亂。臺灣人何以會產生這種偏差心理？就是殖民者恆以鄙視心態、差別待遇來對待臺灣人，才使臺灣人產生否定自己血緣、身分的這種扭曲的想法。

另外，日治時期隸屬糖廠的農場內，設有監督一職，從這些監督身上，亦可觀察到總督府行差別待遇的餘毒。這些多由臺灣人擔任的監督，因日本資本家賦予之職權，在農場中擁有一定的權力，由下列歌謠可見其概：

> 一日總趁二角九
> 目珠金金看日頭
> 等候時間猶未到
> 盤算夭壽監督仔挽過頭〔註49〕

農場工人賺取微薄薪資，已殊可憐，卻還得受監督控制，監督沒有下令收工之前，工人們都不敢提前離開，唯恐惹得監督不高興，飯碗就難保了。歌謠中可見監督憑其職權對農場工人的支配與剝削。

因爲監督對底下工人擁有鉅大的支配權力，故有女子萌生想攀附監督的念頭：

> 甘蔗好食二五號
> 小娘欲逮監督哥
> 逮著監督都是好

---

〔註48〕魏米（Albert Memmi）著，魏良元譯，黃燕堃校：〈殖民者與受殖者〉，收錄於香港嶺南學院翻譯系、文化／社會研究譯叢編委會編譯：《解殖與民族主義》，頁9。

〔註49〕黃哲永總編輯：《六腳鄉閩南語歌謠集》（嘉義：嘉縣文化局，1997.6），頁44；講述者：陳金水。總趁：共賺；挽過頭：拖過了下班時間。

出門人人叫監督婆〔註50〕

腳踏一叢是牛振鬃啦

手舉這叢葉會紅

阿娘仔欲嫁監督仔樣了

不嫁人家趁食人哦〔註51〕

監督握有控制底下工人的權力，可得到受管理工人的敬畏，是以歌謠中女子才會產生想嫁給監督的念頭，如此不但可保衣食無缺，亦能滿足被人尊敬的驕傲、虛榮感。

前述歌謠或直接或側面地表露監督對農場工人所持有的權威，有些素行不良的監督就憑藉職權，依其喜惡、或與女工的交情，來決定任用與否，或在工作上給予方便：

會社銀票若炮紙

做工的挈著歸大拖

少年的若做有粉乃抹

老的做無才挣心肝〔註52〕

菅芒開花心紅紅

蘆竹開花像菅芒

做工查某綴著監督送

卡晏去做嘛算一工〔註53〕

也有惡質監督輕佻地對農場女工做出非禮之舉：

一个飯包是斤二重

掊卜來去農場做農工

天壽監督仔勢戲弄

予阮下昏轉來毋挃翁〔註54〕

監督非禮女工，甚至誘姦、強姦女工，這在郭水潭〈某個男人的手記〉、楊守

〔註50〕黃哲永總編輯：《六腳鄉閩南語歌謠集》，頁33；講述者：陳金水。

〔註51〕同前註，頁42；講述者：黃王險。

〔註52〕黃哲永總編輯：《六腳鄉閩南語歌謠集》，頁40；講述者：陳金水。若炮紙：多如山；粉「乃」抹：一邊；「挣」心肝：捶打。

〔註53〕黃鴻禧主編：《員山相褒歌》，頁127；講述者：藍坤章。

〔註54〕胡萬川總編輯：《彰化縣民間文學集1歌謠篇（一）》（彰化：彰縣文化局，1994.6），頁144；講述者：胡林翠香。

愚〈誰害了她〉、〈鴛鴦〉中亦有所揭露〔註55〕，尤其後兩篇因爲監督的無恥行徑，竟造成少女生命的喪失與家庭的破碎，其悲慘令人不忍卒讀，監督那付令人作嘔的嘴臉尤使人咬牙切齒。

　　監督如此狂妄倚靠職權剝削工人、非禮女工，想當然爾是受殖民者差別統治所影響。在差別統治下，社會中的階層區分變得明顯了，居上位的日人，得享一切權利，並可以用他們擁有的權威來對待與控制居下位的臺人，這種具階層性的社會模式久而久之就烙印在臺灣人心頭。有自覺的人，會了解歧視、差別政策的不公不義本質，但也有些人，當其掌握到一定的權力時，即忘卻自身曾因此不公平制度遭遇到痛苦，反而同樣地以這套模式對待其權力所能控制之人。這些無恥的農場監督就是如此，他們自覺有日本資本家作爲靠山，即肆無忌憚的發揮他們自以爲了不得的權力。雖然歌謠中，沒有直接呈現日人對臺人所施的差別統治，但由對監督行爲的描畫與控訴，還是可以間接觀察出殖民當局差別待遇之治臺本質。

## 三、榨　取

　　保護日本獨佔資本家，剝削、壓榨臺灣人民，乃總督府治臺期間的一貫經濟政策。誠如鈴木宗言於《臺灣慣習記事》上所言：

> 吾國領臺後，……尚須進一步開發富源，期以完成終極之美。至於開發方法固然甚多，但上上策略是吸收日本內地及外國資金，藉資獎勵各種事業乃其中之良策也。爲此，應：確立司法制度之基礎，俾使內地或外人在財產保護及交易安全均無虞之情況下前來臺灣投資，是重要方法。〔註56〕

臺灣的無窮富源非由臺灣人來開發，以享受其中利益，反倒是由總督府訂定相關獎勵政策，或說是保護政策，讓日本資金進入，獨佔臺灣產業的開發。由此，就可明察殖民者統治臺灣的追求與獨佔經濟利益的意圖。臺灣人充其量，不過是殖民者奴役與榨取的對象。

---

〔註55〕郭水潭〈某個男人的手記〉，收錄於羊子喬編輯：《郭水潭集》（臺南：南縣文化局，1994.12），頁138～148；楊守愚：〈誰害了她〉、〈鴛鴦〉，收錄於氏著，張恆豪編：《楊守愚集》，頁65～73、351～373。

〔註56〕鈴木宗言：〈臺灣律令論（一）〉，《臺灣慣習記事》第五卷第一號，1905.1。臺灣慣習研究會原著，臺灣省文獻委員會譯編：《台灣慣習記事（中譯本）第五卷上》，頁1。

　　總督府對臺人的剝削、榨取，從所實施的「土地調查」與「林野調查」事業，即可明顯觀出。兒玉源太郎於明治三十一（1898）年頒布「台灣地籍規則」及「土地調查規則」，九月，設立臨時臺灣土地調查局，翌年，以五百萬圓預算，著手進行「土地調查業務」，此項事業於明治三十九（1906）年六月完成。土地調查工作，揭發了隱田，這使殖民政府租稅收入增加；另外確立單一土地所有權制，則保證了土地交易安全，促進土地商品化，促成土地所有者分化、分解，使日人利用總督府的公家力量，方便地霸佔臺灣人土地，如此一來，日本獨佔資本家就可在臺灣推展需要廣大土地的資本主義企業〔註57〕。是以「土地調查事業」實替日人侵佔臺灣土地及日本資本主義的資本輸出，奠定了基礎條件，建立了日本資本主義對臺灣殖民地支配體制的工作〔註58〕。

　　土地調查之後，又有從明治四十三（1910）年至大正三（1914）年的林野調查。調查區分官有地與民有地，以確定林野的私有權，並將無憑證可「確認所有權」的林野都定為官有地。調查結果，百分之九十三的臺灣林野地悉為日本殖民政府霸佔，民有僅佔百分之三。按臺灣習俗，林地附近居民可任意開墾、耕種林地，並且造林。現在無主林地全被列為官有地，臺灣總督府難以忽視多年來臺灣居民利用林地的舊俗，乃特定之為「緣故地」，所造之林則視為「保管林」，允許居民使用，但必須課徵保管費。只是這廣袤林野後來大都免費，或以低廉價格下放給日本地主或資本家。確定林野所有權，表面上雖是從法律方面確定臺灣人的所有權，使土地制度現代化，實際上卻是用法律來保護日人殖民臺灣。這從總督府處理官有地的方法即可見一斑。在規定中，不管是「樟樹造林獎勵規則」、「糖業獎勵規則」，或其他經濟作物如鳳梨、香蕉、茶等，均規定日本資本家可向政府申請使用官有地，政府免費貸予，待經營成功後，即可免費獲得該土地的所有權〔註59〕。諺語「三井之北部、三菱之中部」〔註60〕即呈現日本資本家對臺灣人土地的掠奪，而這當然

---

〔註57〕參李永熾著：《歷史的跫音》（臺北：遠景，1984.12），頁95～96。

〔註58〕淺田喬二著，張炎憲譯：〈在臺日本人大地主階級的存在結構〉，《臺灣風物》31卷4期，1981.12，頁59。

〔註59〕參李永熾著：《歷史的跫音》，頁97～98。

〔註60〕這句諺語的意思是說，在茶葉產業上，北部之重要地方已歸為三井所有；中部之紙漿事業，重要地方亦已歸三菱所有。土地收奪最有名的事件有三件，其中兩件即與此諺語有密切關係，一為明治三十九（1908）年將斗六、竹山、嘉義三郡下一萬五千甲之竹林拂下予三菱；一為明治四十（1909）年將三叉一帶產茶地區全部拂下予三井。參連溫卿著：《臺灣政治運動史》（臺北：稻

是依恃總督府的權力所達成的。

　　殖民官員與日本資本家相勾結，不僅侵佔了臺灣人的土地，還利用低廉的佃作制度來壓榨、剝削臺灣農民〔註61〕。一九二○年代，農民運動如火如荼地興起，就是導源於資本家對農民所施的剝削與榨取。此外，總督府爲保護日本資本家在臺灣發展，不惜重課農業所得，輕課工商業所得，因爲從事農業者，幾全爲臺灣人，從事工商業者，多屬日本人也〔註62〕。日治時期農民有一小段話：「做到半死，飫到無米煮，天下出第一大戇力，吃第一惡食是做田人。」頗可表現他們因不公平待遇導致的生活困境〔註63〕。

　　總督府對農民的剝削與壓榨，可以蔗農爲代表。日本由於緯度較高，不適合種植甘蔗，但國內對糖的需求又與日俱增，爲解決糖產量不足的問題，遂於臺灣積極推動新式糖業。總督府以實施資金援助、指定原料採取區域、保護市場等三大措施，支援和保護日本新興製糖大企業〔註64〕。先是於明治三十五（1902）年六月發布「糖業獎勵規則」，之後於明治三十八（1905）年六月頒布「糖業取締規則」。規則中規定「原料採取區域」，凡在區域內的甘蔗，未經政府許可，不得運出區域外，亦不得用作砂糖以外的製造原料，即蔗農必須出賣其甘蔗給指定的製糖工廠。以此，造成製糖工廠原料的獨佔。原料區域制度雖然不包括強迫種蔗，但是會社除了增加自營和佃耕的蔗園之外，資財的借貸使農戶無法轉業。原來製糖公司趁臺灣農民的貧乏，常常用「耕作資金」的名義，預付一筆定錢給農民，契約中載明，要種蔗才能借貸，貧農因貧苦而借貸，借貸的款項往往用於生活，透支的借款愈積愈多，不能清償，蔗農對會社的隸屬就愈深。蔗農借貸後必須負責種植一定斤量的甘蔗，種植方法也須受公司的指揮監督，甘蔗的收購價格還依糖業公司片面決定〔註65〕。「原料採取區域」同時規定，在各該區域不許新設糖廍，在原料採取區域幾乎遍布全島蔗作適地的情況下，結果是造成臺灣人糖廍的急速沒落。再如「糖間」，亦自明治三十八（1905）年到明治三十九（1906）年起，開始衰微，明治四十三（1910）年實

　　　鄉，1988.10），頁296～297。
〔註61〕參李永熾著：《歷史的跫音》，頁110。
〔註62〕黃通、張宗漢、李昌槿編：《日據時代之臺灣財政》（臺北：聯經，1987.1），頁17。
〔註63〕邱秀芷：《番薯的故事》（臺北：中央日報出版部，1989.7），頁82。
〔註64〕黃秀政、張勝彥、吳文星著：《臺灣史》（臺北：五南，2003.8），頁200。
〔註65〕參曹永和、吳密察編纂：《日據前期臺灣北部施政紀實　經濟篇　軍事篇》，頁370～371。

行砂糖消費稅的結果，由於得不償失，亦完全絕跡〔註66〕。是以臺灣製糖業的發達，乃是日本資本驅逐本地生產者的過程〔註67〕。雖說臺灣新式製糖工廠的出現，是臺灣現代的第一場工業革命，也是推動臺灣現代化的一個重要催化劑〔註68〕，但這根本是建立在對臺灣人的打擊、剝削與榨取上，就算這爲臺灣人帶來日後的現代化，也毋須對殖民者心存感激。

新式製糖會社爲確保有固定的甘蔗原料，還以哄騙強奪的方式取得臺灣農民的土地〔註69〕。迄至大正十一（1922）年，以糖業資本由臺灣農民所奪得的耕地，有五萬二千餘甲，製糖公司的所有地年年增加，製糖公司儼然爲支配等於農奴的臺灣農民的最大地主〔註70〕。蔗農不僅在種植上有採收區域限制，買收價格須由糖廠決定，在甘蔗過磅時，還常遭製糖會社偷斤減兩，「三個保正八十斤」就反映日治時期製糖會社在磅秤上偷動手腳的眞實情況〔註71〕。賴和〈豐

---

〔註66〕 東嘉生著，周憲文譯：《台灣經濟史概說》（臺北：海峽學術，2000.5），頁82～83。

〔註67〕 山川均著，蕉農譯：〈日本帝國主義鐵蹄下的台灣〉，收錄於王曉波編：《臺灣的殖民地傷痕新編》，頁143。

〔註68〕 楊彥騏：《臺灣百年糖記》（臺北：貓頭鷹，2002.4），頁143。

〔註69〕 據嘉義縣耆老龔財之口述，明治製糖會社爲保有固定的原料甘蔗，有自設農場的構想。自設農場之土地係軟硬兼施向農民收購的。起先用好話向你購買田地，但當大家不賣時，就抓去倉庫軟禁，有人禁不起勸說，有人不忍離別妻兒，就答應蓋印給日本人了。至於不答應賣地的人，日本人則用個別談話的方式來哄你，用金錢來誘拐你，說你的土地特別多，我們多一些錢向你購買，但是你不要說出去，蓋了章，就可以回去，不然你常關在這裡也不是辦法，況且你家裡正忙著。那些被勸說的人心想：已被關那麼多天，沒有蓋給他們，也不可以，所以就答應了。而那些土地較少的，日本人就說：人家土地那麼多的，都蓋章了，你只有那麼少的土地，還說不要，快蓋章吧！如此用盡種種方法來誘騙你。還有請「仲介」來說動你，日本人就是用這種方式來強迫農民賣掉土地，土地價格也隨他們開價。臺灣省文獻委員會採集組編校：《嘉義縣鄉土史料》（南投：省文獻會，2000.1），頁32。

〔註70〕 山川均著，蕉農譯：〈日本帝國主義鐵蹄下的台灣〉，收錄於王曉波編：《臺灣的殖民地傷痕新編》，頁146。

〔註71〕 「在新高製糖株式會社彰化製糖工場，一群忍無可忍的農民，在保正陪同下向會社抗議，並要求檢查磅秤，結果發現三個保正站上磅場的磅秤，竟然只有八十斤重。此訊息一傳開，立即成爲坊間茶餘飯後的笑話，而製糖會社也因而顏面盡失，於是趕緊修正磅秤並承諾偷斤減兩之事不再發生，只是再也沒人相信。後來新高製糖株式會社被日本製糖株式會社合併，幾乎年年爲磅秤而上演的抗爭事件才告平息。」楊彥騏：《臺灣百年糖記》，頁101。另據臺中市耆老賴長壽所言，尚有「三個保正磅十八斤」之說。呂順安主編：《臺中市鄉土史料》（南投：省文獻會，1994.11），頁136。

作〉一文,亦描寫製糖會社這種偷斤減兩的行徑:

> 兩個甘蔗委員,和一個警察大人,便同時立到磅臺上去,警察大人
> 看到所量的結果,自己也好笑起來,三個人共得二十七斤。〔註72〕

三個壯年人加起來共二十七斤,比三個保正八十斤還要更加誇張。這種事件也屢出現在《臺灣民報》上〔註73〕,可見製糖會社採行這種不正當手段的普遍性。

製糖會社對農民的剝削與榨取,反映在當時流傳的歌謠中:

> 第一戇插甘蔗去給會社磅
> 第二戇吃煙吹風
> 第三戇吃檳榔吆紅
> 第四戇撞球相碰
> 第五戇做戲癲看戲呆〔註74〕

所以言吃煙吹風、吃檳榔吆紅、撞球相碰為戇事,乃認為這些都是浪費金錢又毫無意義的行為;看戲的人往往不辨虛實,過於融入戲中情節,故也被認為是一種愚昧。第一戇的「插甘蔗去給會社磅」,則呈現製糖會社對種蔗農民的剝削與榨取,有關這種剝削、榨取在前文已有所說明。農民耗費了大量心力種作甘蔗,卻往往得不到同等的報酬,所以才說種蔗者為戇人。從這句話,可以感受到臺灣蔗農被榨取的辛酸血淚。

洪棄生〈田野即事〉詩中,亦描述蔗農處於殖民政府與製糖會社雙重剝削下,其生活的苦況〔註75〕。新舊文人作品、報社報導、民間歌謠均對蔗農慘遭榨取事有所反映或關注,可見當時以日本資本家為主的新式製糖會社對

---

〔註72〕 賴和:〈豐作〉,收錄於李南衡主編:《日據下台灣新文學明集 1・賴和先生全集》,頁 114。

〔註73〕 〈製糖不正秤量農民向當局陳情〉,《臺灣民報》第二百五十六號,昭和 4(1929).4.14,7 版;〈欺人的甘蔗秤量法!問王爺有無不正會社新案的詐取術 蔗農民之可憐的迷信!〉,《臺灣民報》第三百五號,昭和 5(1930).3.22,3 版。

〔註74〕 臺灣省文獻委員會採集組主編:《雲林縣鄉土史料》(南投:省文獻會,1998.11),頁 185;講述者:黃興協。這首歌謠許多異文,都認「插甘蔗去給會社磅」為戇事之一,可參本論文〈【附錄二】本論文使用歌謠異文表〉。

〔註75〕 「官吏日扣門,敲扑去種蔗。糖稅歸國家,糖利歸會社。農戶絕饔飧,啼饑窮日夜。農夫劇苦辛,為農難為稼。蔗田雖有收,賊估不論價。昨來大雨風,蔗苗況如赭。徙倚到東皋,嗷嗷盈四野。」洪繻(棄生):《寄鶴齋詩集》(南投:省文獻會,1993.5),頁 283。

蔗農的剝削、榨取是何等露骨了！故只要對社會現象稍有觀察的人都能察知，而展開抨擊或諷刺。

　　除農民慘遭剝削、榨取，臺灣小商人也難逃總督府的毒手。在論文第二章所引的以「聽我唱！聽我唱！東邊出有一粒星」開頭的歌謠的後半段，即見到殖民政府對臺灣小商人的剝削與榨取：

　　……

　　設納營業俗地租，

　　營業地租完去無歡喜，

　　開山宮屎山仔頂，

　　卜起大菜市，

　　日本仔眞勢請，

　　眞勢反，

　　一擔扣五仙，

　　擔頭扣來無生理，

　　大家食貴米，

　　日本仔勢反變，

　　台灣人剝甲攏無錢，

　　番仔分未是，

　　講著橫死死，

　　無敗無天理，

　　日本仔若無趕出去，

　　台灣人縛甲死死死。〔註76〕

歌謠中顯露殖民政府對臺灣小商人多徵稅捐，做生意者不但須繳納地租，還得被徵營業稅。此僅就商人被徵之稅略舉大概，殖民者對臺灣人的剝削、榨取，實不止此。誠如〈臺灣人的貢獻〉文中所言：

　　若論臺灣人的貢獻，第一是稅金，自領臺以來至大正九年施行自治

　　制，内地人始與臺灣人負擔地方自治費，于今二十餘年全無納稅金，

　　而內地人方面的學校、官舍，内地人居住方面的衛生設備都是由臺

　　灣人納的稅金來設備的。第二生蕃討伐也都是臺灣人的經費，人夫

　　也是臺灣人去當的。第三日露戰爭的時候臺灣建造一隻義勇艦，費

〔註76〕邱冠福編著：《台灣童謠》（臺南：南縣文化局，1997.12），頁103。

用的大部分都是由臺灣人出的。第四臺灣應得的砂糖消費稅和關稅的一部分編入本國的會計，其他臺灣所有的利權大部分也是給與內地人經營，又利用臺灣的經費補助本國人的發展等實在難得枚舉。如此馴良的臺灣人還說是沒有貢獻，不知道是想要使臺人傾家蕩產，來做本國人的奴隸，才可叫做貢獻麼？〔註77〕

文中一一列舉日人對臺人的剝削、榨取情事，可見加諸臺灣人身上的是多麼沉重的負擔！歌謠中「台灣人剝甲攏無錢」血淋淋描繪出臺灣人民被極度剝削的慘狀，最後「日本仔若無趕出去，台灣人縛甲死死死」則見日本以高壓統治對臺灣人肆行剝削、榨取，而只要日人統治臺灣的一天，臺灣人就不可能脫離這種桎梏。

## 第二節　臺民反抗心態

日本統治臺灣期間，始終採取高壓手段對付臺灣人，也因此臺灣人的反抗意識從未消歇。武裝抗日結束後，接著而起的是非武裝的政治、社會運動。在政治、社會運動遭到嚴厲彈壓的一九三〇年代，表面上這些激烈的反抗聲浪是停歇了，但實際上，臺灣人的反抗意識猶然存在，這從許多作家以文學抗日，揭發殖民地統治的醜惡本質，即可知曉。就算是在思想遭到嚴密控制、殖民者強烈要求文學須為帝國侵略戰爭服務的皇民化時期，有作家向日本帝國主義輸誠，寫出皇民文學作品，但仍有作家以隱諱的寫作方式來表現其不屈服的姿態。臺灣人的反抗意識可說終日治時期從未斷絕，只不過在不同階段、殖民者或寬或嚴的統治政策下，抗日聲勢有大與小、顯與隱的區別而已。

就臺灣人知識分子來說，對日本的反抗，或顯現在領導、參與政治、社會運動，或體現在文化、文學運動的提倡與書寫中。廣大非知識階層的臺灣民眾，因其自身權益受損，在政治、社會運動中，或有參與，如一九二〇年代的農民運動與勞工運動，即有這些非知識階層的臺灣民眾的身影。但在文學抗日這塊，他們沒有能力熟練操控文字，因此就無法以文字為工具，來表達他們對日本統治的不滿。但這些非知識階層還是以口頭的諺語、歌謠、傳說等，來表現他們的反抗心。

---

〔註77〕劍如：〈臺灣人的貢獻〉，《臺灣民報》第二卷第廿四號，大正13（1924）.11.21，7版。

　　「廖添丁」即臺灣庶民反抗心態作用下所塑造出的一位抗日草野英雄。
廖添丁實有其人，乃日治時期臺中廳大肚上堡秀水庄人，他十八歲時開始犯
案，明治三十五（1902）年因竊盜三犯付臺中地方法院，重禁錮十個月又十
五天，之後又屢次犯案，但廖獲得警方極度重視，乃從明治四十二（1909）
年八月中旬犯下偷竊警槍彈藥及配劍案開始，從此時起至當年十一月十八日
廖在八里坌坑遇害前，為其活動力最強、犯罪率與知名度最高的時期。在日
本警察眼中，廖添丁為一竊盜及殺人犯，非抗日的匪徒類或思想犯，犯案性
質則為單純的社會刑事案件，而非帶有政治性或思想的抗日事件。只是其犯
罪動機及行為本身，帶有嚴重藐視警方、羞辱日警的色彩〔註78〕。

　　是以廖添丁不過是個竊賊，無組織、無政治色彩，也無理想性，但因打擊
日警威信，滿足民眾「反官」心理，使他成了「抗日、反威權」的象徵〔註79〕，
遂將種種本不屬於他的英勇事蹟加諸其身，使其成為樂於救濟窮人的抗日義
賊，也因此被民眾喜愛〔註80〕。「唐傳奇」中有「豪俠」一類，這是在唐代中葉
以後國勢漸衰，各地藩鎮割據，人民生活日益困苦的時代背景下產生的，亂世
中民眾無力解決生活困境，自然萌生對英雄的想像，才出現如〈虯髯客傳〉等
此類標榜英雄人物的傳奇，廖添丁傳說的產生也是源於這種心理。在現實生活
中民眾無法反抗殖民者的橫暴，只能藉助塑造反日英雄人物打擊殖民者，來稍
紓解心中久積的鬱悶之氣。

　　日治時期改良戲曾搬演過「廖添丁」〔註81〕，除此，廖添丁的故事也被編
成歌仔。歌仔中的廖添丁為一劫富濟貧、樂善好施、工夫了得的義賊，他擅於
化妝術，這出神入化的技術，使他多次躲過日警的追捕。在一次次與日警鬥智
中，廖添丁均能獲得勝利，這對每日生活於日警監視與欺壓下的臺民而言，當
能獲致精神上的快慰。另在歌仔中還安排廖添丁搶辜顯榮的大和行，辜顯榮為

〔註78〕參李季樺：〈從日文原始檔案看廖添丁其人其事〉，《臺灣風物》38 卷 3 期，
　　　　1988.9，頁 53～78。

〔註79〕陳政三：〈日據時期台灣武裝抗日事件〉，《歷史月刊》226 期，2006.11，頁
　　　　67。

〔註80〕有經歷日治時期的耆老表示，大家喜歡廖添丁，最主要是由於其戲弄警察、
　　　　罵警察，使人感到痛快之故。參李季樺：〈八里廖添丁廟巡禮〉，《臺灣風物》
　　　　36 卷 4 期，1986.12，頁 130。

〔註81〕呂訴上：〈臺灣戲劇與大陸〉，《臺灣風物》10 卷 8、9 期合刊，1960.9，頁 6
　　　　～7。

日治時期頭號御用紳士，這段情節藉讓辜顯榮吃癟，以抒發民眾對「三腳仔」的不滿〔註82〕。早年基隆「德勝社歌劇團」小生陳宗興於劇情中飾演廖添丁，因劇中有摔倒日本刑警一幕，致被日本警察拘留二十九天〔註83〕。可見廖添丁事蹟不論以哪種形式呈現，都被賦予濃厚的抗日色彩。日警口中的「兇賊」，經說唱、戲劇、口耳相傳，就這樣化身為反日「義賊」〔註84〕。其中投注的當然是民眾對殖民統治的不滿。

　　在總督府高壓統治、歧視態度下，臺灣人心中有滿腹不平，但在無法直接反抗下，只好聊藉歌謠發抒，同時取得心理上的平衡，並重新建立起民族尊嚴〔註85〕。從下列這首流傳甚廣的歌謠，就能看出臺灣人隱含的反抗心態：

　　　　人插花，

　　　　你插草。

　　　　人抱嬰，

　　　　你抱狗。

　　　　人坐轎，

　　　　你坐糞斗。

〔註82〕以上情節係參黃勁連編註：《義賊廖添丁》（臺南：南縣文化局，2001.8），頁9～129。

〔註83〕此據基隆市耆老黃金龍所言。臺灣省文獻委員會口述歷史專案小組編著：《基隆市鄉土史料》（南投：省文獻會，1992.7），頁104。

〔註84〕陳政三：〈日據時期台灣武裝抗日事件〉，《歷史月刊》226期，2006.11，頁67。

〔註85〕除下文將引之閩南歌謠，另有蘊含反抗心態之客語歌謠，於此錄之，供作參考：

一、人稱臺灣是寶島，可惜野狗滿山窩，大家同心來去抓，抓來煮湯捧山歌。
賴碧霞著：《台灣客家山歌——一個民間藝人的自述》（臺北：百科文化，1983.10），頁12。

二、野狗不必按大聲，人多膽大涯不驚，有時有日涯捉到，狗皮扒掉來滷鹽。
賴碧霞著：《台灣客家山歌——一個民間藝人的自述》，頁12。

三、高毛絕代日本蕃，也敢野心佔臺灣，有命好來無命轉，骨頭燒灰變黑煙。
賴碧霞著：《台灣客家山歌——一個民間藝人的自述》，頁12。

四、日本狗，滿山走，走無路，爬上樹，樹無椏，跌落屎缸下，撿到一個爛冬瓜，瀉到滿廳下。馮輝岳編著：《童謠探討與賞析》（臺北：國家，1982.10），頁85。

另有流傳於民間的一首殯歌：「我頭不戴你天，腳不踩你地，三魂回唐山，七魄歸故里。」表現臺灣人民不與殖民者共戴天的民族意識。但不知以何種語言所唱，一併錄於此。劉登翰、莊明萱、黃重添、林承璜主編：《台灣文學史（上卷）》（福建：海峽文藝，1991.6），頁25。

　　人睏紅眠床，

　　你睏屎礐仔口。〔註86〕

歌謠中「人」指臺灣人，「你」則指日本人。日本婦女慣以草葉簪髮，喜愛抱小狗〔註87〕，搭乘的交通工具為人力車，又寢室每與廁所相連，這與臺灣婦女習插花，手中懷抱幼兒，慣常乘轎，睡的是傳統長方形又附有蚊帳的紅眠床等生活習性皆不相同。不同民族間生活習慣相異，原是自然不過之事，也不該對此相異做出高下之分，但受殖民者欺凌的臺人，看到他們這種與自己相悖的生活習慣，當然抓緊機會刻意貶低。人（我）之於花、嬰、轎、紅眠床，你之於草、狗、糞斗、屎礐仔口，「人」、「你」兩相對照下，除突顯兩個不同民族生活習慣的差異，由字詞所呈現的形象對比（花－草、嬰－狗、轎－糞斗、紅眠床－屎礐仔口），也顯示我是好的，你是次等的、較差的，自己無論在民俗文化或生活內涵上均有優於殖民者的行為習慣。透過諷刺的運用，臺灣人民得以機智幽默地表達自己的批判觀念，使這批判具有娛樂性與戰鬥性〔註88〕，又不容易為日人探知，而稍解平日被統治的積怨。

　　除拿生活習性做為譏諷的題材，亦有藉日人不明瞭生活中的平常事物，來達成嘲諷的效果：

　　　　內地留學生，

　　　　過來臺灣打鐵釘，

　　　　步兵看做學生，

　　　　剃頭看做醫生，

　　　　屎礐看做房間，

　　　　牢仔內看做佚陶間。〔註89〕

「內地」指日本本國，「內地留學生」即由日本來臺灣受教育的學生。歌謠中

〔註86〕李獻璋編著：《臺灣民間文學集》，頁 161。你坐糞斗：日人造「東洋車」，俗稱「人力車」、「手車」，其坐的車斗，一倒翻，恰似一個「糞斗」，是以譏其如坐糞斗。以上解釋參曹甲乙：〈童謠集零〉，《臺灣文獻》20 卷 1 號，1968.3，頁 160。屎礐仔：廁所。

〔註87〕「抱狗」有另一種解讀，為以狗嘲日本人身軀短小，性情狠毒似所養的軍犬。參陳兆南：〈皇民的悲歌 —— 臺灣歌仔的抗日心聲〉，《台灣新生報》1988.10.25，22 版。

〔註88〕參萬書元：《幽默與諷刺藝術》（臺北：商鼎，1993.1），頁 3。

〔註89〕李獻璋編著：《臺灣民間文學集》，頁 27～28。佚陶：遊戲。

對日本留學生極盡嘲諷之能事，美其名為留學生，但卻是萬般事物皆不知，所以竟將步兵錯認為學生、剃頭者看做醫生，還誤認屎礐、牢仔內為房間、俠陶間等場所。歌謠中對日本留學生的極力貶低，其實也就是對全體日人的貶抑。

下列這首歌謠則訕笑日本女子：

日本查某，

穿裙無穿褲，

白粉拼命塗，

跪地叩頭，

爛糊糊。〔註90〕

按裝束來看，歌謠中形容的日本女子應為日本藝妓。由「白粉拼命塗」刻意誇張醜化其形象，再嘲謔地說其「跪地叩頭，爛糊糊」，可觀察臺灣人以嘲笑、醜化貶低殖民者，日人與臺人間所存在的民族藩籬於此亦可見。

因為不滿殖民者對臺灣人欺壓，在民族意識作用下，服侍日人的臺灣娼妓，就受到其他臺灣民眾譴責：

蕹菜開花會旋藤

花間查某臭賤人

大麵毋食卜食米粉

百姓毋逮逮日本〔註91〕

臺灣娼妓情願服侍日本人，這是其他臺灣人瞧不起的行為，當時服務日人的妓女往往被譏為「狗母」〔註92〕或「番仔酒矸」〔註93〕。是以歌謠中使用「臭

---

〔註90〕戴書訓等編纂：《重修台灣省通志・卷十・藝文志・文學篇》（南投：省文獻會，1997.12），頁1100。

〔註91〕胡萬川總編輯：《苗栗縣閩南語歌謠集》，頁120；講述者：陳登仔。

〔註92〕參王曉波：〈碧血丹心永照汗青駁《台灣論》對抗日義勇軍的誣蔑〉，收錄於李壽林編：《三腳仔——《台灣論》與皇民化批判》（臺北市：海峽學術，2001.3），頁41。

〔註93〕日治中期，臺北市內臺人的所謂遊女之類，除了密娼，大約可分為三種：一是藝妲；二是貸座敷，為公娼，專賣肉體；三是以下層為對象的四月斗仔（萬華寶斗里）方面的娼婦。前兩類是不接日人客的，她們以接日人客為恥，萬一有接日人客就要被同輩譏笑，罵她為「番仔酒矸」，不願與她為伍，被摒棄於外，此後知道此事的客人也不叫她。只有四月斗仔方面的娼婦，日人客也接，所以「番仔酒矸」幾乎也成了她們的代名詞。參榮峰：〈娼妓的民族正氣〉，《臺北文物》6卷4期，1958.6，頁113。

賤人」這難聽的字眼，來辱罵有此種行為的臺灣娼妓。

　　生活在殖民者不義、酷虐統治下，臺灣人自然萌生想脫離殖民統治的願望，下列歌謠即流露這種期盼心境：

　　　　一隻水雞跋落深古井

　　　　夯頭一看天圓圓

　　　　等待落雨井水淀

　　　　才有咱的出頭天〔註94〕

歌謠中描寫臺灣被日本統治，民眾生活艱苦，猶如水蛙掉入井中，要等到「落雨井水淀」，即臺灣脫離殖民統治，人民才有出頭的一天，隱約的歌意中表達了臺灣人渴望脫離殖民統治的心聲。

　　前一首歌謠說得隱約，底下這首則明確表露這種意圖：

　　　　火車卜行行尾尾

　　　　台灣出甜粿

　　　　甜粿真好食

　　　　台灣出木屐

　　　　木屐真好穿

　　　　臺灣出鵁鴒

　　　　鵁鴒真勢飛

　　　　台灣出鼓吹

　　　　鼓吹真勢彈

　　　　台灣出炸彈

　　　　炸彈真厲害

　　　　日本仔企燴在。〔註95〕

按講述者言，其母親年輕時候日本統治快結束了，大家就常唸這首歌謠〔註96〕。在日本統治臺灣最後階段，因其窮兵黷武，使臺灣人連帶受累，另外原本對臺灣人所施的種種不平等待遇依然存在，難捱的苦況，自然激起民眾

---

〔註94〕施福珍主編：《彰化縣民間文學集15【埔頭竹塘溪州區】》（彰化：彰縣文化局，2000.12），頁100；講述者：蔡瑞庚。淀：溢滿。

〔註95〕胡萬川總編輯：《大甲鎮閩南語歌謠（二）》（臺中：中縣文化局，1995.1），頁4；講述者：蘇豐城。

〔註96〕同前註，頁5。

希望殖民政府早日倒臺的期盼。

# 第三節 小 結

由歌謠中，可發掘日人高壓、差別與榨取之治臺本質。歌謠呈顯日人所施之高壓統治，其酷虐行徑往往將臺灣人民逼向絕路，嚴密的控制手段又使臺灣人心理產生極度的束縛與不自由感，於是便產生希望殖民政府早日垮臺的念頭。日人為保持其在殖民地的統治權威，與保護其在殖民地所得之利益，對臺灣人差別待遇，歌謠不但反映此種差別待遇，對因差別待遇而導致的臺灣人心靈的扭曲，亦有所示現。這些心靈扭曲的臺灣人，當其自認身分地位得到提昇，與殖民者站在同邊時，往往滋生對臺灣人同胞的歧視心理，甚而欺侮之。可見殖民者差別統治，對臺灣人心靈已造成鉅大傷害。殖民者所以施以高壓、差別統治，乃為助成其對臺灣人榨取，歌謠中呈現日本資本家、殖民政府對蔗農、小商人的剝削與榨取，這是殖民政府剝削、榨取臺灣人的縮影，以小觀大，殖民政府如何剝榨臺灣人民，即可知曉。

在殖民政府不公平對待下，臺灣人自然會滋生反抗心。廖添丁之抗日草莽英雄形象所以成形，就是臺灣人民反抗心理的投射。因為統治者高壓統治，臺灣民眾擔心會遭遇到的後果，不敢明確、堅決地抗日，但又不甘被日人欺壓，故在歌謠中以嘲笑諷刺、刻意貶低日人的方式，發洩被殖者受欺壓的不平，藉此抒憤。雖然歌謠中沒有雄壯的抗日呼聲，往往只以隱微的手法表達臺灣人的反抗，但這分反抗心態終究存在。

殖民者酷虐統治，使臺灣人萌生脫離殖民統治的願望，歌謠中對此種期盼亦有呈顯。臺灣人的希望果然沒有落空，就在昭和二十（1945）年八月十五日，臺灣人終於等到「落雨井水淀」，出頭天的日子了。

# 第七章 相關歌謠之語言、
# 形式與藝術特色

　　本論文第二章至第六章為對歌謠內容的探究，本章則試圖對相關歌謠進行語言、形式與藝術方面之探討。從前幾章研究中，可以發現日本統治對臺灣閩南歌謠內容造成了一定的影響，從乙未年日軍攻臺，到日本統治權結束前的戰爭時期，期間一直有新歌謠產生，對日帝的殖民統治與當時的生活事項與現況作出了反映、呈現，足證歌謠確為時代、社會與民眾生活的產物。日本統治除造成歌謠新內容的產生，對臺灣閩南歌謠的語言、形式與藝術風格方面，是否也造成了某些影響？本章旨在探討本論文相關歌謠的語言、形式與藝術特色，希冀從研究分析中，窺見「日本統治」這個因素對此三項的影響程度。下文將依語言、形式、藝術三項，分節論述。

## 第一節　語言特色

　　語言方面的特色，為在以閩南語為唱唸語言的歌謠中，或夾雜日語，或使用日語漢字，或出現日治時期特有人事物名稱，以及呈顯了日本事物，這是日本統治影響下，導致歌謠語言方面擁有的新元素。下文分項論之。

### 一、日語的使用

　　日語為日治時期殖民者同化臺人的重要工具，在殖民當局有意創造一個日語社會此企圖下，臺灣人向來的語言習慣是不可能不受到影響的，正如黃

昭堂言：

> 台灣人的日常會話是台灣話，其中雜有日本話，形成一種異樣的說話方式。〔註1〕

既然臺灣人說話方式帶有這種改變，那以口頭為創作與流傳工具的歌謠，自然也無法免除日語帶來的影響，一些日語詞彙開始在歌謠中被使用。黃連發〈臺灣の童戲〉一文即談論到此種現象：

> 我個人以為，台灣的兒童遊戲方式從日本昭和年間開始到蘆溝橋事變期間，是一個轉變期，雖然期間很短，但很明顯的是一個畫分的時期，昭和以前屬於舊傳統時期，而由於日語教育的普及，這段時期的兒童遊戲當中，已摻雜了日語，而且以躲貓貓為例，決定扮鬼的方法和猜拳等日本式的玩法，已經流入台灣民間。在實地看到小孩玩時，這種紛雜的現象往往會令人覺得很不自在，只是玩的人卻十分盡興。〔註2〕

於此可見日語教育普及，已對臺灣民俗文化造成某種程度的影響，包括歌謠。但從另一面來看，這未嘗不是表現臺灣文化的包容力，在接受外來文化後，將其兼容並蓄，涵融成自己文化的一部分。這種包容力表現於歌謠中，即是「外來語如日據期的日語，光復後的國語及英語，往往融入於歌謠中，此種形式之歌謠甚少見於其他各省，可稱為臺灣民間歌謠之一大特色。」〔註3〕

一般臺灣民眾，未接受高深的日語教育，或從未接受過日語教育，對某些艱深的日語詞彙，自然沒有習得與運用的可能，但一些簡易的日語詞彙，因與日常生活密切相關，有其實用性，就被自然運用於口頭中。另一種日語詞彙被使用的情形是，日本將西方生活帶進臺灣，西方生活中的許多事物在以前臺灣社會根本不存在，當臺灣人接觸這些新事物時，往往連帶接受這些物事的日文名稱。林茂生的研究中，即發現有五百四十字是起源於日本，而現在已成為臺灣語言日常用語的一部分。〔註4〕閩南語摻雜日語的現象，現今

---

〔註1〕黃昭堂著，林偉盛譯：〈殖民地與文化摩擦——台灣同化的糾葛〉，《台灣風物》41卷3期，1991.10，頁37。

〔註2〕黃連發：〈臺灣の童戲〉，《民俗台灣》3卷2號，1943.2，頁2。中譯參林川夫主編：《民俗臺灣‧第四輯》（臺北：武陵，1991.3），頁196～197。

〔註3〕臧汀生：《臺灣閩南語歌謠研究》（臺北：臺灣商務，1980.5），頁191。

〔註4〕林茂生著，林詠梅譯：《日本統治下臺灣的學校教育——其發展及有關文化之歷史分析與探討》（臺北：新自然主義，2000.12），頁210。

猶然存在，這些日語詞彙已成爲閩南語詞彙的一部分，無法抽離了，故對日語毫無了解的人，往往難以發現這原本是日語，會誤以爲是道地的閩南語詞。

　　本小節所欲探討的「日語的使用」，爲日語詞彙以其原本讀音出現在歌謠中者。以下就出現的日語詞彙分項列之，見其使用情形。

### （一）元音：あいうえお

　　歌謠有使用日語元音あいうえお者，這五個元音作用在叶韻，與歌謠欲表達之意義全然無關，這就如同以 Do Re Mi、ABC〔註5〕起頭的歌謠般。如以下這幾首：

> $a^1 i^2 u^1 e^1 o^3$
> 扞擔勾仔索
> 擔石頭
> 砌石垻
> 石垻一下崩
> 先生無鼻孔
> 石垻一下溜
> 先生無目睭〔註6〕

> ａｉｕｅｏ
> 阿兄交阿嫂
> 這個合彼個
> 冬尾生一個
> $oo^1 too^2 khoo^3$〔註7〕

> ａｉｕｅｏ

---

〔註5〕 以 ABC、Do Re Mi 起興的歌謠，列舉如下：
　　　　一、Do Re Mi，大頭的拈田蚜，田蚜天頂高，大頭的賣肉圓，肉圓苦苦不好食，大頭的賣柴屐，柴屐不好穿，大頭的眞儌倖。林金田主編：《台灣童謠選編專輯》（南投：省文獻會，1997.12），頁44。
　　　　二、abc 狗咬豬，講話 do le mi。江寶釵總編輯：《嘉義市閩南語歌謠集（三）》（嘉義：嘉市文化局，1998.6），頁84；講述者：鄭坤霖。
〔註6〕 胡萬川總編輯：《現場採風：八十三年度民間文學整理研習營實習成果》（臺中：中縣文化局，1994.6），頁124；講述者：蘇生男。
〔註7〕 胡萬川總編輯：《蘆竹鄉閩南語歌謠〈一〉》（桃園：桃縣文化局，1999.12），頁54；講述者：游登麟。$oo^1 too^2 khoo^3$：日語「おとこ」，男子之意。

扦擔李仔索

來農場抾蔗粕

抾無　轉來

予人碏碏誄〔註8〕

由這幾首歌謠，可看出以あいうえお引韻並非特例，而已成慣常使用的一種方式。從第一首歌謠講述者言此歌謠爲日治時代小孩子唸的，可知以あいうえお開頭的歌謠早在日治時代就已成形。

## （二）名　詞〔註9〕

### 1. 人　物

| 人　物　名 | 歌　謠　舉　例 |
|---|---|
| ok⁴ sang³：日語「おくさん」，太太。 | 講皮鞋穿來是腳會疼哦<br>亦有 e⁰ 布鞋仔較好行<br>講 sap⁴ bun⁵ 仔一塊水一桶哦<br>洗洗 e⁰ 膾輸企店人<br>嫁未三工做 <u>ok⁴ sang³</u><br>手舉籐條卜抔人〔註10〕 |
| 歐吉桑：日語「おじさん」，老伯、伯伯。 | 団仔兄　恬恬聽<br>阿公放屁予你聽<br>呼一下　呼一下二三聲<br><u>歐吉桑</u>　食肉粽<br>肉粽燒燒食芎蕉<br>芎蕉冷冷食龍眼<br>龍眼圓圓食粉圓<br>粉圓滑滑食屜核<br>屜核脯脯食茱脯<br>茱脯鹹鹹食李仔鹹<br>李仔鹹酸酸食尻川<br>尻川臭臭放大砲 |

〔註8〕江寶釵總編輯：《嘉義市閩南語歌謠集（二）》（嘉義：嘉市文化局，1998.6），頁132；講述者：羅蕭謙。
〔註9〕同一詞語，若於不同歌謠中出現，就引其中之一爲例，以見其概。
〔註10〕胡萬川總編輯：《桃園市閩南語歌謠〈一〉》（桃園：桃縣文化局，1999.12），頁126；講述者：黃張阿甜。

| | |
|---|---|
| | 大砲繪出煙<br>掠你來摼〔註11〕 |
| さん：接在人名、職稱之下的尊敬語。 | 手捾飯篋仔卜做工<br>卜來農場選好翁<br>看去一個緣投<u>さん</u><br>拜託阿婆仔作媒人〔註12〕 |
| oo¹ too² khoo³：日語「おとこ」，男子。 | a i u e o<br>阿兄交阿嫂<br>這個合彼個<br>冬尾生一个<br><u>oo¹ too² khoo³</u>〔註13〕 |
| sen sei：日語「せんせい」，老師。 | <u>sen sei</u><br>我的腹肚威威鑽，<br>na ni ta be ta ka？牛奶糖，<br>do ko re ta be ta ka？甘蔗園，<br>i tzu ta be ta ka？中晝頓，<br>i ku ra ta be ta ka？無地算。〔註14〕 |
| High collar san：日語「ハイカラさん」，洋氣十足、時髦的人。 | <u>High collar san</u>破辮梳，<br>穿雨蒙，偷掠鷄，<br>出去落雨，給爾剖起來秉豬肚。〔註15〕 |
| a¹ too² hi² khi³：日語「あとひき」，貪杯的人。 | sa¹ khe² noo³ mih⁴ 啉燒酒<br>tha¹ ma² chu³ khi³ ua² 是撞球<br>我咧 lok⁴ kai³ sio²<br><u>a¹ too² hi² khi³</u> 顛倒 khiu²<br>khoo¹ leh⁴ io¹ se¹ lah⁴ bah⁴ 結歸勺<br>joy na joy na joy<br>……。〔註16〕 |

---

〔註11〕胡萬川總編輯：《石岡鄉閩南語歌謠（二）》（臺中：中縣文化局，1993.6），頁46；講述者：張東隆。

〔註12〕胡萬川總編輯：《台南縣閩南語歌謠集（一）》（臺南：南縣文化局，2001.4），頁196；講述者：林文振。

〔註13〕胡萬川總編輯：《蘆竹鄉閩南語歌謠〈一〉》，頁54。

〔註14〕施福珍：《台灣囝仔歌一百年》（臺中：晨星，2003.11），頁68～69。

〔註15〕李獻璋編著：《臺灣民間文學集》（臺北：龍文，1989.2），頁227。

〔註16〕胡萬川、陳益源總編輯：《雲林縣閩南語歌謠集（一）》（雲林：雲縣文化局，1999.12），頁120；講述者：陳錫根。

## 2. 動　物

| 動　物　名 | 歌　謠　舉　例 |
| --- | --- |
| とんぼ：蜻蜓 | Do Re Mi，<br>臭頭桥堃嬰，<br>Do Re Do，<br>臭頭桥<u>たをんば</u>。〔註 17〕（案：應爲「とんぼ」才是） |

## 3. 日常事物

| 日　常　事　物　名 | 歌　謠　舉　例 |
| --- | --- |
| セビロ：英語「civil clothes」之訛，男子普通西服。 | 紗咪吟曨運動鞋，<br>金框目鏡外國笠，<br>聽候咱有錢才流買，<br>才伓免衰湁戴箸笠。〔註 18〕 |
| $io^9 so^2$：日語「ようそう」，洋裝。 | 五隻烏貓排一黨<br>中央這隻烏貓王<br>若卜海口共我講<br>予我發落穿洋裝<br>洋裝獻領無愛穿<br>卜穿 $io^9 so^2$ 較流行<br>$si^1$ 珠鍊仔背胸前<br>錶仔卜結倒手爿<br>懸崎仔皮鞋捾來穿〔註 19〕 |
| $se^2 luh^4$：日語「セル」，爲日語「セルジ」之略，法語「serge」，斜紋嗶嘰。 | 膨風啊來哥仔食豆啊餡噢<br>限娘噢一領ㄅ $se^2 luh^4$ 衫<br>闇無影來無跡闇汝也ㄅ敢<br>汝從舊年仔ㄅ限到今〔註 20〕 |

〔註 17〕洪敏聰著：《澎湖菜瓜──雜唸》（澎湖：澎縣文化局，2001.12），頁 113。
〔註 18〕洪敏聰著：《澎湖的褒歌》（澎湖：澎縣文化局，1997.6），頁 134；講述者：顏洪桂。「紗咪吟曨」應爲「セビロ」，講述者所以這樣說，只是刻意把它的音調延長與幽默化，以達到驚人的笑果。
〔註 19〕胡萬川、陳益源總編輯：《雲林縣閩南語歌謠集（二）》（雲林：雲縣文化局，2000.12），頁 132；講述者：丁刺。
〔註 20〕林金城、許亮昇編著：《金山相褒歌》（臺北：昊天嶺文史工作室，2003.11），

| | |
|---|---|
| （1）kha² ne³：日語「かね」，金錢。<br>（2）kha² bang²：日語「かばん」，皮包。 | 火車起行是九點半<br>手提 kha² ne³ 卜拍車單<br>kha¹ bang² 雨傘是家己揹<br>sa¹ io¹ na¹ la³ 是搐心肝〔註21〕 |
| ha⁷ kha² khi³：日語「はがき」，明信片。 | 莧菜煮湯紅 tim³ tim³<br>白米煮飯紅米心<br>無兄無弟通致蔭<br>早去茶園挽茶心<br>挽有一條腳巾百二拗<br>送你長腳鱸鰻頭<br>手提這張 ha⁷ na² khi³（案：「ha⁷ na² khi³」為「ha⁷ kha² khi³」之音誤）<br>寄去三日予哥字<br>夭壽提批無好死<br>共我提到無身屍〔註22〕 |
| ji⁷ too³ sia³：日語「じとうしゃ」，汽車。 | 自動車 ji⁷ too³ sia³<br>五分仔車擔甘蔗<br>癲癇貓掛目鏡<br>個老父做保正<br>薰吹頭仔損獪痛〔註23〕 |
| 大 chiat⁴：日語「たいしゃ」，大車。 | 烏貓欲逮運轉手<br>欲坐大 chiat⁴ 的四界遊<br>頭家看到訶夭壽<br>害我減趁兼了油〔註24〕 |
| オートバイ：英文「autobicycle」，機器腳踏車。 | 火車欲行〃鐵軌，<br>菜店查某点胭脂。 |

頁 78；講述者：賴黃駕。

〔註21〕 胡萬川總編輯：《大園鄉閩南語歌謠〈一〉》（桃園：桃縣文化局，2000.9），頁82；講述者：游陳寶珠。

〔註22〕 胡萬川、陳益源總編輯：《雲林縣閩南語歌謠集（三）》（雲林：雲縣文化局，2001.1），頁124；講述者：高説。。

〔註23〕 胡萬川總編輯：《沙鹿鎮閩南語歌謠（二）》（臺中：中縣文化局，1993.5），頁178；講述者：陳清漢。

〔註24〕 黃哲永總編輯：《六腳鄉閩南語歌謠集》（嘉義：嘉縣文化局，1997.6），頁90；講述者：陳金水。

| | |
|---|---|
| | 点屆朱〃紅，<br>茱店查某賢揀人。<br><u>オートバイ Pu 〃 〃</u>，<br>駛去公園洗身軀。〔註 25〕 |
| phang² ：日語「バン」，葡語「pao」，麵包。 | 紅 <u>phang²</u> 牛乳 <u>phang²</u><br>腰桶　屎桶〔註 26〕 |
| ベット：英語「bed」，床。 | 眠床ベト（案：應爲「ベット」）滿房紅，<br>茶盤茶桌金瑠瑠，<br>下暗眠床若齊振動，<br>新娘你就毋通喝救人。〔註 27〕 |
| （1）平地律：日語「ホテル」，英語「hotel」，旅館、飯店。<br>（2）米律：日語「ビール」，英語「beer」，啤酒。 | 近視猴<br>目玭玭<br>便所看做<u>平地律</u><br>牽目鏡<br>飲<u>米律</u><br>半暝仔爬起來跳弄斯〔註 28〕 |
| sap⁴ bun⁵ ：日語「シャボン」，葡語「sabao」，肥皂。 | 講皮鞋穿來是腳會疼哦<br>亦有 e⁰ 布鞋仔較好行<br>講 <u>sap⁴ bun⁵</u> 仔一塊水一桶哦<br>洗洗 e⁰膾輸企店人<br>嫁未三工做 ok⁴ sang³<br>手舉籐條卜抐人〔註 29〕 |
| sa¹ khe² ：日語「さけ」，酒。 | <u>sa¹ khe² noo³ mih⁴</u> 啉燒酒<br>tha¹ ma² chu³ khi³ ua² 是撞球<br>我咧 lok⁴ kai³ sio²<br>a¹ too² hi² khi³ 顛倒 khiu²<br>khoo¹ leh⁴ io¹ se¹ lah⁴ bah⁴ 結歸勼<br>joy na joy na joy<br>……。〔註 30〕 |

〔註 25〕李獻璋編著：《臺灣民間文學集》，頁 190。

〔註 26〕江寶釵總編輯：《嘉義市閩南語歌謠集（三）》，頁 86；講述者：鄭坤霖。

〔註 27〕洪敏聰著：《澎湖水調：澎湖的褒歌續集》（澎湖：澎縣文化局，2003.8），頁179；講述者：許金德。

〔註 28〕施福珍作曲：《台灣囝仔歌曲集①》（彰化：施福珍，1996.5），頁 45。

〔註 29〕胡萬川總編輯：《桃園市閩南語歌謠集〈一〉》，頁 126；講述者：黃張阿甜。

〔註 30〕胡萬川、陳益源總編輯：《雲林縣閩南語歌謠集（一）》，頁 120；講述者：陳

### 4. 休閒娛樂

| 休　閒　娛　樂　名 | 歌　謠　舉　例 |
|---|---|
| 弄斯：日語「デンス」，英語「dance」，跳舞。 | 近視猴<br>目耽耽<br>便所看做乎地律<br>牽目鏡<br>飲米律<br>半暝仔爬起來跳弄斯〔註31〕 |
| $tha^1 ma^2 chu^3 khi^3$：日語「たまつき」，撞球。 | $sa^1 khe^2 noo^3 mih^4$啉燒酒<br>$tha^1 ma^2 chu^3 khi^3 ua^2$是撞球<br>我咧 $lok^4 kai^3 sio^2$<br>$a^1 too^2 hi^2 khi^3$ 顛倒 $khiu^2$<br>$khoo^1 leh^4 io^1 se^1 lah^4 bah^4$結歸勻<br>joy na joy na joy<br>……。〔註32〕 |

### 5. 地　名

| 地　　　名 | 歌　謠　舉　例 |
|---|---|
| まるやま：圓山。 | 一之三<br>王是細<br>玉姐妹　油毋搭<br>菱薦仔兄戴草笠<br>まるやま運動會〔註33〕 |

### 6. 疾　病

| 疾　病　名 | 歌　謠　舉　例 |
|---|---|
| マラリア：英語「malaria」，瘧疾。 | 牧師　牧師<br>頭 $lu^1 lu^1$　身痀痀<br>兼做醫生 |

錫根。

〔註31〕施福珍作曲：《台灣囝仔歌曲集①》，頁 45。

〔註32〕胡萬川、陳益源總編輯：《雲林縣閩南語歌謠集（一）》，頁 120；講述者：陳錫根。

〔註33〕胡萬川總編輯：《苗栗縣閩南語歌謠集》（苗栗：苗縣文化局，1998.6），頁 8；講述者：蔡福氣。

| | 醫マうりセン（案：應爲「マラリア」才是）治瘄痾<br>三不五時<br>恁信徒種花一大坵<br>籬笆仔內田櫻樹歇金龜<br>金龜燿燿飛<br>牧師流汗請人食西瓜〔註34〕 |

### 7. 罵人語

| 罵　人　語 | 歌　謠　舉　例 |
|---|---|
| ばかやろう：混蛋、畜牲。 | 扞擔鈎仔索<br>擔石頭砌石埧<br>砌無好<br>人罵你<br>ばかやろ（案：應爲「ばかやろう」）〔註35〕 |

### 8. 其　他

| 其　他　名　詞 | 歌　謠　舉　例 |
|---|---|
| いちばん：第一。 | 一支二支罔來拈<br>毋通共阿母仔哭無錢<br>一迌做了又一迌<br>做到當時仔才會快活<br>人做瓜笠仔金噹噹<br>咱做瓜笠仔破三孔<br>人做草蓆いちばん<br>咱做草蓆蓋屎礐仔桶〔註36〕 |
| 蟯刀：日語「じょうとう」，<br>上等。 | 阿哥存辨搭別嫂，<br>阿娘存辨搭別哥；<br>人材比你有較無，<br>紙票提來在蟯刀。〔註37〕 |

---

〔註34〕江寶釵總編輯：《嘉義市閩南語歌謠集（三）》，頁172；講述者：鄭坤霖。
〔註35〕胡萬川總編輯：《石岡鄉閩南語歌謠》（臺中：中縣文化局，1992.6），頁56；
　　　講述者：陳仁鄉。
〔註36〕胡萬川總編輯：《苗栗縣閩南語歌謠集》，頁34；講述者：紀月霞。
〔註37〕李獻璋編著：《臺灣民間文學集》，頁131。

## （三）動　詞

| 動　詞 | 歌　謠　舉　例 |
|---|---|
| （1）noo³ mih⁴：日語「のみ」，喝。<br>（2）io¹ se¹ lah⁴ bah⁴：日語「よせらば」，靠近。 | sa¹ khe² <u>noo³ mih⁴</u> 啉燒酒<br>tha¹ ma² chu³ khi³ ua² 是撞球<br>我咧 lok⁴ kai³ sio²<br>a¹ too² hi² khi³ 顛倒 khiu²<br>khoo¹ leh⁴ <u>io¹ se¹ lah⁴ bah⁴</u> 結歸勾<br>joy na joy na joy<br>……。〔註38〕 |
| sa¹ io¹ na² la³：日語「さよなら」，再見。 | 火車起行是九點半<br>手提 kha² ne³ 卜拍車單<br>kha¹ bang² 雨傘是家己揞<br><u>sa¹ io¹ na² la³</u> 是搥心肝〔註39〕 |

## （四）副　詞

| 副　詞 | 歌　謠　舉　例 |
|---|---|
| tha¹ khu¹ sang¹：日語「たくさん」，很多。 | 講腳穿皮鞋來 khik⁸ khiak⁸ 叫哦<br>出門 e⁰ 帶飯略礧燒哦<br>講身軀 <u>tha¹ khu¹ sang¹</u> 來金仔票<br>阮無彼嘴水提繪著〔註40〕 |

## （五）代　詞

| 代　詞 | 歌　謠　舉　例 |
|---|---|
| khoo¹ leh⁴：日語「これ」，這。 | sa¹ khe² noo³ mih⁴ 啉燒酒<br>tha¹ ma² chu³ khi³ ua² 是撞球<br>我咧 lok⁴ kai³ sio²<br>a¹ too² hi² khi³ 顛倒 khiu²<br><u>khoo¹ leh⁴</u> io¹ se¹ lah⁴ bah⁴ 結歸勾<br>joy na joy na joy<br>……。〔註41〕 |

〔註38〕胡萬川、陳益源總編輯：《雲林縣閩南語歌謠集（一）》，頁120；講述者：陳錫根。

〔註39〕胡萬川總編輯：《大園鄉閩南語歌謠〈一〉》，頁82；講述者：游陳寶珠。

〔註40〕胡萬川總編輯：《蘆竹鄉閩南語歌謠〈七〉》（桃園：桃縣文化局，2005.3），頁60；講述者：王陳麗。

〔註41〕胡萬川、陳益源總編輯：《雲林縣閩南語歌謠集（一）》，頁120；講述者：陳錫根。

## （六）文　句

| 文　　句 | 歌　謠　舉　例 |
|---|---|
| 河童の叔父さんがばく御洗濯：河童叔叔呀，你去洗你的裏腳布吧！ | 水鬼父仔。擴捵洗腳帛。<br>河童の叔父さんがばく御洗濯〔註42〕 |
| （1）na ni ta be ta ka：日語「なにたべたか」，吃了什麼。<br>（2）do ko re ta be ta ka：日語「とこでたべたか」，哪裡吃的。<br>（3）i tzu ta be ta ka：日語「いつたべたか」，何時吃的。<br>（4）i ku ra ta be ta ka：日語「いくらたべたか」，吃了多少。 | sen sei<br>我的腹肚威威鑽，<br>na ni ta be ta ka？牛奶糖，<br>do ko re ta be ta ka？甘蔗園，<br>i tzu ta be ta ka？中晝頓，<br>i ku ra ta be ta ka？無地算。〔註43〕 |

## 二、日語漢字的運用

　　此與日語的使用相異處在前種係採日語讀音，而此爲日語漢字的閩南語讀音，所以產生這種情形，乃因日治時期年紀較大的人，只懂漢字卻沒有唸過日文書，或是一些不甘願講日語的人，因不得已故用臺音來唸日語中的漢字〔註44〕。以這種情形留存在閩南語中的日語爲數甚多，如：便當、中古車、食堂、料理店等。在歌謠中出現者有：

| 日　語　漢　字 | 歌　謠　舉　例 |
|---|---|
| 番：日語「ばん」，號數。 | 爲娘割吊心肝亂<br>六十甲子算十番<br>咱若一人歹一款<br>任仙來接繪照原〔註45〕 |

---

〔註42〕片岡巖撰：《臺灣風俗誌》（臺北：臺灣日日新報社，1921.2），頁394。

〔註43〕施福珍：《台灣囝仔歌一百年》，頁68～69。同樣採日語一句臺語一句交錯形式的歌謠，查閱到的尚有名〈油炸粿〉的兩首，因形式相同，此不再引。可參施福珍：前引書，頁70～71。

〔註44〕參洋洋：〈「走樣的臺灣話」補〉，《臺灣風物》10卷2、3期合刊，1960.3，頁32。

〔註45〕張詠捷計畫、執行：《海島的歌‧澎湖地區褒歌採集計畫成果》（臺北：國家文化藝術基金會補助，2000.1）；講述者：許張看。

| 書類：日語「しょるい」，文件。 | 台灣治安那咯頭一段<br>全省發明掠流氓<br>咯掠去校庭審來判<br>啊若有罪無罪送後山<br>嘿復來判官坐彼個交椅頂哪<br>咯犯人牽來面頭前<br>嘿一些書類直直翻<br>刣人放火定死刑哪<br>強姦的人那彼個罪上重<br>上少定得猶有十外冬<br>會面親像在培墓<br>看守親像大主公啊〔註46〕 |
|---|---|
| 新聞：日語「しんぶん」，報紙。 | 時鐘來行有時陣<br>行佮一點六十分<br>佮君講話無奓滾<br>無驚予恁賣新聞〔註47〕 |
| 自動車：日語「じとうしゃ」，汽車。 | 自動車，<br>坐屆第一樓，<br>起腳爬上樓，<br>樓頂蹬透透，<br>火鍋皿一籤五角九，<br>銀仔袋開起來錢無夠；<br>爬起腳，<br>想欲走，<br>叮叮叮，<br>電話屆，<br>將三領獻的掠去吊猴。〔註48〕 |
| 飛行機：日語「ひこうき」，飛機。 | 飛行機，<br>橄欖子，<br>癩痔王， |

〔註46〕黃哲永總編輯：《六腳鄉閩南語歌謠集》，頁146；講述者：陳金水。

〔註47〕黃鴻禧主編：《員山相褒歌》（宜蘭：員山鄉公所，2002.2），頁109；講述者：曾李阿得。

〔註48〕李獻璋編著：《臺灣民間文學集》，頁28。

| | 癩瘑墘，<br>來欲死，<br>來欲放銃子。〔註49〕 |
|---|---|
| 運轉手：日語「うんてんしゅ」，（電車、汽車等的）司機。 | 烏貓欲逮<u>運轉手</u><br>卻坐大 chiat4 的四界遊<br>頭家看到訶夭壽<br>害我減趁兼了油〔註50〕 |
| 警察：日語「けいさつ」。 | 講屆<u>警察</u>戴紅帽，<br>腳穿皮鞋身下刀；<br>欲來吾厝掠相好，<br>害吾娘仔尋無哥。〔註51〕 |
| 憲兵：日語「けんぺい」。 | <u>憲兵</u>出門戴紅帽，<br>肩頭負銃手舉刀；<br>若有歹人即來報，<br>銀票澤山免驚無。〔註52〕 |
| 學校：日語「がっこう」。 | 監獄對面是<u>學校</u>，<br><u>學校</u>對面八卦樓；<br>日頭過午哥未屆，<br>知是先生做對頭。〔註53〕 |
| （1）電池：日語「でんち」。<br>（2）洋服：日語「ようふく」，西服。<br>（3）便所：日語「べんじょ」，廁所。<br>（4）齒科：日語「しか」，牙科。<br>（5）技師：日語「ぎし」。 | ……有的賣<u>電池</u>，<br>……裁縫做<u>洋服</u>，<br>……有的洗<u>便所</u>，<br>……<u>齒科</u>補嘴齒，<br>……<u>技師</u>在畫圖，<br>……。〔註54〕 |
| 疏開：日語「そかい」，（戰時城市人口向鄉間）疏散。 | 要<u>疏開</u>，<br>唔疏開，<br>啄鼻仔來，<br>汝就知。〔註55〕 |

〔註49〕洪敏聰著：《澎湖菜瓜——雜唸》，頁134；講述者：呂石養。
〔註50〕黃哲永總編輯：《六腳鄉閩南語歌謠集》，頁90。
〔註51〕李獻璋編著：《臺灣民間文學集》，頁76。
〔註52〕灣太郎：〈土人の念歌〉，《臺灣慣習記事》第二卷第九號，明治1902.9，頁76。
〔註53〕李獻璋編著：《臺灣民間文學集》，頁114。
〔註54〕舒蘭編著：《中國地方歌謠集成13台灣民歌（一）》（臺北：渤海堂，1989.7），頁43～66。
〔註55〕邱冠福編著：《台灣童謠》（臺南：南縣文化局，1997.12），頁68～69。

## 三、日治時期特有人事物名稱出現

曾有歌謠研究者言，在至今仍可尋得的諸多相褒歌、七字民歌中，「會社」、「糖廠」、「監督」、「保正」等日治時期專有的生活語詞是俯拾可得的〔註56〕。考諸歌謠，確是如此。以下將歌謠中出現的日治時期特有人事物名稱，以表列出：

| 日治時期特有人事物名稱 | 歌　　謠　　舉　　例 |
|---|---|
| 保正 | 水蛙仔娟，牽金線，牽馬上南山。<br>南山無馬草，牽屆老婆仔門腳口；<br>老婆拍一下痛〃〃，投來投去投保正；<br>保正去飼龜，投姉夫；姉夫去賣蚵，投嬸婆；<br>嬸婆賣粗紙，投來投去投着我；害我心肝拍〃彈。<br>鷄公弄鷄妹；鷄妹下落井。<br>井烏〃，鱔魚咬蝦姑，蝦姑走去蟄，龜咬劍，劍一缺，龜咬鼈，鼈無尾，蟮虫咬柿粿；<br>柿粿必做周，鱔魚咬泥鰍，泥鰍水裡泅，老公穿破裘；<br>破裘十八補，在田岸頭哭無妻。<br>掠隻水蛙仔娟給做妻。〔註57〕 |
| 甲長 | 鮕鯡無腳講行有路<br>獪過許變來逮吳湖<br>吳湖講是得作甲長<br>獪過許變伊得想<br>卜交就保正合甲長<br>若卜見官廳<br>十擺的官司九擺贏〔註58〕 |
| 壯丁團團長 | 高枝辦事眞正清<br>九份總巡是高登<br>辦桌叫凹嘴<br>凹嘴辦桌好食極無比<br>九份團長楊仔枝<br>流籠伊咧開 |

〔註56〕吳國楨：《吟唱台灣史》（臺北：台灣北社，2003.6），頁75。
〔註57〕李獻璋編著：《臺灣民間文學集》，頁169。
〔註58〕胡萬川總編輯：《蘆竹鄉閩南語歌謠〈六〉》（桃園：桃縣文化局，2005.3），頁278；講述者：吳陳桂。

| | 楊仔石開烏歸〔註59〕 |
|---|---|
| 壯丁團壯丁 | 七月十六人普渡<br>一陣壯丁卜押孤<br>隨人伙計隨人某<br>焄去嶺頂看搶孤〔註60〕 |
| 糖廠原料委員〔註61〕 | 甘蔗拖歸車，<br>拖去到會社；<br>你若敢偷食，<br>原料蝦仔共你掠，<br>打到嘴毗疼〔註62〕 |
| 巡查補 | 阿君欲做巡查補，<br>哪不店頭食頭路？<br>想著警察偌艱苦，<br>白白的肉曝屆烏。〔註63〕 |
| （1）鐵道部<br>（2）役場：日語「やくば」，官署、官廳。<br>（3）巡查<br>（4）監督<br>（5）驛夫：日語「えきふ」，車站的雜勤人員。<br>（6）郡 | ……店在鐵道部，<br>……畢業店役場，<br>……市場做巡查。<br>……市場監督送，<br>……車頭做驛夫。<br>……店在海山郡，<br>……會社份股株，<br>……帶在太田組， |

〔註59〕 張璨文計劃主持：《九份口述歷史與解說資料彙編》（臺北：文建會，1994.10），頁127；講述者：吳楊李。

〔註60〕 胡萬川總編輯：《龜山鄉閩南語歌謠〈二〉》（桃園：桃縣文化局，2003.12），頁88；講述者：陳謝滿。

〔註61〕 糖廠原料委員之責為宣導並鼓勵甘蔗栽種，當甘蔗採收時，亦須招募工人。由於製糖公司的原料委員不是退休的警察或街庄的官公吏，就是斡旋提供預付款或增產津貼的地主與保甲的幹部等當地有力人士，因此常和現職警察或街庄的官公吏掛勾，向蔗農施壓耕作甘蔗。參蔡慧玉編著：《走過兩個時代的人——台籍日本兵》（臺北：中央研究院台灣史研究所籌備處，1997.11），頁246；向山寬夫原著，楊鴻儒等譯：《日本統治下的台灣民族運動史》（臺北：福祿壽，1999.12），頁445。

〔註62〕 邱坤良、施如芳、張秀玲、藍素婧、郝譽翔：《宜蘭縣口傳文學》（宜蘭：宜蘭縣政府，2002.5），頁549；講述者：江義崇。

〔註63〕 李獻璋編著：《臺灣民間文學集》，頁105。

| | |
|---|---|
| （7）株：日語「かぶ」，股份、股票。<br>（8）組<br>（9）驛：日語「えき」，火車站。<br>（10）保甲書記<br>（11）小使：日語「こづかい」，工友。<br>（12）辯護士：日語「べんごし」，律師。<br>（13）郵便：日語「ゆうびん」，郵件。<br>（14）配達：日語「はいたつ」，投遞。 | ……店在臺北<u>驛</u>，<br>……<u>保甲做書記</u>，<br>……學校做<u>小使</u>，<br>……在做<u>辯護士</u>，<br>……<u>郵便</u>提電報，<br>……有的在<u>配達</u>，<br>……。〔註64〕 |
| $a^1$ khe$^2$ mo$^2$ no$^3$：日語「あけもの」，「曙」牌香菸日文名〔註65〕。 | 人客：四句儅曉講<br>　　　　$a^1$ khe$^2$ mo$^2$ no$^3$卜總捧<br>新娘：薰葉佇薰檳<br>　　　薰枝佇薰行<br>　　　請你毋通總捧<br>　　　一條請你　賰的卜請別人〔註66〕 |
| 敷島：日治時期香菸名。 | <u>敷島</u>一支食一半。<br>留卜一半乎心肝。<br>心肝無來卜按怎。<br>暝昏老戲續免搬。〔註67〕 |
| もんぺ：（日本婦女保暖或勞動時穿的）裙褲。 | 㤉尾烏貓串穿穿<u>ばんぺ</u>（案：應為「もんぺ」），<br>心肝注想少年家，<br>是娘生婿毋懸佫毋低， |

〔註64〕舒蘭編著：《中國地方歌謠集成13 台灣民歌（一）》，頁43～66。

〔註65〕筆者於2007.9.24對臺南縣後壁鄉黃崑濱先生進行訪談，黃先生言「あけもの」為「曙」牌香菸的日文名，這種菸為普通人所抽，日治時期尚有「敷島（シキシマ）」菸，這是上級社會的人所抽的，在戰爭時期，另有出戰前的賜菸，菸名為「恩師（オンシ）」。屏東縣耆老鄭文乾也曾提及：「日本政府為鼓勵青年從軍，對志願當兵者以日本天皇名義贈送義士香煙以示獎勵。」蕭銘祥主編：《屏東縣鄉土史料》（南投：省文獻會，1996.1），頁200。「曙」牌紙煙昭和十（1935）年上市。參周憲文著：《日據時代臺灣經濟史》（臺北：臺灣銀行，1958.10），頁121。

〔註66〕胡萬川總編輯：《彰化縣民間文學集1 歌謠篇（一）》，頁120；講述者：胡林翠香。

〔註67〕懺紅輯：〈黛山樵唱〉，《三六九小報》，昭和8（1933）.3.6，4版。

| | 阿兄嫌汝屁股較大个。〔註68〕 |
|---|---|
| 會社：日語「かいしゃ」，公司。 | 阿君可比五小爺，<br>出門無轎也著車；<br>五萬銀錢寄<u>會社</u>，<br>五百開了才趁食。〔註69〕 |
| 明治橋〔註70〕 | 火車欲行劍潭廟，<br>劍潭落來<u>明治橋</u>；<br>今來爲哥給人笑，<br>更再給哥看無著！〔註71〕 |
| 淺野：日治時期日人水泥公司。 | ……<br>打狗<u>淺野</u>紅毛土。<br>……。〔註72〕 |

## 四、日本事物呈顯

日本統治臺灣，不管是有意或無意，某些本國事物隨其統治流傳至臺灣，這些日本事物在歌謠中亦有所呈現：

| 日 本 事 物 名 | 歌 謠 舉 例 |
|---|---|
| 神社：日語「じんじゃ」。 | ……<br>二幅漆仔畫<u>神社</u><br><u>神社</u>吊橋自動車<br>叫君轉去著好子 |

〔註68〕洪敏聰著：《澎湖水調：澎湖的褒歌續集》，頁85；講述者：許佛求。
〔註69〕李獻璋編著：《臺灣民間文學集》，頁133。
〔註70〕明治橋爲今中山橋，乃明治卅三（1900）年，以台灣神社的附設工程，與正殿同時興建的。起初，是由美國貝根公司承攬建造的鐵橋，後於昭和八（1933）年改建爲拱門長九十公尺、寬度九公尺的花崗岩製石橋，就是現存的橋。據說這是以皇居的二重橋（一說爲宇治橋）爲範型。
大正十二（1923）年，昭和天皇經過明治橋到台灣神社參拜時，讚賞明治橋周圍風景的秀麗，留下「美色青田毗連浩淼，白鷺來遊，別有情調明治橋」的記錄。參又吉盛清著、魏廷朝譯：《台灣今昔之旅【台北篇】》（臺北：前衛，1997.9），頁339。
〔註71〕李獻璋編著：《臺灣民間文學集》，頁109。
〔註72〕舒蘭編著：《中國地方歌謠集成14·台灣民歌（二）》（臺北：渤海堂，1989.7），頁132。

| | 路頭離遠惡探聽 |
|---|---|
| | ……。〔註 73〕 |
| 日本瓦〔註 74〕 | 新起瓦厝土坉壁 |
| | 厝頂卜蓋<u>日本瓦</u> |
| | 今年阿哥仔較散赤 |
| | 姑將無奈入會社 |
| | 會社入來艱苦代 |
| | 眾人有去才會知〔註 75〕 |

# 第二節　形式特色

所謂「形式」，即語言文字的格式〔註 76〕，也就是「怎麼寫」的問題〔註 77〕。本論文相關歌謠的形式特色，計有以下數點：

## 一、句式多樣化

這些相關歌謠運用了不同句式，慣用為七言式及雜言式，另有五言式。以下分述並稍舉例。

### （一）七言式

這些相關歌謠句式，最常使用者乃七言四句式，每句七字，每首四句，俗稱「四句聯」，若以此為單位，則稱「一葩」，此為臺灣閩南歌謠的基本形式，如：

撫臺逃走十二暝

羅漢歡喜投半天

---

〔註 73〕 胡萬川總編輯：《沙鹿鎮閩南語歌謠》（臺中：中縣文化局，1993.3），頁 130；講述者：蔣清傳。

〔註 74〕 據臺北市耆老李源言：「黑瓦叫日本瓦，是日本人來臺以後，才生產製造的，可以說是由日本傳入。日治時期黑瓦的生產工場遍佈全省，臺灣許多建築物都使用黑瓦蓋屋。」王國璠總纂：《臺北市耆老會談專集》（臺北：臺北市文獻委員會，1980.2），頁 230。

〔註 75〕 胡萬川總編輯：《大甲鎮閩南語歌謠（二）》（臺中：中縣文化局，1995.1），頁 214；講述者：莊李晟。

〔註 76〕 龔鵬程著：《文學散步》（臺北：臺灣學生，2003.9），頁 66。

〔註 77〕 傅東華主編：《文學百題》（臺北：文鏡，1985.12），頁 208。

-北洋政府時期的新聞業內面庫銀淀淀淀

　　若有福氣驚無錢〔註78〕

另一種也可算是七言式：

　　日本過來<u>啊</u>戴<u>啊</u>紅帽

　　身<u>啊</u>軀背銃<u>是</u>手<u>仔</u>舉刀

　　大大細細<u>是</u>愛煩惱

　　煩<u>啊</u>惱<u>㽞</u>腳<u>是</u>做<u>啊</u>番<u>啊</u>婆〔註79〕

歌謠乍看之下非七言式，但其實小字部分為襯字，這些襯字在唱唸時或輕輕滑過，或特意重音慢唱，都能形成唱腔活潑自由、抑揚頓挫之趣〔註80〕，為固定的七言式歌謠增添許多變化。

### （二）雜言式

　　所謂雜言，乃指每句沒有一定字數的歌謠，這也是常使用的形式。雜言的形態千變萬化，以下稍舉一例：

　　　　聽我唱！聽我唱！東邊出有一粒星；中國出有劉欽差，劉欽差，做
　　　　人真厲害，隔轉年日本仔來，台灣則改民主國，台北十日漉漉漉，
　　　　唐總統無底踏，總統卜換劉永福，台南紳士陳仔搏，紳士無采工，
　　　　六八用七三，銀票使無路，兵餉無法度，兵仔無食無變步。乒，磅，
　　　　哪！大砲，銃子亂肆彈，日本仔南北來上山，百姓唔甘願，共伊刣甲
　　　　血那濺，大戰八卦山，南打狗，北彰化，一下破，唐欽差唔敢滯，
　　　　半暝走唐山，百姓大哭搥心肝。日本仔刣一贏，兵馬來入城，百姓
　　　　大驚惶，蕃仔上山無頭鬃，胡蠅變蜜蜂，塗蚓變蜈蚣，台灣變番邦，
　　　　大厝走空空，查某因仔，宓甲就挖老鼠空。蕃仔上山偷掠雞，一遍
　　　　雞鳥掠了了，順勢禁跋繳，跋繳禁去人驚驚，道衙口改做民政廳，
　　　　台南廟宇封最濟，百姓大哭爸，派卜警察巡邏趕掃地，掃地掃來真
　　　　懊惱，苦刑來損狗，損狗人人看見面烏烏，設納營業俗地租，營業
　　　　地租完去無歡喜，開山宮屎山仔頂，卜起大菜市，日本仔真勢請，
　　　　真勢反，一擔扣五仙，擔頭扣來無生理，大家食貴米，日本仔勢反變，
　　　　台灣人剝甲攏無錢，番仔兮未是，講著橫死死，無敗無天理，日本

---

〔註78〕東方孝義著：《台灣習俗》（臺北：南天，1997.12），頁165。

〔註79〕胡萬川總編輯：《苗栗縣閩南語歌謠集》，頁54；講述者：紀月霞。

〔註80〕朱介凡撰：《中國歌謠論》（臺北：臺灣中華，1884.4），頁88。

　　　仔若無趕出去，台灣人縛甲死死死。〔註81〕

這首雜言歌謠，有一言句（如：乒）、二言句（如：大砲）、三言句（如：聽我唱）、四言句（如：查某囡仔）、五言句（如：胡蠅變蜜蜂）、六言句（如：唐欽差唔敢滯）、七言句（如：東邊出有一粒星）、八言句（如：日本仔南北來上山）、九言句（如：損狗人人看見面烏烏），句式使用靈活多變。歌謠得在口頭流利地唱唸出來，本首歌謠雖不同句式頻繁更替，但還是保有一定的和諧度。

## （三）五言式

五言式歌謠，如：

　　　鴨江金順利
　　　順和林仔耳
　　　和順黑煙閙
　　　豐祥得剃頭
　　　茂美周蒼浪
　　　德馨矮仔逢
　　　祥順林錦秀〔註82〕

通篇以店號連綴人名稱呼的方式編成五言歌謠，讀來琅琅上口。

## 二、擅用各種表現法

　　這些歌謠，使用多樣表現法，但這並非民眾刻意用之，而是不知不覺、自然而然，可說是渾然天成，使歌謠在形式上變化多端，增添許多藝術美感。此將歌謠使用到的主要表現法列舉如下：

### （一）白　描

　　所謂白描「就是在語言上毫不修飾地直說，如能抓緊事物的本質，只要很樸素的語句就會說得很中肯、明白、有力，事物的形象給說的很眞實，道理也說得很深刻。」〔註83〕使用白描之歌謠，如：

---

〔註81〕邱冠福編著：《台灣童謠》，頁 102～103。
〔註82〕余燧賓主編：《基隆市民間文學采集（一）》（基隆：基市文化局，1999.6），頁 12；講述者：柯炳銜。
〔註83〕譚達先著：《中國民間文學概論》（臺北：貫雅文化，1992.7），頁 119。

> 杏仁茶，見著警察酷〃爬，
>
> 盅仔摃破四五個。警察掠來警察衙，
>
> 雙腳跪齊〃，大人：後擺不敢賣！〔註84〕

整首歌謠純用白描，鋪寫杏仁茶小販遭警察取締的驚恐模樣，通篇對警察暴虐未有一字形容，但透過小販的駭怕模樣，就可想見殖民地警察的兇惡，以及臺灣人所遭受的欺凌。歌謠中所描寫者看似平淡無奇，但揭舉殖民者暴虐統治之本質，卻又那樣力道十足。白描「只有對客觀事物或道理有了深刻的認識，而又善於運用表現手法，才能做到，這與平庸無奇，泛泛道及是完全不同的。」〔註85〕必是了解殖民者統治本質而又富藝術創造力的臺灣民眾，才能創作出這種擁有高度表現力的歌謠。

再如：

> 双腳行屆火車頂，双手按在窓仔前；
>
> 天壽車長偌僥倖，無可加停五分鐘！〔註86〕

面對分離，心生不捨，縱使登上火車，還是透過窗口望著心上人，因為不忍與情人分離，自然盼望火車能慢些起行。但火車有一定的離站時間，無法因為他（她）的癡心多作停留，所以才生出對車長的怨嗔。整首歌謠只是如實地將分離的場景與主人翁的心思描寫出來，卻把不忍與情人離別的心情表現的真摯又深刻。

### （二）譬　喻

譬喻「是一種『借彼喻此』的修辭法，凡二件或二件以上的事物中有類似之點，說話作文時運用『那』有類似點的事物來比方說明『這』件事物，就叫譬喻。」〔註87〕譬喻賦予歌謠活潑生動的生命，是歌謠情趣的泉源，譬喻越貼切，聽的人也越容易理解，由理解再體會歌中的意境，則容易引發內心的共鳴〔註88〕。譬喻分為四種：明喻、隱喻、略喻、借喻。這四種在相關歌謠中都被使用著，以下分項析之：

1. 明喻：喻體、喻詞、喻依三項具備者屬之。使用明喻之歌謠，如：

---

〔註84〕李獻璋編著：《臺灣民間文學集》，頁 5。
〔註85〕譚達先著：《中國民間文學概論》，頁 121。
〔註86〕李獻璋編著：《臺灣民間文學集》，頁 85。
〔註87〕黃慶萱：《修辭學》（臺北：三民，1992.9），頁 227。
〔註88〕馮輝岳著：《中國歌謠大家唸》（臺北：武陵，1992.6），頁 14。

大人比虎較大隻

<u>嘴開親像大尿杓</u>

若有物件到宿舍

較大代誌攏無掠〔註89〕

歌謠中以「大尿杓」譬喻殖民地警察張大嘴巴，對臺灣民眾大吼大叫、張牙舞爪的可怕模樣。尿杓在往昔農村社會常被使用，為將尿液從尿桶舀出的器具，警察張大嘴巴的樣子，很容易讓臺灣人聯想到這項常用的器物，因此產生此富於生活實感且又生動十足的譬喻。

2. 隱喻：凡具備喻體、喻依，而喻詞由「繫詞」，如「是」、「為」等代替者屬之。使用隱喻之歌謠，如：

富貴啊富貴，

摸脈上對，

紅包上貴，

日本仔掠去，

壓倒就打，

按倒就捶，

穿紅衫禁在死囚監，

木蝨歸堆，

蝨母歸總，

某囝來看是啼哖哭淚，

<u>無牌賣藥是萬代烏龜啊，</u>

萬代烏龜。〔註90〕

「烏龜」乃形容人窩囊，「萬代」加強語氣，表現出極度窩囊樣。以「萬代烏龜」譬喻無牌行醫的富貴被檢舉後無法反抗，只能任由統治者蹂躪的卑屈情狀，貼切又傳神。

3. 略喻：凡省略喻詞，只有喻體、喻依的譬喻。使用略喻之歌謠，如：

一欉樹仔汕過嶺

---

〔註89〕 施福珍主編：《彰化縣民間文學集16【二林芳苑大城區】》（彰化：彰縣文化局，2000.12），頁102；講述者：康天權。

〔註90〕 邱坤良、施如芳、張秀玲、藍素婧、郝譽翔：《宜蘭縣口傳文學》，頁627；講述者：陳旺欉。

> 海底的船卜載兄
> 台灣嘛會換保正
> 小娘仔嘛會換親兄
> 一欉樹仔迅過嶺
> 海底的船卜載君
> 台灣嘛會換日本
> 小娘嘛會換親君〔註91〕

此譬喻乃因日本取代清廷統治臺灣而成型的。歌謠中以保正更換、臺灣易主被日本所治這兩件事為喻，既然天下沒有恒永不變之事，那女子自然也會更換情人。這個生動的譬喻若沒有日本統治臺灣此歷史背景，是決計無法產生的。

4. 借喻：凡將喻體、喻詞省略，只剩喻依者屬之〔註92〕。使用借喻之歌謠，如：

> 一隻水雞跋落深古井
> 夯頭一看天圓圓
> 等待落雨井水淀
> 才有咱的出頭天〔註93〕

「一隻水雞跋落深古井」暗喻臺灣被日本統治，臺灣人民不得自由，喻體「臺灣人被日本統治」省略了，喻詞「猶如」也省略了；「等待落雨井水淀」，則暗喻臺灣脫離殖民統治，同樣的，喻體「臺灣人脫離日本統治」省略了，「猶如」也省略了。在喻體省略的情形下，難以知曉歌謠欲表達的確切意涵，臺灣人正是利用這種隱微、不會直接觸怒當局的方式，表現他們渴望脫離殖民統治的心意。

## （三）起　興

起興就是「先用句子從別的事物說起，作為引端，這個句子稱為『起興句』，再徐徐轉入要說的正意。」〔註94〕起興句之用也許為著直唱歌中主題難

---

〔註91〕胡萬川總編輯：《龜山鄉閩南語歌謠〈三〉》（桃園：桃縣文化局，2005.3），頁90；講述者：陳謝滿。

〔註92〕以上關於明喻、隱喻、略喻、借喻之定義，係參黃慶萱：《修辭學》，頁231、233、235、237。

〔註93〕施福珍主編：《彰化縣民間文學集15【埤頭竹塘溪州區】》（彰化：彰縣文化局，2000.12），頁100；講述者：蔡瑞庚。

〔註94〕譚達先著：《中國民間文學概論》，頁127。

免突兀，不如先唱起興句，得了陪襯，亦有了起勢。此外也因一個意思，不知從何說起，姑就眼前事物先行指點，再轉入正文，便從容多了，這就是所謂的「山歌好唱口難開」〔註95〕。起興句有與表達主題全然無關者，為無意義的結合，僅為引韻之用，如：

　　日本的設巧是牽啊電火

　　電火是牽來啊較光啊月

　　望卜是合君啊頭到尾

　　無疑是相撞啊是到這个五月〔註96〕

「日本的設巧是牽啊電火，電火是牽來啊較光啊月」此二句，與歌謠中所表露的女子想與情人相守的心思全無相關，民眾常以日常中常見之物事起興成句，藉引起所詠之詞，達成協韻效果，實際上，「日本的設巧是牽啊電火，電火是牽來啊較光啊月」這二句已成為一種「套句」了〔註97〕。

　　另一種興則不僅是音的作用，更兼有表義的功能。如：

　　<u>甘蔗好食二五號</u>

　　小娘欲逮監督哥

　　逮著監督都是好

　　出門人人叫監督婆〔註98〕

首句「甘蔗好食二五號」不僅引韻，另以此聯想到植栽甘蔗的農場裡的監督饒富權勢，其間自有微妙的意義相關聯，這是興的另一種表現。在本論文相關歌謠中，絕大多數起興句，其作用都在求引韻而已，因為這種起興較容易，自然也較常被使用。

## （四）誇　飾

　　誇飾乃「文中誇張舖飾，超過了客觀事實。」〔註99〕透過誇飾，可以便

---

〔註95〕　參朱自清撰：《中國歌謠》（臺北：世界，1999.2），頁227。
〔註96〕　胡萬川總編輯：《苗栗縣閩南語歌謠集》，頁52；講述者：紀月霞。
〔註97〕　黃得時言：「歌者偏偏愛用這種套句，是比創造新句更容易，反正是『引韻』，有韻可引就好了，不管它是套句不是套句，或有實感沒有實感了。就是人家創造的句子，隨便把它改變一二字，也就可以當作自己的句子去用了。」黃得時：〈臺灣歌謠之形態〉，《文獻專刊》3卷1期，1952.5，頁7。以「日本的設巧是牽啊電火，電火是牽來啊較光啊月」為套句的歌謠，除本首外，就查閱到的尚有三首，可參〈【附錄二】本論文使用歌謠異文表〉。
〔註98〕　黃哲永總編輯：《六腳鄉閩南語歌謠集》，頁33；講述者：陳金水。
〔註99〕　黃慶萱：《修辭學》，頁213。

於把要表現的形象或道理，說的更爲尖銳、突出、鮮明，使之更好地打動人、教育人〔註100〕。使用誇飾之歌謠，如：

　　　請看國王回書信
　　　阿老這人有才情
　　　總督國王都歡喜
　　　<u>南平一時寫呼伊</u>〔註101〕

歌謠描述陳秋菊歸降成局後，殖民當局對他的優厚。「南平」爲南方，此指臺灣。說陳秋菊歸降，使總督與天皇心喜，遂將臺灣賜予他，顯係誇張之描寫。如此寫法，只是陳秋菊轄下的腦丁欲藉此突顯陳秋菊的偉大罷了。

　　再如：

　　　車頭鐘仔嚮三聲，
　　　鐘仔嚮了車欲行；
　　　<u>車頭人客全知影，</u>
　　　<u>知影小妹離別兄。</u>〔註102〕

歌謠描寫女子在火車站與心上人離別的依依不捨情態，「車頭人客全知影，知影小妹離別兄」乃以誇飾渲染離別的心傷，與情人分離的心傷，竟然全車站的旅客都感受到，顯係誇張之詞，但此正突出離別的難受，而具打動人心的效果。

### （五）反　覆

反覆是讓該出現的同一的說法，再一次出現，它往往一而再，再而三，甚至還可以作幾次以上的出現。其目的是爲了有助於突出其思想意義或某種特殊的韻味，或者使之更便於記憶〔註103〕，另外也可依此抒發強烈的感情和深切的情意〔註104〕。使用反覆之歌謠，如：

　　　<u>鴉片猴來鴉片猴</u>
　　　鴉片食了半暝後
　　　大人掠去縛馬後
　　　去到菜園亂亂哭

---

〔註100〕譚達先著：《中國民間文學概論》，頁124。
〔註101〕黃潘萬：〈陳秋菊抗日事蹟採訪記〉，《臺灣文獻》10卷4期，1959.12，頁60。
〔註102〕李獻璋編著：《臺灣民間文學集》，頁85。「嚮」三聲：應爲「響」才是。
〔註103〕譚達先著：《中國民間文學概論》，頁129。
〔註104〕黎運漢、張維耿編著：《現代漢語修辭學》（臺北：書林，1994.2），頁153。

　　　　明仔載攑來看

　　　　麼是<u>鴉片猴</u>〔註105〕

歌謠中「鴉片猴」三字反覆出現，乃為強調，以表現沉迷鴉片者惡習之根深
難除。

　　再如：

　　　　……

　　　　台灣人剝甲攏無錢，

　　　　番仔分未是，

　　　　講著橫死死，

　　　　無敗無天理，

　　　　日本仔若無趕出去，

　　　　台灣人縛甲<u>死死死</u>。〔註106〕

歌謠中「死」字重覆使用三次，乃加重語氣，表達臺灣人被日本人極度壓制
束縛而不得翻身的情況。

### （六）頂　真

　　「前一句的結尾，來作下一句的起頭，叫作『頂真』。」〔註107〕頂真之
使用，使語文在傳達自主的聯想時，不致因觀念的飛揚造成語言內容的錯亂
〔註108〕，有利於表現事物之間的連鎖關係，揭示事物的發展過程，且能使
句式整齊，語勢暢達〔註109〕。當其使用在歌謠中，則帶來唱唸的順暢性。
使用頂真之歌謠，如：

　　　　嗞藜醒！

　　　　內山出<u>瓜笠</u>，

　　　　<u>瓜笠</u>出來大細頂；

　　　　鳳山出<u>龍眼</u>，

　　　　<u>龍眼</u>食來真正甘；

　　　　海底出烏蚶，

---

〔註105〕胡萬川總編輯：《石岡鄉閩南語歌謠（二）》，頁158；講述者：吳陳盡。

〔註106〕邱冠福編著：《台灣童謠》，頁103。

〔註107〕黃慶萱：《修辭學》，頁499。

〔註108〕同前註，頁500。

〔註109〕黎運漢、張維耿編著：《現代漢語修辭學》，頁161。

　　　　烏蚶食來眞臭羶；

　　　　日本出阿片，

　　　　阿片食來眞正濟；

　　　　妻娶去嫁，

　　　　子娶去賣，

　　　　灶君公，

　　　　奏玉帝，

　　　　玉帝起脆雷，

　　　　損死阿片槌。〔註110〕

再如：

　　　　大頭員外，

　　　　打死無尋，

　　　　一冥著蓋被；

　　　　蓋劦燒，

　　　　大頭的愛食弓蕉。

　　　　弓蕉一下冷，

　　　　愛食龍眼。

　　　　龍眼一下甜，

　　　　愛食牛奶。

　　　　牛奶一箇羶，

　　　　愛食阿片。

　　　　阿片吸一下乾，

　　　　愛食屧脬。〔註111〕

此皆爲孩童唸誦之童謠，頂眞之運用，不但便於孩童記憶，亦讓歌謠變得順口，容易琅琅上口。

## （七）設　問

　　「講話行文，忽然變平敘的語氣爲詢問的語氣，叫作『設問』。」〔註112〕一般使用設問，乃在能突出論點，提起注意，啓發思考，加深印象，且可以

〔註110〕李獻璋編著：《臺灣民間文學集》，頁214～215。

〔註111〕同前註，頁222。

〔註112〕黃慶萱：《修辭學》，頁499。

使語言波瀾起伏，活潑生動〔註113〕。但在歌謠中使用設問，似乎不全爲上述目的，有時是敘述需要，因爲講話中常會使用設問語氣，因此歌謠就難免運用這種形式。使用設問之歌謠，如：

> 一保保正管十甲，
>
> 十個甲長攏繪合，
>
> 一日共伊捌捌吵，
>
> 吵欲衙門見巡查，
>
> 巡查叫來共伊問，
>
> <u>敢是風林牽傷長？</u>
>
> 欲跪草埔仔毋汝轉，
>
> 早起欲跪俗下昏。〔註114〕

> 講昭和五年齊改正
>
> 改正 $e^0$ 剪髮呰流行
>
> 講肩頭背二个雞毛揩
>
> <u>安怎剪髮是呰流行</u>〔註115〕

這兩首歌謠均屬設問中的「疑問」，「敢是」、「安怎」這兩個疑問詞，則純然表現了閩南語言的風味。

## （八）對　偶

「語文中上下兩句，字數相等，句法相似，平仄相對的，就叫『對偶』。」〔註116〕對偶的使用，源於心理學上的「聯想作用」，而在實際使用上，則帶來對比、平衡、勻稱的美感〔註117〕，可將事物之間對稱、對立乃至相關的意思鮮明地表現出來〔註118〕。使用對偶之歌謠，如：

> <u>基隆嶺頂作煙墩，</u>
>
> <u>滬尾港口塡破船。</u>
>
> 番仔相刣唔不恐，

---

〔註113〕黎運漢、張維耿編著：《現代漢語修辭學》，頁156。

〔註114〕洪敏聰著：《澎湖水調：澎湖的褒歌續集》，頁152；講述者：陳顏換。

〔註115〕胡萬川總編輯：《桃園市閩南語歌謠〈一〉》，頁186；講述者：黃張阿甜。

〔註116〕黃慶萱：《修辭學》，頁447。

〔註117〕同前註。

〔註118〕黎運漢、張維耿編著：《現代漢語修辭學》，頁146。

　　着刣番頭來賞銀。〔註119〕

歌謠一、二句以對偶法描寫清法戰爭事，想到往昔基隆成戰場的情景，自然連帶想及滬尾港口填破船的往事。歌謠就以這兩事件的描寫，來表現日人攻臺前臺灣緊急備戰的緊張狀態。

　　再如：

　　　……

　　　乒，磅，唪！

　　　大砲，銃子亂肆彈，

　　　日本仔南北來上山，

　　　百姓唔甘願，

　　　共伊刣甲血那濺，

　　　大戰八卦山，

　　　<u>南打狗</u>，

　　　<u>北彰化</u>，

　　　一下破，

　　　唐欽差唔敢滯，

　　　半暝走唐山，

　　　百姓大哭搥心肝。

　　　……。〔註120〕

由「南」自然聯想及「北」，歌謠中以「南打狗，北彰化」對偶排列，描寫乙未年間臺灣西部皆成戰場，並被日軍大舉攻破的悲慘情景。

## （九）排　比

　　「用結構相似的句法，接二連三地表出同範圍同性質的意象，叫作『排比』。」〔註121〕這種方法如果使用的好，就會增強作品的氣勢，而且也便於記憶〔註122〕。使用排比之歌謠，如：

　　　內地留學生，

---

〔註119〕〈本島の日本領有に歸する前後臺北附近に行はれたる謠歌〉，《臺灣慣習記事》第壹卷第七號，1901.7，頁 72。

〔註120〕邱冠福編著：《台灣童謠》，頁 103。

〔註121〕黃慶萱：《修辭學》，頁 469。

〔註122〕譚達先著：《中國民間文學概論》，頁 160。

過來臺灣打鐵釘，

　步兵看做學生，

　剃頭看做醫生，

　屎礐看做房間，

　牢仔內看做佚陶間。〔註123〕

歌謠中運用排比，表現日本留學生一連串的誤認，突顯其知識不足，藉敘述日本留學生愚蠢行為達到貶抑日人的目的。

　　再如：

　南保正真難叫，

　北保正米絞嫌恰小，

　山仔內保正因開票，

　合然保正歪喙人愛笑，

　五塊寮保正因仔條，

　潭內保正開瓦窯，

　西庄保正無牌照。〔註124〕

歌謠中列出保正之劣跡或譏嘲之：南保正擺出一付高姿態，北保正嫌從民眾處剝削的物資不夠多，山仔內保正只會說一些空話，合然保正歪嘴，五塊寮保正如同孩童般瘦小，潭內保正經營風化業，西庄保正則是無照營業。在排比的運用下，低劣保正的本質明顯地被呈現出來，有助加強歌謠所要表現的思想。

## （十）映　襯

　　映襯為「在語文中，把兩種不同的，特別是相反的觀念或事實，對列起來，兩相比較，從而使語氣增強，使意義明顯的修辭方法。」〔註125〕在歌謠中使用映襯，不但能加強欲表現之語氣，且能突顯所要表達之意涵。使用映襯之歌謠，如：

　人插花，

　你插草。

　人抱嬰，

---

〔註123〕李獻璋編著：《臺灣民間文學集》，頁27～28。

〔註124〕邱冠福編著：《台灣童謠》，頁103。

〔註125〕黃慶萱：《修辭學》，頁287。

> 你抱狗。
>
> 人坐轎,
>
> 你坐糞斗。
>
> 人睏紅眠床,
>
> 你睏屎礐仔口。〔註126〕

歌謠中「人」指臺灣人,「你」指日本人。「人」、「你」兩相對照,除突顯兩個不同民族生活習慣的差異,由字詞呈現的形象(花-草、嬰-狗、轎-糞斗、紅眠床-屎礐仔口),也映襯出我是好的,你是低劣的,以此貶抑日人,建立民族尊嚴。

再如:

> 會社銀票若炮紙
>
> 做工的揱著歸大拖
>
> 少年的若做有粉乃抹
>
> 老的做無才掙心肝〔註127〕

歌謠敘述某些監督喜愛僱用年輕貌美之女工,導致年老色衰之女工失業的情景。年輕貌美的女工有工可做,年老色衰的女工落得失業的地步,兩相映襯下,監督好色、卑劣之行徑即被表現出來。

## (十一)屬 序

所謂屬序,乃「按著數字,依序敘說。」〔註128〕此種表現法,使事物排列有順序,唱唸上亦頗順口。使用屬序之歌謠,如:

> 第一戇插甘蔗去給會社磅
>
> 第二戇吃煙吹風
>
> 第三戇吃檳榔吆紅
>
> 第四戇撞球相碰
>
> 第五戇做戲癲看戲呆〔註129〕

再如:

---

〔註126〕李獻璋編著:《臺灣民間文學集》,頁161。

〔註127〕黃哲永總編輯:《六腳鄉閩南語歌謠集》,頁40;講述者:陳金水。

〔註128〕朱介凡撰:《中國歌謠論》,頁103。

〔註129〕臺灣省文獻委員會採集組主編:《雲林縣鄉土史料》(南投:省文獻會,1998.11),頁185;講述者:黃興協。

一年分槓鼓

二年分焄茱

三年分三隻馬

四年分死娘嬭

五年分五六排

六年分拖去坮

高等科　放屎摵雞膏

高等科　放屎糊蠓罩〔註130〕

依著數字順序唱念，容易上口，呈現歌謠的口語特質。

## （十二）層　遞

「凡要說的有兩個以上的事物，這些事物又有大小輕重等比例，而且比例又有一定秩序，於是說話行文時，依序層層遞進的，叫作『層遞』。」〔註131〕使用層遞，使語意環環緊扣，步步深入，形成一種「漸層美」。用來說理，可以使道理闡發得一層比一層深入，增強語言的說服力；用來抒情，可以使感情表達得一步比一步強烈，增強語言的感染力〔註132〕。使用層遞之歌謠，如：

台中到豐原，

褲底結一丸，

豐原到彰化，

褲底就破了。〔註133〕

臺中到豐原，褲底糾結在一起；豐原到彰化，褲底就破洞。在步步進逼的描述中，戰爭時期不良代用品的不耐與不堪使用，即被具體地顯現出來。

再如：

一年的一年的悾悾，

二年的二年的戇戇，

三年的吐劍光，

四年的愛膨風，

〔註130〕江寶釵總編輯：《嘉義市閩南語歌謠集（二）》，頁 66；講述者：何振奬。

〔註131〕黃慶萱：《修辭學》，頁 481。

〔註132〕黎運漢、張維耿編著：《現代漢語修辭學》，頁 151。

〔註133〕王正雄總編：《中縣口述歷史——第三輯》（臺中：臺中縣立文化中心，1994.6），頁 37。

五年的上帝公，

六年的閻羅王閻羅王。〔註134〕

由低年級的悾悾、戀戀，到中年級的吐劍光、愛膨風，再到高年級的上帝公、閻羅王，在層層遞進的描寫中，可見學校教育中，孩童智慧得到啟蒙，變得靈巧、機靈許多，甚至還因年級高而擁有一定的權威。

### （十三）應答相褒

所謂「相褒」，並非字面上所呈現的「相互褒揚」，而是「互相駁斥」之意。相褒為即興作詞，對方褒過來，這方馬上要褒回去，褒不回去的一方便成為輸家，因其有即興作詞，立即回應的特點，俗稱「現喙反」。其中充滿了歌者的機智與兩方濃厚的較勁意味，甚是有趣。使用應答相褒的歌謠，如：

男：水蛤仔卜俗恁貫歸摜，貫流溪邊卜飼鱸鰻。

男：恁曆父母失照顧，親像壁邊个尿壺。

女：石頭發草繪勇健，教狗犁園繪曉行，汝㤉去台灣係好命，踮恁擔石痞名聲。

男：我頂日仔有去衙門報，一張證明煞失落，畚斗有時嘛會底糞掃，仙人扑鼓有時錯，骹步行歪啥儂無？〔註135〕

就內容來看，因為即興作詞，用作比興者，為日常生活所接觸之物事，富於生活實感；就形式而言，其與傳統的「提問式」的問答表現法〔註136〕有所不同，在應答相褒的過程中，可以憑自己的機智，發想出饒富興味的語句，與對方辯論，甚而駁倒之，非「提問式」的問──答形式，自然顯得活潑自由許多。

## 第三節　藝術特色

有關歌謠的藝術特色，計有以下幾點：

---

〔註134〕康原著：《囡仔歌》（臺中市：晨星，2000.6），頁136。

〔註135〕洪敏聰著：《澎湖的褒歌》，頁15～16。

〔註136〕「提問式」的問答表現法，如：什麼尖尖尖上天？什麼尖尖在水邊？什麼尖尖街上買？什麼尖尖鞋工前？寶塔尖尖尖上天，菱角尖尖在水邊，粽子尖尖街上買，擠鑽尖尖鞋工前。……朱介凡撰：《中國歌謠論》，頁108。

# 一、用語質樸、不避俗言

　　如同我們對歌謠特質的了解，民間歌謠多出自庶民大眾之口，這些知識水準較低或不文的民眾，未接受過多的學問薰陶，當他們心中有所感觸，透過歌謠發抒時，其唱唸出來的，往往就是慣常使用的口頭語言。這些口頭語言「乾淨利（案：應爲「俐」之誤）落，單純流暢，有什麼就說什麼，既不脫沓臃腫，也不矯揉造作。」〔註 137〕因爲有什麼即說什麼，未經修飾，自然散發一種庶民語言的質樸美感。這與某些「書面作家所運用的晦澀艱深、詰屈聱牙、遠離口語的語言，是有本質不同的。」〔註 138〕如下列這首：

> 刺竹開花，
>
> 歹年冬，
>
> 日本仔設計除屎桶；
>
> 老伙仔煩惱無桶放，
>
> 少年仔歡喜唔免捧。〔註 139〕

歌謠中未使用任何艱深的詞語，有的只是以淺顯質樸的生活語言來表達殖民政府禁止於臥房內放置屎桶時，老年人與年輕人的兩般心情。雖然語言質樸，用字未加雕琢，但這樣拙的語言卻已將老者與少者的迥異心情生動地描畫出來，透過歌謠，就能想像老者的愁眉苦臉模樣與少者的歡天喜地情狀。雖則是簡單平易的語言，卻表現了高度的摹寫能力。

　　在質樸的語言中，對一些俚俗字詞也不刻意避免，因爲庶民表露在歌謠中的是自己最直接、最眞實的情感，這些俚俗字詞能恰如其分表達他們的感情，因此很自然地被運用在歌謠中。避去這些俚俗字眼，或可讓歌謠變得文雅些，但此已非表達庶民眞感情的作品。這些歌謠中的俚俗字詞，如：可惡撫臺一時走去死（第二章第三節）、來欲死（第五章第三節）、花間查某臭賤人（第六章第二節）〔註 140〕等。

　　俚俗字詞中堪爲代表者，應是臺灣人慣常使用的罵人語——「夭壽」，以下稍舉幾例：

> 講火車卜駛磅控內

---

〔註 137〕譚達先著：《中國民間文學概論》，頁 165。

〔註 138〕同前註，頁 165。

〔註 139〕邱冠福編著：《台灣童謠》，頁 67。

〔註 140〕這幾句所屬之歌謠在前文已引用過，爲免繁瑣，不再引整首，僅列出相關詞句與其在論文中出現之章節。

磅坑的水流出來

<u>夭壽</u>日本哦唉喲來所害

家家戶戶才著造街甲牌〔註141〕

韭菜開花直溜溜

芹菜開花拍結毬

日本那會赫<u>夭壽</u>

叫人縛腳擱再搝〔註142〕

龍眼好食粒粒有

蓮霧開花像銅鐘

<u>夭壽</u>日本仔做僥倖

叫阮君仔去做兵〔註143〕

双腳行居火車頂，

双手按在窗仔前；

<u>夭壽</u>車長偌僥倖，

無可加停五分鐘！〔註144〕

一更 〃 鼓月照山

烏狗數想烏猫娟

街頭巷尾找無伴

找無一个烏猫娟

二更 〃 鼓月照庭

烏猫數想烏狗兄

人講猫媱袓無影

但愛烏狗做陣行

三更 〃 鼓月照門

烏猫烏狗一項物

---

〔註141〕胡萬川總編輯：《大甲鎮閩南語歌謠（一）》（臺中：中縣文化局，1994.12），頁162；講述者：紀吳愛珠。

〔註142〕胡萬川總編輯：《蘆竹鄉閩南語歌謠〈五〉》（桃園：桃縣文化局，2005.3），頁18；講述者：夏林近。

〔註143〕胡萬川總編輯：《彰化縣民間文學集10 歌謠篇（四）》（彰化：彰縣文化局，1996.6），頁98；講述者：胡林翠香。

〔註144〕李獻璋編著：《臺灣民間文學集》，頁85。

　站的車路想哥爽

　<u>夭壽</u>電火簡即光

　四更〃鼓月照窓

　烏貓哥嫁烏狗夫

　烏狗數想貓一項

　來去公園恰無人

　五更〃鼓天漸光

　貓狗結婚免眠床

　天公拜了無哥返

　來去海墘公會堂〔註145〕

由以上幾例，可見臺灣人對此詞使用之廣泛，不但責罵的對象可以是人，連物（電火）都可以用之。若再仔細觀察「夭壽」一詞在歌謠中的語氣表現，則又有嚴緩之異。責罵日人的語氣最嚴厲，純然一付詛咒統治者短命早夭的模樣；對無法讓開車時間稍延遲的車長次之，為半責罵、半埋怨；而罵阻礙烏貓烏狗親熱的電燈夭壽，已純然為一種埋怨語氣。「夭壽」絕非優雅、高尚、好聽的話語，惟藉此詞語，臺灣人表達了自己的真性情，直率而不矯揉造作。這類充滿鄉土風味的詞語飽含民眾的真感情，不該因其俚俗否定其表現力與價值。

## 二、情感真摯、直抒胸臆

　　歌謠為民眾表現目中所見、心中所思的作品。其創作工具非紙、筆等書寫文具，而在口頭。文字書寫的文章，有稿本留存，作者可以對此反覆琢磨，也因此最後呈現出來的定稿，有可能已非作者最初懷有的情感。歌謠則否，其創作的媒介在口頭，不靠文字記錄，因此當民眾觸景生情，出口成歌時，就已是一個完成的作品。歌謠中所表現者為民眾當下所生發的情感，自然是直抒胸臆的真摯之作。如：

　日本憲兵若出門

　紅的帽仔手拿刀

　第一盡忠林朝棟

　第一怕死林本源〔註146〕

---

〔註145〕秋生輯：〈臺灣話文嘗試欄〉，《南音》1卷4號，1932.2，頁17。

民眾不吝惜表露他們對林朝棟的敬佩，對林維源〔註147〕亦不留情地訕笑，欽佩誰、輕視誰，在歌謠中民眾明確表達自己的愛憎情感，無保留、亦無隱晦。

再如：

憶着下港的錢銀，

才着離別臺北君；

來届車頭哭一困，

等待幾時娘見君。〔註148〕

歌謠中遠行女子吐露對心上人的難捨之情，以及對不可知的再見面的期盼，句句出自肺腑，情感直接、熱烈又純真。雖然通首用語質樸，未使用高深的字詞，卻是情感真摯，深富感染力，確為直抒胸臆之作。

## 三、變化多端、富生命力

變異性，也稱作「變動性」或「原文不穩固性」，此為伴隨歌謠的集體性、口頭性、流傳性而來的一項特徵。它指的是歌謠在流傳過程中，由於沒有用文字形式固定下來，就往往產生同一母題的「異文」〔註149〕。變異性特質，意謂歌謠不會是一灘死水，只要它在民眾口頭流傳的一天，就有產生新變化的可能，這新變化為歌謠帶來無窮的活力與生命力，變異性為歌謠必然的特徵，也因此造就了這項重要的藝術特色。

此變化多端、富生命力的藝術特色，可以以「人插花」開頭的歌謠來作觀察。底下先將本歌謠的各種異文以表列出：

表 7-3-1

| 類　號 | 異　　　　　文 |
|---|---|
| 一 | 農插花伊插草，農坐新娘轎伊坐破糞斗。〔註150〕 |
| 二 | 人插花　你插草　人睏紅眠床　個睏屎礐仔口。〔註151〕 |

---

〔註146〕司馬嘯青：《台灣五大家族》（臺北：玉山社，2000.2），頁114。

〔註147〕「林本源」乃林維源，相關論述請參本論文第二章第三節「三、臺民的去留動向」。

〔註148〕李獻璋編著：《臺灣民間文學集》，頁84。

〔註149〕譚達先著：《中國民間文學概論》，頁38。

〔註150〕周長楫、魏南安編著：《臺灣閩南諺語》（臺北市：自立晚報，1992.3），頁199。

〔註151〕胡萬川總編輯：《現場采風：八十三年度民間文學整理研習營實習成果》，頁2；講述者：劉洲島。

| 三 | 人插花　你插草　人睏紅眠床　你睏屎礐仔門。〔註152〕 |
|---|---|
| 四 | 人插花　你插草　人抱嬰　你抱狗　人睏紅眠床　你睏竈孔口。〔註153〕 |
| 五 | 人插花　你插草　人抱嬰　你抱狗　人睏紅眠床　你睏屎礐仔口。〔註154〕 |
| 六 | 人插花，你插草。人抱嬰，你抱狗。人坐轎，你坐糞斗。人睏紅眠床，你睏屎礐仔口。〔註155〕 |
| 七 | 人插花　你插草　人抱嬰仔　你抱狗　人睏眠床　你睏門腳口　人嫁翁　你逮人走。〔註156〕 |
| 八 | 人插花　你插草　人未嫁　你先走　人睏紅眠床　你睏竈孔口　人抱嬰　你抱狗。〔註157〕 |
| 九 | 人插花　你插草　人坐轎　你坐膨匏筅　人抱孫　你抱狗　人未嫁　你先綴人走。〔註158〕 |
| 十 | 人插花　你插草　人抱嬰　你抱狗　人睏大眠床　你睏屎仔礐口　人坐轎　你坐黃金斗。〔註159〕 |
| 十一 | 人插花，伊插草；人抱嬰，伊抱狗；人睏眠床，伊睏屎巷仔口；人坐轎，伊坐畚箕。〔註160〕 |
| 十二 | 人插花、你插草、人未嫁、你先走、人抱孫、你抱狗、人睏紅眠床，你睏糞堆斗。〔註161〕 |
| 十三 | 人插花，伊插草，人抱嬰，伊抱狗；人未嫁，伊先走；人坐轎，伊坐糞斗；人睏紅眠床，伊睏屎學仔口。〔註162〕 |

〔註152〕同前註，頁6；講述者：徐登志。
〔註153〕胡萬川總編輯：《大甲鎮閩南語歌謠（一）》，頁26；講述者：廖江良。
〔註154〕胡萬川、王正雄總編輯：《外埔鄉閩南語歌謠》（臺中：中縣文化局，1999.6），頁36；講述者：李瑞甲。
〔註155〕李獻璋編著：《臺灣民間文學集》，頁161。
〔註156〕胡萬川總編輯：《彰化縣民間文學集3歌謠篇（二）》（彰化：彰縣文化局，1994.6），頁18；講述者：黃開基。
〔註157〕同前註，頁20；講述者：張蓮鳳。
〔註158〕江寶釵總編輯：《嘉義市閩南語歌謠集（三）》，頁4；講述者：鄭坤霖。
〔註159〕胡萬川總編輯：《大溪鎮閩南語歌謠〈一〉（林許治專輯一）》（桃園：桃縣文化局，2005.3），頁10。
〔註160〕陳惠雯著：《大稻埕查某人地圖——大稻埕婦女的活動空間／近百年來的變遷》（臺北：博揚文化，1999），頁109；講述者：蘇女士。屎巷仔口：日式榻榻米寢室旁的走道盡頭常常就是廁所，就像是「屎巷仔口」。
〔註161〕黃連發：〈臺灣童詞抄〉，《民俗臺灣》3卷4期，1943.4，頁20。「人未嫁、你先走」或作「人著金冠嫁、你罩蔽仔走」。
〔註162〕舒蘭編著：《中國地方歌謠集成11台灣兒歌（一）》（臺北：渤海堂，1989.7），頁29。

| 十四 | 人插花　你插草　啊人抱嬰　你抱狗　啊人未嫁　你安怎逮人溜溜走　啊人坐轎　你坐斗　人睏紅眠床　你睏屎礐仔口。〔註163〕 |
|---|---|
| 十五 | 羞！羞！羞！未見誚。人插花，伊插草，人抱嬰，伊抱狗，人未嫁，伊先對人走，人坐轎，伊坐糞斗，人睏紅眠床，伊睏屎礐仔口。〔註164〕 |
| 十六 | 人插花，你插草；人宰豬，你宰狗；人在吃，你在號；人坐船，你坐糞斗；人睏紅眠床，伊睏屎斛兒口；人坐紅頂四轎，你掛包袱兒隨人走。〔註165〕 |
| 十七 | 人插花　你插草　人抱嬰　你抱狗　人未嫁　你先走　人睏紅眠床　你睏竈腳口　人食山珍味　你煮芋仔頭　人穿紅花衫　你結殕稻草　人坐金花轎　你佇得捧畚斗。〔註166〕 |
| 十八 | 人插花　你插草　人抱嬰　你抱狗　人睏紅眠床　你睏屎ㄏㄚˊ仔口　人坐轎　你坐匏栳　半天造銅橋　地下量寸尺　田蛉滿天飛　半壁講鬼話　有厝無人企　有米無人吃　銅蛇排路　大蛇吐煙　烏龜ㄋㄣˋ入山　有聽聲無看影〔註167〕 |

　　說明：歌謠異文排列方式以句數簡繁爲序。

　　筆者就查考到的此類歌謠，去其相似性甚高者，經整理後，得此十八類，但實際變化當不僅於此。從表中所列，可見以「人插花」開頭的此類歌謠的變化相當豐富，除句數有簡繁之別，字詞亦有變化，排列方式也不盡相同。就句數來看，最簡者爲四句，最繁者有到十八句。就字詞變化來看，如：類號二、三同爲四句式，但類號二的「屎礐仔『口』」在類號三中變爲「屎礐仔『門』」；同樣的，類號四、五同爲六句式，但類號四的「你睏『竈孔口』」，在類號五中成爲「你睏『屎礐仔口』」；類號六、七同爲八句式，類號六有「人坐轎，你坐糞斗」句，類號七無，類號七有「人嫁翁，你逮人走」句，類號六無，類號六有的「人睏『紅眠床』，你睏『屎礐仔口』」，類號七雖有，但

〔註163〕胡萬川總編輯：《沙鹿鎮閩南語歌謠》，頁136；講述者：李交。

〔註164〕洪敏麟主講，洪英聖著作：《臺灣風俗採錄》（臺中：台灣省新聞處，1992.6），頁265。

〔註165〕黃麗川、潘廷幹主修：《高雄市志・藝文篇》（高雄：高雄市文獻委員會，1968.1），頁80～81。

〔註166〕胡萬川總編輯：《彰化縣民間文學集1歌謠篇（一）》（彰化：彰縣文化局，1994.6），頁24；講述者：陳李招治、陳振昌。本首歌謠前半部由陳李招治唸誦，至「人食山珍味」後，則由陳振昌唸誦。

〔註167〕林松源主編：《彰化縣民間文學集11田中區1》（彰化市：彰縣文化局，1999.9），頁44；講述者：謝也當。

已變異爲「人睏『眠床』，你睏『門腳口』」。另類號十四的語氣詞「啊」，明顯標幟了歌謠的唱唸特性。此外，類號十八，在這首歌謠慣常出現的內容之後，竟然別出新意，接了「半天造銅橋」開始大部分與日治時期交通建設有關的這後半段。再就排列方式來看，如：類號六、十同爲八句式，歌謠中呈現的事物也一致（雖然用詞有些差異），但其排列方式卻明顯不同，以「人」組來作比較，類號六的排列順序依次爲花→嬰→轎→眠床，類號十則爲花→嬰→眠床→轎，三、四兩項順序明顯顛倒。這種種變異，乃源於歌謠的口頭性，同時也受民眾不同的生活經驗所影響。

　　以「人插花」開頭之歌謠，除帶有形式之變異，另在內容解讀方面，也呈現變異性特質。這類歌謠最普遍之解讀，乃被解釋爲譏笑日人的作品。但除此而外，尚有幾種解釋：

　　（一）爲譏笑或諷刺歌謠，但對象非日人：第一種譏笑歌謠，如類號四之講述者廖江良言：「從前的人家在大竈之前都會放一些稻草當做燃料，小貓小狗就會在那裏睡覺，人若睡在那裡，就像小貓小狗一樣，朋友之間互相開玩笑說他睡在竈門口像貓狗一樣。」〔註168〕這種說法，是將歌謠解釋爲朋友間互相嘲謔之語；還有則是看到別的小孩在頭髮上有雜草或垃圾就會假裝若無其事地一邊拍手邊唱邊笑，這時發現自己頭髮上有雜草的小孩，就會馬上覺得不好意思而跑掉〔註169〕。第二種用作諷刺，刺每況愈下〔註170〕，如類號十六即作如此解說。

　　（二）爲遊戲歌謠：如類號九之講述者鄭坤霖說：「這首是譏笑日本人行爲反常，不懂人情世理的童謠，同時也是一首遊戲歌。」〔註171〕此遊戲玩法爲男生手拿一枝草，偷偷插在女生頭髮上，再唸此童謠取笑她，女生除了拿掉頭髮上的雜草之外，會不甘心的追打男生，男生一邊唸一邊逃，因而達到遊戲的目的。〔註172〕

　　（三）爲反映現今生活型態的歌謠：這是筆者舅舅對本歌謠某部分所作

〔註168〕胡萬川總編輯：《大甲鎮閩南語歌謠（一）》，頁27。

〔註169〕葉火塗：〈童歌五首〉，《民俗臺灣》3卷6期，1943.6，頁41。

〔註170〕黃麗川、潘廷幹主修：《高雄市志・藝文篇》，頁80。

〔註171〕江寶釵總編輯：《嘉義市閩南語歌謠集（三）》，頁5。

〔註172〕參林金田主編：《台灣童謠選編專輯》，頁11。曹甲乙則言此遊戲玩法爲「羣童爲圈，一個兒童從後面，偷置一根草芥於另一兒童頭上，然後唱此童謠以爲樂。」曹甲乙：〈童謠集零〉，《臺灣文獻》20卷1號，1968.3，頁160～161。兩種遊戲玩法其實大同小異。

的解讀。他說「人抱嬰，你抱狗」，反映當今許多人豢養狗，對狗疼愛，將其抱在身上的情狀；「人睏紅眠床，你睏屎礐仔口」則顯現現今家屋空間規畫中常有的套房設計，主臥房內附有衛浴設備，睡在這間房間的人不就有可能遇到「睏屎礐仔口」的情況嗎？

歌謠可以作不同意義的解讀，正顯示其表現力之強，一首歌謠在不同的時代、環境中，只要仍在流傳，隨時都有產生新變化、新內涵的可能。也因之，變化多端、富生命力，就成其一項鮮活的藝術特色。

# 第四節　小　結

由上文論述可知，這些相關歌謠的語言特色乃在一、日語的使用；二、日語漢字的運用；三、日治時期特有人事物名稱的出現；四、日本事物的呈顯。形式特色則為一、句式多變化；二、擅用各種表現法。藝術特色則有一、用語質樸、不避俗言；二、情感真摯、直抒胸臆；三、變化多端、富生命力。

由研究中可發現，雖然歷經日本統治，臺灣閩南歌謠無法避免受到日本因素所影響，如語言特色方面具有日本質素，只是這些日本因素並未吞噬臺灣閩南歌謠具有的臺灣風味，如歌謠大部分用語、句式，以及所呈現的藝術風格，猶然是臺灣閩南歌謠的特色，就算第三章第四節「日語政策」中提及的〈國語學習歌〉中擁有大量日語詞彙，也是在便利學習日語這個目的下所產生的，而非日語被自然地運用於歌謠中，且這類歌謠所使用的句式還是臺灣閩南歌謠中常被使用的七言式，句中亦以四、三音節為斷，因此是臺灣閩南歌謠將這些外來的日本因素涵融其中，而形成其特殊風格。

醒民（黃周）在昭和六（1931）年一月一日《臺灣新民報》三四五號上〈整理「歌謠」的一個提議〉文中，曾抒發其對臺灣民間歌謠在日本文化侵襲下面臨消亡的擔心與焦慮，而提倡搜集、整理歌謠〔註173〕。但若就具有日本因素的臺灣閩南歌謠仍舊鄉土風味十足來看，就知臺灣閩南歌謠受到日本因素的影響十分有限。這並非說醒民杞人憂天，醒民此言實表現他對臺灣傳統文化的維護與熱愛。但由醒民的焦慮，與臺灣閩南歌謠受到日語的影響有限來看，可觀察出日語對當時知識分子語言習慣的影響是要比一般民眾來

〔註173〕醒民：〈整理「歌謠」的一個提議〉，《臺灣新民報》三四五號，昭和 6 （1931）.1.1，18 版。

得大，知識分子接受日語教育，自然會改變從來的語言習慣，這從臺灣新文
學發展到後期，有越來越多日文作家出現即可知曉，鍾肇政小說〈怒濤〉中，
受過殖民地現代教育的年輕一代陸志鈞、陸志麟、陸志駿、陸秀雲等人，在
日本統治結束後還是慣以日語交談，亦反映日語教育所造成的知識分子語言
習慣的改變，這即書中所表明的：

> 拿志麟來說，從上公學校時起就學日本話了，直到戰爭結束，總共
> 達十五年之久，讀、寫不用說了，連思考也全是日語，自己的語言
> 反倒有點生疏的感覺了。〔註174〕

也因此知識分子容易對日語侵襲臺灣在地語言的情形感到焦慮，但對一般庶
民大眾來說，他們未曾接受高深的日語教育，甚至從未受過日語教育，因此
語言習慣就不致產生過多改變，表現在歌謠中，即是縱有日本因素存在，仍
無損歌謠的臺灣鄉土風味。魏米（Albert Memmi）認為：

> 殖民者推行雙語制，受苦最深的是中產階級的受殖者。不識字的人
> 只是局限於本族語，他們的口語文化只需拾人牙慧。知識分子卻更
> 加感受到文化的焦慮感。〔註175〕

因此，或許可以這樣說，日治時期知識分子對日語侵襲臺灣在地語言的焦慮，
是他們對自身無法抵擋這一趨勢的焦慮，而這，自非庶民大眾的焦慮。

　　但是，教育是改易語言習慣的一種有效手段，當殖民地臺灣孩童就學率
增加、教育程度提高，更多臺灣民眾的語言習慣將因此改變，臺灣在地語言
逐漸消滅，或是可以預見之事。只是這一切，都因為日本戰敗，而成為可預
見卻永不會發生的事了。

---

〔註174〕鍾肇政著：《鍾肇政全集11　鄉人；怒濤》（桃園：桃園縣立文化中心，2000.
　　　　12），頁489。
〔註175〕魏米（Albert Memmi）著，魏良元譯，黃燕堃校：〈殖民者與受殖者〉，收錄
　　　　於香港嶺南學院翻譯系、文化／社會研究譯叢編委會編譯：《解殖與民族主義》
　　　　（香港：牛津大學出版社，1998），頁8。

# 第八章　結　論

## 一、總　結

　　本論文係研究日本治臺期間，總督府施行的諸般政策與制度在臺灣閩南歌謠中的呈現，以及臺灣社會與民眾生活因日本統治權行使而受到影響、產生改變，反映於臺灣閩南歌謠中者，另外因這些外在因素與環境影響，民眾由此產生的思想、情感也在探討範圍之內。以此問題意識出發，得出之研究結論如下：

　　由〈第二章　歌謠中傳唱的乙未割臺事件〉，可窺當日民眾對清廷中央大臣李鴻章與地方官吏唐景崧的不諒解態度，對臺民而言，李鴻章是將臺灣割讓給日本的罪魁禍首，當然該譴責；然而身為臺灣父母官的唐景崧，竟也於臺灣動亂之際，為一己苟安，拋棄民眾，潛返大陸，這同樣是民眾無法認同的行徑，處於下階的臺灣民眾對居上位的官吏不能有所制裁，只好透過歌謠抒發內心的不滿情緒，以稍解鬱悶。歌謠中的聲音，實為民眾直接與真實的情感表露。

　　此外，歌謠中亦呈現乙未變局中的各般情景、現象：臺北附近的紛亂、脫序；八卦山之役、嘉義抗日志士面對家園淪亡的無奈與未肯輕易降服的豪情；民眾對往昔社會領導階層的尊崇，已隨他們遁逃大陸而消逝；日軍進佔臺灣後所為之惡行，讓民眾心有怨怒；民眾渴求太平生活，因此對抗日分子起義，造成日軍報復、社會動亂，嘖有怨言。從歌謠中可以看到臺灣社會在動亂中解體，既有的秩序解體，民眾舊有的認知亦解體，如何將解體的社會

重建、邁向未來，這恐非大多數民眾所及思考之問題，在戰亂中，他們只求能苟全性命於當下。

由〈第三章　歌謠中銘刻的殖民統治政策與制度〉，可知日治初期最早是以憲兵爲主力來對付抗日分子，以及採行利誘手段促使一般民眾檢舉之。在有關陳秋菊的歌謠中，除可見兒玉源太郎所採取的招降策，另可觀察到此政策確實有成功之處，因它掌握了人類最基本的需求——生理需求，是以陳秋菊樟腦事業中的腦丁均滿足於安定的生活，稱頌陳秋菊，對其歸降是否有失節之嫌，根本毫不在意。從描寫簡大獅抗日的〈士林土匪仔歌〉中，則見日治初期抗日分子抗日、歸降、復叛、被殲滅的過程，亦反映兒玉源太郎消弭反抗勢力所採的鎮撫並行手段。由歌謠中民眾對總督平定「匪賊」的稱頌，可知在抗日分子欠缺資費，轉向民眾劫掠、勒索後，民眾對其所懷抱的惡感，再加上總督府討伐政策的改易，不再採不分良莠一律屠戮的政策，遂使民心逐漸轉向，總督府平定匪賊，使民眾享有安全的生活，生命財產得到保障，故一般民眾對總督府這項作爲大表贊同，深懷感激意。

將臺灣人納入保甲制度，日本殖民政府可輕易收到箝制與剝削之效。歌謠中反映殖民政府利用保甲制度動員保甲民爲役夫的情形，也對保甲的靈魂人物——保正的形象有所呈現，從中可見保正身爲保甲權威者的角色，亦窺某些臺灣人保正的卑劣本質，以及扭曲的心靈。另外，歌謠中也顯露臺灣人被納入保甲制度所出現的不滿情緒，這乃源於保甲規約將諸多義務、約束加諸臺灣人身上，使臺人深感不自由與壓迫之故。

保甲制度與警察政治，均是在對付抗日勢力中發展起來的。總督府賦予警察極大的統治權力，加上警察密度之高，爲人民最直接面對的統治者，使得警察成爲日治時代人民最常控訴的統治對象。好的日本人警察不能說沒有，但從歌謠中顯露的警察形象，不是威暴，就是貪婪，即可見殖民地警察在民眾心中的印象是如何的了。因爲警察橫暴，歌謠中也流露民眾對警察的懼怕心理，可見日人採行嚴酷的警察政治，對臺灣人的生、心理造成何等的殘害！

日語政策爲總督府同化事業中相當重要的一項。在總督府推行日語此既定政策下，臺灣人爲能快速有效學得日語，遂有日語學習歌的產生以助學習。此外，亦有歌謠反映皇民化運動時期國語常用家庭的設置。此皆見殖民政府著力推行日語與獎勵使用日語的政策。

　　纏足為臺灣沿襲已久的習慣，歌謠中反映臺灣女子在統治者更迭之後，擔憂新統治者改變這種舊習慣的心情；一九一○年代，總督府開始強制解纏足，歌謠也呈現殖民當局強制解纏下，女子激烈的情緒反應，可見女子解纏並非都出自本身意願，有些乃時勢所致，不得不然。而由歌謠中男女互以放足與斷髮事相戲謔，可知外表的改變先於心理上對新觀念的接受，因為一般民眾並非放足與斷髮運動的先行者，就算已按照殖民當局的規定解纏、斷髮，但傳統的價值觀尚未完全轉變，歌謠中，表露了一般民眾的這種思想傾向。

　　據臺後總督府為收統治之方便與經濟之利益，在鴉片問題上採漸禁策，使臺灣人繼續沉迷於鴉片煙癮中。歌謠反映了當時鴉片專賣制度、對密吸者的取締與處罰，而由當時許多歌謠提及鴉片來看，可見漸禁策並不能有效杜絕臺灣人吸食鴉片的風氣，所以才有陳述鴉片毒害，及勸誡勿吸食鴉片的歌謠出現。

　　本章中這些歌謠不但呈現日治時期總督府所施行的殖民政策與制度，也透露了民眾對這些政策的觀感與依違。惡法、惡制得到民眾的否定是應該的，但像放足、斷髮，由於民眾囿於傳統觀念，竟也未抱持肯定的態度。另由本章之研究亦知，日人推行殖民政策與制度，均以求自身最大利益為出發點，而不在為被殖民的臺灣人謀福利，在殖民當局私心作祟下，臺灣人的權益往往被罔顧與犧牲，若臺灣人因殖民政策、制度獲得某些好處，這也絕非殖民者本意。

　　由〈第四章　歌謠中展示的社會現代化〉，可知臺灣於日治時期在日人施政主導下轉型為現代化社會。歌謠中，呈顯日治時期臺灣社會的各種現代化現象：物質方面的交通、住宅、衣著裝扮、休閒娛樂，制度方面的教育制度、監獄制度、時間制度，精神方面的社會風氣改變。經由歌謠中這些現代化事物的展示與描寫，可知日治時期臺灣人的生活型態，已與前清時期大不相同。

　　由〈第五章　歌謠中反映的戰爭時期情景〉，可以大略勾勒臺灣人戰爭時期的生活情景。在戰爭體制下，臺灣人被強制動員，其中包括軍事動員與勞力動員。歌謠裡，表現臺灣人對這些動員的無奈、不甘與怨恨，但在戰爭時期，日本殖民者的支配性格是更加強烈了，臺灣人被其用種種政策箝制住，加上高壓手段壓制，根本動彈不得！所以，民眾只好聊藉歌謠抒發其不滿心緒。

　　另從歌謠中，也可窺殖民當局於戰爭時期對臺灣人進行的思想改造。由

〈送君譜〉的變例歌謠、富皇民精神的歌謠、〈送軍夫〉一類歌謠可知，殖民者對臺灣人進行思想改造，確實有成功之處。只是並非所有臺灣人都能接受殖民者猛烈灌輸的意識型態，尤其當被動員者為自己家人時，對親人的感情會讓他們忘卻殖民者的皇國呼喚，因為心繫家人，使他們對殖民者強行的軍事動員滿懷無奈。反映臺灣人這種心情，原本應該具有強烈皇民性格的〈送軍夫〉一類的歌謠，其意涵竟有了一百八十度大轉變，反成臺灣人的喟嘆。故由歌謠中，可以得知的確有臺灣人接受殖民者的意識型態，但非全部，殖民者對臺灣人實施的思想改造，僅能說部分成功而已。

日本帝國因戰爭長期化，財源枯竭，故實行經濟統制，身為殖民地的臺灣當然也須配合國策，被納入經濟統制體系中。歌謠反映經濟統制下物資匱乏、不良代用品充斥的情形。而在太平洋戰爆發後，臺灣成為美軍的空襲目標，歌謠裡也呈現了這段歷史，流露民眾對空襲的無奈、驚恐及憤恨，這是當時人民在惶惶不安的日子裡表現出的真實情緒。

由〈第六章　歌謠中示現的日人治臺本質與臺民反抗心態〉之研究，可發掘日人高壓、差別待遇與榨取之治臺本質。歌謠呈顯日人所施之高壓統治，其酷虐行徑往往將臺灣人民逼向絕路，嚴密的控制手段又使臺灣人心理上產生極度的束縛與不自由感，於是便產生希望殖民政府早日垮臺的念頭。日人為保持其在殖民地的統治權威，與保護其在殖民地所得之利益，對臺灣人採取差別待遇，歌謠不但反映此種差別待遇，對因差別待遇而導致的臺灣人心靈的扭曲，亦有所示現。可見殖民者的差別統治，對臺灣人心靈已造成鉅大的戕害。殖民者所施之高壓、差別統治，乃為助成其對臺灣人的榨取，歌謠中呈現日本資本家、殖民政府對蔗農、小商人的剝削與榨取，這是殖民政府剝削、榨取臺灣人的縮影，以小觀大，殖民政府如何剝削、榨取臺灣人民，於此即可知曉。

在殖民政府不公平對待下，臺灣人自然會滋生反抗心。因為統治者高壓統治，臺灣人擔心會遭遇到的後果，不敢明確、堅決地抗日，但又不甘心被日人欺壓，故在歌謠中以嘲笑諷刺，刻意貶低日人的方式，發洩受殖者被欺壓的不平，聊以抒憤。雖然歌謠中沒有雄壯的抗日呼聲，只是藉隱微的手法來表達臺灣人的反抗，但這分反抗心態還是存留下來了。另外，殖民者的酷虐統治，使臺灣人萌生脫離殖民統治的願望，歌謠中也呈顯此種期盼心境。

本論文第二章至第六章為對歌謠內容的分析探討，從上述研究結果，可

知歌謠有可做歷史記錄的部分，雖然歌謠起源難尋，但其大致傳唱於不文或教育程度較低的庶民大眾之口，因此歌謠中的歷史記事可視作庶民大眾的集體歷史記憶。不同於文人學者以書面的文學作品或歷史陳述來反映或建構日治時期的歷史，庶民大眾是以口頭流傳的歌謠來建構擁有他們自身觀點的日治時期的歷史。雖然歌謠不似學者所書寫的歷史，有系統與全面的，但將這些零碎的歌謠重組，也可獲致庶民以口頭所進行的歷史「書寫」與歷史詮釋。有時歌謠的歷史記事或許不符合真實的歷史情況，但「想像」所以出現，其背後必是民眾心理的反映，民眾心理也是歷史的一部分。知識分子擁有可以表達他們思想與意識型態的利器 —— 文字，因此往常歷史詮釋權操諸他們之手，所見到的歷史陳述，通常就是他們的觀點。但透過歌謠中的歷史記事，可以發掘出於庶民觀點的歷史詮釋，如此歷史的建構與詮釋就不再是知識分子的專屬品。

當然，這兩種不同觀點的歷史陳述非全然相異，其中有可相互印證之處，但也有些是知識分子在歷史書寫時忽略的，或兩方迥異的地方。而且，通常在歷史書寫中，偏重的是客觀資料、數據的呈現，對民眾因某些事件所引發的反應，則不太有述及，但在歌謠中，透過簡單數語，卻表達民眾對某事件的觀感，其中可見民眾之思想情感，以及他們幽微的心靈意識，這讓歷史陳述不再那樣平面，而成為立體的，更加重了「人」的成分。對庶民大眾心靈的描寫，在文學作品中或已有之，但文人畢竟是代他人立言，不若民眾自己講出那樣具有真實感。

在現今多元化的社會中，歷史的建構也可以是多元性的，追索歷史不僅在歷史書上，不僅在文學作品中，歌謠亦是一種媒介。歌謠可視作一種「口述歷史」，但與現今一般口述歷史的性質又不相同，現今口述歷史呈現的是個人的記憶，而歌謠中呈顯的是庶民大眾的集體記憶。從歌謠中，實發現了另一種歷史「書寫」的管道與歷史「多元書寫」的可能。

由〈第七章　相關歌謠之語言、形式與藝術特色〉，發現雖然歷經日本統治，臺灣閩南歌謠無法避免受到日本因素影響，如語言方面具有日本質素，只是這些日本因素並未吞噬臺灣閩南歌謠具有的臺灣風味，如歌謠大部分用語、句式，以及所呈現的藝術風格，仍然是臺灣閩南歌謠的特色，因此是臺灣閩南歌謠將這些外來日本因素涵融其中，形成其特殊風格。

醒民（黃周）在昭和六（1931）年一月一日《臺灣新民報》三四五號〈整

理「歌謠」的一個提議〉文中，曾抒發其對臺灣民間歌謠在日本文化侵襲下面臨消亡的擔心與焦慮，而提倡搜集、整理歌謠。但若就具有日本因素的臺灣閩南歌謠仍舊鄉土風味十足來看，就知臺灣閩南歌謠受到日本因素的影響十分有限。由醒民的焦慮，與臺灣閩南歌謠受到日語的影響有限來看，可觀察出日語對當時知識分子語言習慣的影響是要比一般民眾來得大，知識分子接受日語教育，自然會改變從來的語言習慣，這從臺灣新文學發展到後期，有越來越多日文作家出現即可知曉，也因此知識分子容易對日語侵襲臺灣在地語言的情形感到焦慮；但對一般庶民大眾來說，他們未曾接受高深的日語教育，甚至從未受過日語教育，因此語言習慣就不致產生過多的改變，表現在歌謠中，即是縱有日本因素存在，仍無損歌謠具有的臺灣鄉土風味。由此或可知，日治時期知識分子對日語侵襲臺灣在地語言的焦慮，是他們對自身無法抵擋這一趨勢的焦慮，而這，自非庶民大眾的焦慮。

## 二、展　望

　　其實，能夠反映日本統治的民間文學，不僅止閩南歌謠，在論文資料搜集過程中，筆者發覺尚有客語歌謠、原住民歌謠，以及為數不少的閩南諺語、閩南傳說故事等，皆與日本統治臺灣有關，但因研究範圍限定於此，就未對閩南歌謠以外的材料進行有系統的探討。

　　在後續研究上，可針對論文進行過程中發掘但未及探討之材料進行研究，因為筆者對閩南語較熟悉，具備一定聽講能力，故計畫從閩南諺語、閩南傳說故事等閩南民間文學著手，至於客語與原住民語，皆非筆者所熟悉之語言，尤其非屬漢語系統的原住民語，所能了解的僅意譯後的文字，但這已失去其原本的精髓，依民間文學口頭性特質，若無法了解該種語言，將不利研究進行，因此這兩部分研究，非筆者能力所及，而有待精熟這兩種語言的研究者從事。在對每項閩南民間文學門類獲致一定研究結果後，可進行所有門類的綜合研究與探討，透過這樣研究步驟，當能對臺灣閩南民間文學反映的日本治臺情形與民眾意識有透澈的了解，此乃本論文在後續相關研究上的初步展望。

　　當然，臺灣閩南民間文學絕不僅於日治時期才有，在日治之前的明、清，以及戰後，皆有閩南民間文學的產生，是以未來還希望延伸本論文研究主題，

做溯前與往後的研究，此乃進一步之展望。

　　但在從事這些研究前，筆者必得加強自己的學識涵養，以因應未來研究所需。在進行本論文時，因往昔對此研究主題並無涉獵，相關知識難免不足，導致某些論述可能無法深入或切中要點，所以進行學術研究時，紮實的學問基礎是必備的，充實自己的學識涵養，就成為筆者對自己的期許。另外，批判能力乃研究者所必需的，這方面筆者在論文寫作過程中亦自覺有所欠缺，希望日後能夠透過廣博閱讀與培養思考習慣，來壯大這種能力。除上述兩點，因為未來相關研究還是會牽涉到日治時期部分，在許多文獻皆以日文書寫的情況下，日文學習亦是不可或缺的，筆者雖然學習過日文，但日文閱讀能力還是相當有限，為提昇自己的研究能力，繼續研讀日文是必要的。

　　在從事民間文學研究時，田野訪查是不可少的，筆者在從事本論文研究時，雖曾試著從事歌謠采錄，無奈成果有限，因為筆者通常直接詢問受訪者是否會唱唸有關本研究主題的歌謠，在沒有給予一定情境的情況下，要其驟然唱唸出某種主題的歌謠，成果自是不佳。在臺灣已成工業化社會的現今，民間文學的時代已然逝去，那些熟悉民間文學的老者亦逐漸凋零，所以若要繼續從事這方面研究，應把握機會做訪查，累積資料，以備將來研究所需。

　　以上幾點，均為筆者於研究過程中自覺不足與應該補強之處。期許自己在未來研究生涯中，能夠豐富學識涵養、精進批判能力、加強日文學習，這樣方能累積研究能量，更上層樓。

# 參考文獻

## 壹、書　籍

### 一、民間文學、俗文學

#### （一）作品集

1. 平澤丁東：《臺灣の歌と名著物語》，臺北：晃文館，1917.2。

2. 江寶釵總編輯：《嘉義市閩南語歌謠集（一）》，嘉義：嘉市文化局，1997.6。

3. 江寶釵總編輯：《嘉義市閩南語歌謠集（二）》，嘉義：嘉市文化局，1998.6。

4. 江寶釵總編輯：《嘉義市閩南語歌謠集（三）》，嘉義：嘉市文化局，1998.6。

5. 江寶釵總編輯：《布袋鎮閩南語謠諺》，嘉義：嘉縣文化局，1998.6。

6. 余燧賓主編：《基隆市民間文學采集（一）》，基隆：基市文化局，1999.6。

7. 李雲騰編譯：《臺譯／日譯詩歌集：歷經烽火＝戰火を越えて》，臺北：李雲騰，2000.10。

8. 李赫編著：《台灣囝仔歌》，臺北：稻田，1995.6。

9. 李獻璋編著：《臺灣民間文學集》，臺北：龍文，1989.2。

10. 〔清〕杜文瀾：《古謠諺》，臺北：新文豐，1986.9。

11. 周長楫、魏南安編著：《臺灣閩南諺語》，臺北：自立晚報，1992.3。

12. 林松源主編：《彰化縣民間文學集11【田中區1】》，彰化：彰縣文化局，1999.9。

13. 林松源主編：《彰化縣民間文學集12【田中區2】》，彰化：彰縣文化局，1999.9。

14. 林松源主編：《彰化縣民間文學集 13【溪湖埔鹽區】》，彰化：彰縣文化局，1999.9。

15. 林松源主編:《彰化縣民間文學集 14【鹿港二水永靖區】》,彰化:彰縣文化局,1999.9。

16. 林金田主編:《台灣童謠選編專輯》,南投:省文獻會,1997.12。

17. 林金城主編:《平溪相褒歌》,臺北:昊天嶺文史工作室,2004.11。

18. 林金城、吳素枝撰稿,桃園縣臺語文化學會主編:《桃園个褒歌:註解 釋義 報告》,桃園:桃縣文化局,2004.4。

19. 林金城、許亮昇編著:《金山相褒歌》,臺北:昊天嶺文史工作室,2003.11。

20. 林素琴、吳素枝、張燕輝主編:《逐家來唱歌唸謠:桃園縣閩南語鄉土歌謠選導讀選輯》,桃園:桃縣文化局,2002.10。

21. 林清月:《歌謠集粹》,出版地不詳:中國醫藥新聞社,1954.12。

22. 林錦賢總編輯:《宜蘭縣壯圍鄉团仔歌老歌謠》,宜蘭:宜蘭縣壯圍鄉立圖書館,1999.6。

23. 邱坤良、施如芳、張秀玲、藍素婧、郝譽翔:《宜蘭縣口傳文學》,宜蘭:宜蘭縣政府,2002.5。

24. 邱冠福編著:《台灣童謠》,臺南:南縣文化局,1997.12。

25. 施福珍作曲:《台灣团仔歌曲集①》,彰化:施福珍,1996.5。

26. 施福珍作曲:《台灣团仔歌曲集②》,彰化:施福珍,1996.5。

27. 施福珍詞曲,康原撰文,王灝繪圖:《臺灣团仔歌的故事》,臺北:玉山社,1996.5。

28. 施福珍主編:《彰化縣民間文學集 15【埤頭竹塘溪州區】》,彰化:彰縣文化局,2000.12。

29. 施福珍主編:《彰化縣民間文學集 16【二林芳苑大城區】》,彰化:彰縣文化局,2000.12。

30. 洪敏聰著:《澎湖的褒歌》,澎湖:澎縣文化局,1997.6。

31. 洪敏聰著:《澎湖菜瓜——雜唸》,澎湖:澎縣文化局,2001.12。

32. 洪敏聰著:《澎湖水調:澎湖的褒歌續集》,澎湖:澎縣文化局,2003.8。

33. 紀肇聲主編:《牛罵頭之美——民間歌謠篇》,臺中:台中縣教育會、紫雲巖管理委員會,1996.4。

34. 胡萬川總編輯:《石岡鄉閩南語歌謠》,臺中:中縣文化局,1992.6。

35. 胡萬川總編輯:《沙鹿鎮閩南語歌謠》,臺中:中縣文化局,1993.3。

36. 胡萬川總編輯:《沙鹿鎮閩南語歌謠(二)》,臺中:中縣文化局,1993.5。

37. 胡萬川總編輯:《石岡鄉閩南語歌謠(二)》,臺中:中縣文化局,1993.6。

38. 胡萬川總編輯:《沙鹿鎮閩南語歌謠(三)》,臺中:中縣文化局,1994.6。

39. 胡萬川總編輯:《現場采風:八十三年度民間文學整理研習營實習成果》,

臺中：中縣文化局，1994.6。

40. 胡萬川總編輯：《彰化縣民間文學集 1 歌謠篇（一）》，彰化：彰縣文化局，1994.6。

41. 胡萬川總編輯：《彰化縣民間文學集 3 歌謠篇（二）》，彰化：彰縣文化局，1994.6。

42. 胡萬川總編輯：《大甲鎮閩南語歌謠（一）》，臺中：中縣文化局，1994.12。

43. 胡萬川總編輯：《大甲鎮閩南語歌謠（二）》，臺中：中縣文化局，1995.1。

44. 胡萬川總編輯：《彰化縣民間文學集 6 歌謠篇（三）》，彰化：彰縣文化局，1995.7。

45. 胡萬川總編輯：《彰化縣民間文學集 10 歌謠篇（四）》，彰化：彰縣文化局，1996.6。

46. 胡萬川總編輯：《苗栗縣閩南語歌謠集》，苗栗：苗縣文化局，1998.6。

47. 胡萬川總編輯：《大安鄉閩南語歌謠》，臺中：中縣文化局，1999.6。

48. 胡萬川總編輯：《苗栗縣閩南語歌謠集（二）》，苗栗：苗縣文化局，1999.6。

49. 胡萬川主編：《歌謠傳承：臺灣閩客語民間歌謠選集》，臺北：文建會，1999.6。

50. 胡萬川總編輯：《桃園市閩南語歌謠〈一〉》，桃園：桃縣文化局，1999.12。

51. 胡萬川總編輯：《蘆竹鄉閩南語歌謠〈一〉》，桃園：桃縣文化局，1999.12。

52. 胡萬川總編輯：《大園鄉閩南語歌謠〈一〉》，桃園：桃縣文化局，2000.9。

53. 胡萬川總編輯：《台南縣閩南語歌謠集（一）》，臺南：南縣文化局，2001.4。

54. 胡萬川總編輯：《龜山鄉閩南語歌謠〈一〉》，桃園：桃縣文化局，2001.11。

55. 胡萬川總編輯：《中壢市閩南語歌謠〈一〉》，桃園：桃縣文化局，2002.11。

56. 胡萬川總編輯：《蘆竹鄉閩南語歌謠〈二〉》，桃園：桃縣文化局，2003.4。

57. 胡萬川總編輯：《桃園市閩南語歌謠〈二〉》，桃園：桃縣文化局，2003.12。

58. 胡萬川總編輯：《龜山鄉閩南語歌謠〈二〉》，桃園：桃縣文化局，2003.12。

59. 胡萬川總編輯：《蘆竹鄉閩南語歌謠〈三〉》，桃園：桃縣文化局，2003.12。

60. 胡萬川總編輯：《蘆竹鄉閩南語歌謠〈四〉》，桃園：桃縣文化局，2003.12。

61. 胡萬川總編輯：《大溪鎮閩南語歌謠〈一〉（林許治專輯一）》，桃園：桃縣文化局，2005.3。

62. 胡萬川總編輯：《八德市閩南語歌謠〈一〉（鄭邱秀英專輯二）》，桃園：桃縣文化局，2005.3。

63. 胡萬川總編輯：《桃園市閩南語歌謠〈三〉》，桃園：桃縣文化局，2005.3。

64. 胡萬川總編輯：《龜山鄉閩南語歌謠〈三〉》，桃園：桃縣文化局，2005.3。

65. 胡萬川總編輯：《蘆竹鄉閩南語歌謠〈五〉》，桃園：桃縣文化局，2005.3。

66. 胡萬川總編輯：《蘆竹鄉閩南語歌謠〈六〉》，桃園：桃縣文化局，2005.3。

67. 胡萬川總編輯：《蘆竹鄉閩南語歌謠〈七〉》，桃園：桃縣文化局，2005.3。

68. 胡萬川、王正雄總編輯：《外埔鄉閩南語歌謠》，臺中：中縣文化局，1999.6。

69. 胡萬川、陳益源總編輯：《雲林縣閩南語歌謠集（一）》，雲林：雲縣文化局，1999.12。

70. 胡萬川、陳益源總編輯：《雲林縣閩南語歌謠集（二）》，雲林：雲縣文化局，2000.12。

71. 胡萬川、陳益源總編輯：《雲林縣閩南語歌謠集（三）》，雲林：雲縣文化局，2001.1。

72. 胡萬川、陳益源總編輯：《雲林縣閩南語歌謠集（四）》，雲林：雲縣文化局，2001.12。

73. 胡萬川、康原、陳益源總編輯：《彰化縣民間文學集 17【線西深港福興地區】》，彰化：彰縣文化局，2002.4。

74. 胡萬川、康原、陳益源總編輯：《彰化縣民間文學集 18【芬園花壇秀水地區】》，彰化：彰縣文化局，2002.4。

75. 胡萬川、康原、陳益源總編輯：《彰化縣民間文學集 19【員林大村埔心地區】》，彰化：彰縣文化局，2003.5。

76. 胡萬川、康原、陳益源總編輯：《彰化縣民間文學集 20【北斗田尾社頭地區】》，彰化：彰縣文化局，2003.5。

77. 胡萬川、陳嘉瑞總編輯：《潭子鄉閩南語謠諺集》，臺中：中縣文化局，2001.9。

78. 康原著：《囡仔歌》，臺中：晨星，2000.6。

79. 康原作，施福珍詞曲，王灝圖：《臺灣囡仔歌的故事（一）》，臺北：自立晚報，1994.6。

80. 康原作，施福珍詞曲，王灝圖：《臺灣囡仔歌的故事（二）》，臺北：自立晚報，1994.6。

81. 康啓明編註：《台灣囡仔歌》，屏東：屏東縣立文化中心，1993.6。

82. 張裕宏輯，王永福圖：《台灣風》，臺北：文華，1980.8。

83. 張裕宏校注：《臺省民主歌校注》，臺北：文鶴，1999.5。

84. 張詠捷計畫、執行：《海島的歌澎湖地區褒歌採集計畫成果》，臺北：國家文化藝術基金會補助，2000.1。

85. 莊秋情編著：《臺灣鄉土俗語》，臺南：臺南縣政府，1998.5。

86. 許梅貞主編：《基隆市民間文學采集（二）》，基隆：基市文化局，2001.2。

87. 陳金田編輯：《台灣童謠》，臺北：大立，1982.3。

88. 陳宗顯著：《台灣人生諺語》，臺北：常民文化，2003.3。

89. 陳郁秀編著，陳淳如註解：《台灣民主歌》，臺南：臺灣史博館籌備處，2002.4。

90. 陳益源總編輯：《彰化縣民間文學集 21【鹿港福興和美社頭地區】》，彰化：彰縣文化局，2004.11。

91. 陳益源總編輯：《彰化縣民間文學集 22【溪湖溪州竹塘二林大城二水地區】》，彰化：彰縣文化局，2004.11。

92. 陳益源、潘是輝總編輯：《雲林縣閩南語歌謠集（五)》，雲林：雲縣文化局，2003.5。

93. 曾子良等采編：《基隆市民間文學采集（三)》，基隆：基市文化局，2005.6。

94. 曾敦香等編作：《台中市民間文學采錄集(3)》，臺中：中市文化局，1999.6。

95. 曾敦香、楊照陽等編作：《台中市民間文學采錄集（4)》，臺中：中市文化局，2000.12。

96. 舒蘭編著：《中國地方歌謠集成 11 台灣兒歌（一)》，臺北：渤海堂，1989.7。

97. 舒蘭編著：《中國地方歌謠集成 12 台灣兒歌（二)》，臺北：渤海堂，1989.7。

98. 舒蘭編著：《中國地方歌謠集成 13 台灣民歌（一)》，臺北：渤海堂，1989.7。

99. 舒蘭編著：《中國地方歌謠集成 14 台灣民歌（二)》，臺北：渤海堂，1989.7。

100. 舒蘭編著：《中國地方歌謠集成 15 台灣情歌（一)》，臺北：渤海堂，1989.7。

101. 舒蘭編著：《中國地方歌謠集成 16 台灣情歌（二)》，臺北：渤海堂，1989.7。

102. 舒蘭編著：《中國地方歌謠集成 17 台灣情歌（三)》，臺北：渤海堂，1989.7。

103. 舒蘭編著：《中國地方歌謠集成 18 台灣情歌（四)》，臺北：渤海堂，1989.7。

104. 黃文博作：《南瀛俗諺故事誌》，臺南：南縣文化局，2001.5。

105. 黃哲永編：《台灣民間文學精選集》，嘉義：黃哲永，1996.11。

106. 黃哲永總編輯：《東石鄉閩南語歌謠（一)》，嘉義：嘉縣文化局，1997.6。

107. 黃哲永總編輯：《東石鄉閩南語歌謠（二)》，嘉義：嘉縣文化局，1997.6。

108. 黃哲永總編輯：《六腳鄉閩南語歌謠集》，嘉義：嘉縣文化局，1997.6。

109. 黃勁連編註：《台灣囡仔歌一百首》，臺北：台語文摘，1996.11。

110. 黃勁連編註：《台灣歌詩集》，臺南：南縣文化局，1997.12。

111. 黃勁連編註：《義賊廖添丁》，臺南：南縣文化局，2001.8。

112. 黃國隆、吳艾菁編：《台灣歌謠 101》，臺北：天同，1985.9。

113. 黃鴻禧主編：《員山相褒歌》，宜蘭：員山鄉公所，2002.2。

114. 楊秀卿、楊再興彈唱，洪瑞珍編註：《廖添丁傳奇》，臺北：台灣台語社，2003.6。

115. 楊照陽等編作：《台中市大墩民間文學采錄集》，臺中：中市文化局，1999.4。

116. 臺灣歌謠協會彙編：《台灣歌謠福佬語》，臺南：臺南縣政府，1996.5。

117. 嘉義縣布袋嘴文化協會編著：《濱海地區口傳文學》，嘉義：嘉義縣政府，2006.12。

118. 稻田尹：《臺灣歌謠集》，臺北：臺灣藝術社，1943.4。

119. 賴妙華等編作：《臺中市民間文學采錄集》，臺中：中市文化中心，1998.5。

（二）論述集

1. 王正雄總編輯：《民間文學的采錄與整理》，臺中：臺中縣立文化中心，1993.4。

2. 王正雄總編輯：《八十三年度民間文學整理研習營 —— 授課內容及座談會》，臺中：臺中縣立文化中心，1994.6。

3. 朱介凡主編：《我歌且謠》，臺北：天一，1974.11。

4. 朱介凡編著《中國兒歌》，臺北：純文學，1978.12。

5. 朱介凡撰：《中國歌謠論》，臺北：臺灣中華書局，1984.4。

6. 朱自清撰：《中國歌謠》，臺北：世界書局，1999.2。

7. 吳同瑞、王文寶、段寶林編：《中國俗文學概論》，北京：北京大學，1997.1。

8. 吳國楨：《吟唱台灣史》，臺北：台灣北社，2003.6。

9. 吳榮順、林珀姬著：《高雄縣境內六大族群傳統歌謠叢書（一）《福佬民歌》》，高雄：高縣文化局，1999.8。

10. 李惠芳著：《中國民間文學》，武漢：武漢大學，1996.6。

11. 杜文靖著：《大家來唱臺灣歌》，臺北：北縣文化局，1993.6。

12. 杜文靖著：《臺灣歌謠歌詞呈顯的臺灣意識》，臺北：北縣文化局，2005.12。

13. 林二、簡上仁合編：《台灣民俗歌謠》，臺北：眾文圖書，1978.2。

14. 門巋、張燕瑾著：《中國俗文學史》，臺北：文津，1995.6。

15. 施福珍：《台灣囡仔歌一百年》，臺中：晨星，2003.11。

16. 段寶林著：《中國民間文學概要》，北京：北京大學，1985.10。

17. 胡萬川總編輯：《台灣民間文學學術研討會論文集》，南投：臺灣省政府文化處，1998.3。

18. 胡萬川主編：《臺灣民間文學學術研討會暨說唱傳承表演論文集》，臺南：國家臺灣文學館，2004.12。

19. 胡萬川著：《民間文學的理論與實際》，新竹：清華大學，2005.6。

20. 胡萬川、呂興昌、陳萬益總編輯：《民間文學與作家文學研討會論文集》，新竹：清華大學中國文學系，1998.12。

21. 涂石著：《民間文學》，上海：上海古籍，1996.11。

22. 高國藩著：《中國民間文學》，臺北：臺灣學生書局，1995.9。

23. 婁子匡、朱介凡編著：《五十年來的中國俗文學》，臺北：正中，1991.10。

24. 張紫晨著：《張紫晨民間文藝學民俗學論文集》，北京：北京師範大學，1993.12。

25. 莊永明、孫德銘編：《台灣歌謠鄉土情》，臺北：孫德銘，1994.6。

26. 莊永明著：《臺灣歌謠追想曲》，臺北：前衛，2000.9。

27. 許常惠著：《台灣福佬系民歌》，臺北：百科文化，1982.9。

28. 許常惠著：《現階段台灣民謠研究》，臺北：樂韻，1986.2。

29. 陳益源著：《台灣民間文學採錄》，臺北：里仁，1999.9。

30. 曾永義著：《俗文學概論》，臺北：三民，2003.6。

31. 舒蘭著：《中國歌謠知多少》，臺北：渤海堂，1997.8。

32. 馮輝岳編著：《童謠探討與賞析》，臺北：國家，1982.10。

33. 馮輝岳著：《中國歌謠大家唸》，臺北：武陵，1992.6。

34. 馮輝岳著：《兒歌研究》，臺北：臺灣商務，1995.11。

35. 黃裕元：《臺灣阿歌歌：歌唱王國的心情點播》，臺北：向陽文化，2005.8。

36. 楊蔭深撰：《中國俗文學史》，臺北：世界書局，1961.2。

37. 楊麗祝著：《歌謠與生活　日治時期臺灣的歌謠采集及其時代意義》，臺北：稻鄉，2003.4。

38. 葉春生、施東愛編著：《民間文學概論》，廣州：中山大學出版社，2002.5。

39. 廖漢臣：《台灣兒歌》，臺中：臺灣省政府新聞處，1980.6。

40. 臧汀生：《臺灣閩南語歌謠研究》，臺北：臺灣商務，1980.5。

41. 鄭志明著：《文學民俗與民俗文學》，嘉義：南華管理學院，1999.6。

42. 鄭恆隆、郭麗娟著：《台灣歌謠臉譜》，臺北：玉山社，2002.2。

43. 鄭振鐸等編著：《中國文學散論與民間文學》，臺北：華嚴，1993.8。

44. 鄭振鐸撰，鄭爾康編：《鄭振鐸說俗文學》，上海：上海古籍，2000.5。

45. 賴碧霞著：《台灣客家山歌 —— 一個民間藝人的自述》，臺北：百科文化，1983.10。

46. 簡上仁著：《台灣民謠》，臺北：眾文圖書，1987.7。

47. 簡上仁著：《臺灣福佬系民歌的淵源及發展》，臺北：自立晚報，1991.9。

48. 簡榮聰著：《台灣農村民謠與詩詠》，南投：台灣史蹟源流研究會，1994.6。

49. 藍雪霏：《閩台閩南語民歌研究》，福州：福建人民，2003.10。

50. 顏文雄著：《臺灣民謠》，臺北：音樂研究所、中華大典編印會，1967.6。

51. 顏文雄：《臺灣民謠（二）》，臺北：音樂研究所、中華大典編印會，1969.1。

52. 譚達先著：《中國民間文學概論》，臺北：貫雅文化，1992.7。

53. 鐘敬文編：《歌謠論集》，上海：上海文藝，1989.9。

## 二、文　學

### （一）作品集

1. 王詩琅、朱點人作，張恆豪編：《王詩琅、朱點人合集》，臺北：前衛，2000.8。

2. 羊子喬編輯：《郭水潭集》，臺南：南縣文化局，1994.12。

3. 李南衡主編：《日據下台灣新文學明集 1・賴和先生全集》，臺北：明潭，1979.3。

4. 吳新榮著：《吳新榮全集卷 4　南台灣采風錄》，臺北：遠景，1981.10。

5. 施懿琳編：《楊守愚作品選集——詩歌之部》，彰化：彰縣文化局，1996.7。

6. 施淑編：《賴和小說集》，臺北：洪範，1994.10。

7. 洪棄生：《寄鶴齋選集》，臺北：臺灣銀行，1972.8。

8. 洪繻（棄生）：《寄鶴齋詩集》，南投：省文獻會，1993.5。

9. 張深切等著：《豚》，臺北：遠景，1997.7。

10. 張深切著，陳芳明、張炎憲、邱坤良、黃英哲、廖仁義主編：《張深切全集〔卷一〕里程碑——又名《黑色的太陽》》，臺北：文經社，1998.1。

11. 許師俊雅、楊洽人編：《楊守愚日記》，彰化：彰縣文化局，1998.12。

12. 陳千武：《活著回來——日治時期台灣特別志願兵的回憶》，臺中：晨星，1999.8。

13. 陳逸雄編：《陳虛谷作品集》，彰化：彰縣文化局，1997.12。

14. 楊守愚著，張恆豪編：《楊守愚集》，臺北：前衛，2000.8。

15. 楊雲萍、張我軍、蔡秋桐作，張恆豪編：《楊雲萍、張我軍、蔡秋桐合集》，臺北：前衛，1992.7。

16. 葉榮鐘著：《小屋大車集》，臺中：中央書局，1967.3。

17. 蔡胡夢麟著：《嶽帝廟前：臺南鄉土回憶錄》，臺南：南市文化局，1998.6。

18. 〔漢〕鄭玄箋：《毛詩鄭箋》，臺北：新興，1991.10。

19. 鄭明娳、林燿德選註：《人生五題——憂患》，臺北：正中，1990.7。

20. 龍瑛宗作，張恆豪編：《龍瑛宗集》，臺北：前衛，1991.2。

21. 鍾理和著：《鍾理和全集 6》，臺北：客委會，2003.12。

22. 鍾肇政著：《鍾肇政全集 11　原鄉人：怒濤》，桃園：桃園縣立文化中心，2000.12。

（二）論述集

1. 中島利郎編：《一九三〇年代臺灣鄉土文學論戰資料彙編》，高雄：春暉，2003.3。

2. 中國古典文學研究會主編：《文學與社會》，臺北：臺灣學生書局，1990.10。

3. 中興大學中文學系、通俗文學與雅正文學全國學術研討會：《第三屆通俗文學與雅正文學全國學術研討會》，臺中：中興大學中國文學系，2001.10。

4. 中興大學中國文學系：《通俗文學與雅正文學——文學與圖像　第五屆全國學術研討會論文集》，臺中：興大中文系，2005.10。

5. 古繼堂主編：《簡明台灣文學史》，北京：時事，2002.6。

6. 成功大學台灣文學系企畫編輯：《跨領域的台灣文學研究學術研討會論文集》，臺南：國家台灣文學館，2006.3。

7. 朱光潛：《談文學》，臺北：前衛，1983.10。

8. 尾崎秀樹著，陸平舟、間扶桑子合譯：《舊殖民地文學的研究》，臺北：人間，2004.11。

9. 柳書琴等作，江自得主編：《殖民地經驗與台灣文學：第一屆台杏台灣文學學術研討會論文集》，臺北：遠流，2000.2。

10. 許師俊雅：《日據時期臺灣小說研究》，臺北：文史哲，1995.2。

11. 傅東華主編：《文學百題》，臺北：文鏡，1985.12。

12. 傅道彬、于茀著：《文學是什麼》，北京：北京大學出版社，2002.1。

13. 黃美娥：《重層現代性鏡像：日治時代臺灣傳統文人的文化視域與文學想像》，臺北：麥田，2004.12。

14. 黃慶萱：《修辭學》，臺北：三民，1992.9。

15. 萬書元：《幽默與諷刺藝術》，臺北：商鼎，1993.1。

16. 臺灣師範大學國文學系、國立臺灣師範大學人文教育研究中心：《第二屆臺灣本土文化國際學術研討會論文集——臺灣文學與社會》，臺北：師範大學文學院國文學系、人文教育研究中心，1997.5。

17. 裴斐：《文學概論》，高雄：復文圖書，1992.7。

18. 劉登翰、莊明萱、黃重添、林承璜主編：《台灣文學史（上卷）》，福建：海峽文藝，1991.6。

19. 蔡源煌著：《文學的信念》，臺北：時報文化，1983.11。

20. 黎運漢、張維耿編著：《現代漢語修辭學》，臺北：書林，1994.2。

21. 顧易生、王運熙主編：《中國文學批評史》，臺北：五南，2000.10。

22. 顧祖釗著：《文學原理新釋》，北京：人民文學，2000.2。

23. 龔鵬程著:《文學散步》,臺北:臺灣學生書局,2003.9。

## 三、歷　史

1. 又吉盛清著,魏廷朝譯:《台灣今昔之旅【台北篇】》,臺北:前衛,1997.9。

2. 山崎繁樹、野上矯介著:《1600～1930臺灣史》,臺北:武陵,2001.11。

3. 中華民國臺灣史蹟研究中心研究組編輯:《臺灣史研究暨史料發掘研討會論文集》,高雄:中華民國臺灣史蹟研究中心,1987.8。

4. 王乃信等譯:《台灣社會運動史(1913～1936)》(《台灣總督府警察沿革誌第二篇　領台以後的治安狀況(中卷)》),臺北:創造,1989.6。

5. 王正雄總編:《中縣口述歷史——第三輯》,臺中:臺中縣立文化中心,1994.6。

6. 王育德著,黃國彥譯:《台灣:苦悶的歷史》,臺北:草根,1999.4。

7. 王昭華、彭揚凱圖文編撰:《台灣光復60週年紀念專刊》,臺北:北市文獻會,2005.12。

8. 王炳耀:《中日戰輯選錄》,臺北:臺灣銀行,1969.3。

9. 王泰升著:《台灣日治時期的法律改革》,臺北:聯經,1999.4。

10. 王國璠總纂:《臺北市耆老會談專集》,臺北:臺北市文獻委員會,1980.2。

11. 王國璠編著:《臺灣抗日史(甲篇)》,臺北:臺北市文獻委員會,1981.1。

12. 王詩琅著:《清廷棄留臺灣之議——臺灣史論》,臺北:海峽學術,2003.3。

13. 王慧芬等作,若林正丈、吳密察主編:《臺灣重層近代化論文集》,臺北:播種者文化,2000.8。

14. 王曉波編:《臺灣的殖民地傷痕》,臺北:帕米爾,1985.8。

15. 王曉波編:《新編台胞抗日文獻選》,臺北:海峽學術,1998.11。

16. 王曉波編:《乙未抗日史料彙編》,臺北:海峽學術,1999.9。

17. 王曉波編:《臺灣的殖民地傷痕新編》,臺北:海峽學術,2002.8。

18. 井出季和太著,郭輝編譯:《日據下之臺政》,臺北:海峽學術,2003.11。

19. 中華民國開國五十年文獻編纂委員會編纂:《中華民國開國五十年文獻第一編・第五冊列強侵略》,臺北:正中,1964.11。

20. 北岡伸一著,魏建雄譯:《後藤新平傳》,臺北:臺灣商務,2005.4。

21. 古野直也著,許極燉編譯:《台灣近代化秘史》,高雄:第一,1994.2。

22. 司馬嘯青:《台灣五大家族》,臺北:玉山社,2000.2。

23. 田中一二著,李朝熙譯:《臺北市史——昭和六年》,臺北:臺北市文獻委員會,1998.6。

24. 石輝然:《臺灣開發史》,臺北:新科技書局,1999.6。

25. 矢內原忠雄著，林明德譯：《日本帝國主義下之台灣》，臺北：吳三連台灣史料基金會，2004.2。

26. 伊能嘉矩著，臺灣省文獻委員會編譯：《臺灣文化志》（上卷、中卷、下卷），臺中：臺灣省文獻委員會，1985.11～1991.6。

27. 伊藤金次郎原著，日本文教基金會編譯：《台灣不可欺記》，臺北：文英堂，2000.4。

28. 江寶釵編纂：《嘉義市志　卷八　語言文學志》，嘉義：嘉義市政府，2005.8。

29. 吉田莊人著，彤雲譯：《從人物看台灣百年史》，臺北：武陵，1995.2。

30. 向山寬夫原著，楊鴻儒等譯：《日本統治下的台灣民族運動史》，臺北：福祿壽，1999.12。

31. 安然著：《台灣民眾抗日史》，臺北：海峽學術，2005.9。

32. 何來美等著：《鄉賢談歷史》，苗栗：苗縣文化局，1996.3。

33. 吳三連、蔡培火等著：《臺灣民族運動史》，臺北：自立晚報，1983.10。

34. 吳文星著：《日據時期臺灣社會領導階層之研究》，臺北：正中，1992.3。

35. 吳文星主持，鹿港鎮志纂修委員會編纂：《鹿港鎮志・人物篇》，彰化：鹿港鎮公所，2000.6。

36. 吳克泰著：《吳克泰回憶錄》，臺北：人間，2002.8。

37. 吳定葉、黃耀東編譯：《日據初期警察及監獄制度檔案》，臺中：臺灣省文獻委員會，1979.12。

38. 吳政憲作：《臺灣來電》，臺北：向日葵文化，2005.2。

39. 呂紹理：《水螺響起──日治時期台灣社會的生活作息》，臺北：遠流，1998.3。

40. 呂順安主編：《澎湖縣鄉土史料》，南投：省文獻會，1994.1。

41. 呂順安主編：《臺南市鄉土史料》，南投：省文獻會，1994.8。

42. 呂順安主編：《高雄縣鄉土史料》，南投：省文獻會，1994.11。

43. 呂順安主編：《臺中市鄉土史料》，南投：省文獻會，1994.11。

44. 呂順安主編：《臺中縣鄉土史料》，南投：省文獻會，1994.12。

45. 李友邦：《日本在台灣之殖民政策》，臺北：世界翻譯社，1991.9。

46. 李永熾著：《歷史的跫音》，臺北：遠景，1984.12。

47. 李明進著：《萬丹鄉采風錄》，屏東：屏縣文化局，1998.4。

48. 李若文、杜劍鋒撰文出版：《高雄市立歷史博物館典藏專輯.文獻篇.2：戰火浮生錄》，高雄：高市史博館，2006.10。

49. 李國祁總纂：《臺灣近代史・社會篇》，南投：省文獻會，1995.6。

50. 李國祁總纂：《臺灣近代史・經濟篇》，南投：省文獻會，1995.6。

51. 李國祁總纂：《臺灣近代史・政治篇》，南投：省文獻會，1995.6。

52. 李國祁總纂：《臺灣近代史・文化篇》，南投：省文獻會，1997.6。

53. 李壽林編：《三腳仔——《台灣論》與皇民化批判》，臺北：海峽學術，2001.3。

54. 李鴻章著：《李文忠公選集》，臺北：臺灣銀行，1961.12。

55. 杜武志：《日治時期的殖民教育》，臺北：北縣文化局，1997.7。

56. 汪知亭：《臺灣教育史料新編》，臺北：臺灣商務，1978.4。

57. 周婉窈：《海行兮的年代——日本殖民統治末期臺灣史論集》，臺北：允晨文化，2003.2。

58. 周憲文著：《日據時代臺灣經濟史》，臺北：臺灣銀行，1958.10。

59. 易順鼎：《魂南記》，臺北：臺灣銀行，1965.8。

60. 東嘉生著，周憲文譯：《台灣經濟史概說》，臺北：海峽學術，2000.5。

61. 林子候編著：《臺灣涉外關係史》，嘉義：林子候，1978.3。

62. 林再復：《閩南人》，臺北：三民，1987.10。

63. 林東辰著：《臺灣舊事譚》，高雄：大舞台書苑，1979.4。

64. 林尚瑛主編：《高雄市立歷史博物館典藏專輯・文獻篇 I》，高雄：高雄史博館，2001.12。

65. 林茂生著，林詠梅譯：《日本統治下臺灣的學校教育——其發展及有關文化之歷史分析與探討》，臺北：新自然主義，2000.12。

66. 林歲德：《我的抗日天命》，臺北：前衛，1996.5。

67. 邱秀芷：《番薯的故事》，臺北：中央日報出版部，1989.7。

68. 後山文化工作協會著：《台東耆老口述歷史篇》，臺東：東縣文化局，1999.6。

69. 思痛子：《臺海思慟錄》，臺北：臺灣銀行，1959.6。

70. 施家順著：《臺灣民主國的自主與潰散》，高雄：復文，1992.1。

71. 柯惠珠：《日據初期台灣地區武裝抗日運動之研究（1894～1915）》，高雄：前程，1987.4。

72. 洪宜勇主編：《台灣殖民地史學術研討會論文集》，臺北：海峽學術，2004.2。

73. 洪致文著：《臺灣火車的故事》，臺北：時報文化，1994.2。

74. 洪致文著：《阿里山森林鐵路紀行》，臺北：時報文化，1994.5。

75. 洪麗完等主編：《臺灣史》，臺北：五南，2006.4。

76. 范燕秋：《疫病、醫學與殖民現代性——日治台灣醫學史》，臺北：稻鄉，

2005.3。

77. 香港嶺南學院翻譯系、文化／社會研究譯叢編委會編譯：《解殖與民族主義》，香港：牛津大學出版社，1998。

78. 唐富藏編纂：《重修台灣省通志卷四經濟志・交通篇》，南投：省文獻會，1993.1。

79. 徐南號：《台灣教育史》，臺北：師大書苑，1996.2。

80. 徐惠隆著：《蘭陽的歷史與風土》，臺北：臺原，1992.11。

81. 徐惠隆著：《走過蘭陽歲月》，臺北：常民文化，1998.9。

82. 翁仕杰：《臺灣民變的轉型：歷史宿命與超越》，臺北：自立晚報，1994.8。

83. 翁佳音：《台灣漢人武裝抗日史研究（1895～1902）》，臺北：國立臺灣大學出版委員會，1986.6。

84. 荊子馨著，鄭力軒譯：《成為日本人：殖民地台灣與認同政治》，臺北：麥田，2006.1。

85. （漢）班固：《漢書》，臺北：新陸，1971.4。

86. 張文隆採訪記錄：《臺灣人教師的時代經驗》，臺北：臺北縣立文化中心，1996.12。

87. 張宗漢著：《光復前臺灣之工業化》，臺北：聯經，1980.5。

88. 張炎憲、李筱峰、戴寶村主編：《台灣史論文精選（下）》，臺北：玉山社，2005.3。

89. 張炎憲、陳美蓉、黎中光編：《臺灣近百年史論文集》，臺北：吳三連基金會，1996.8。

90. 張炎憲、曾秋美、陳朝海：《20世紀台灣新文化運動與國家建構論文集》，臺北：吳三連台灣史料基金會，2003.3。

91. 張明雄、單兆榮、郭亭著：《躍昇的城市──臺北》，臺北：前衛，1996.9。

92. 張哲郎總編纂，張素玢等撰稿：《北斗鎮志》，彰化：北斗鎮公所，2000.1。

93. 張漢裕著：《臺灣農業及農家經濟論集》，臺北：臺灣銀行，1974.7。

94. 張璈文計劃主持：《九份口述歷史與解說資料彙編》，臺北：文建會，1994.10。

95. 戚嘉林著：《臺灣史：A.D.1600～1945》，臺北：著者，1991.9。

96. 戚嘉林作：《臺灣史（第四冊）》，臺北：戚嘉林，1998.8。

97. 曹永和、吳密察編纂：《日據前期臺灣北部施政紀實・經濟篇・軍事篇》，臺北：臺北市文獻委員會，1986.10。

98. 梁啓超著：《論李鴻章》，臺北：臺灣中華，1958.6。

99. 莊永明作：《臺灣第一》，臺北：時報文化，1996.11。

100. 莊永明著：《臺灣醫療史：以臺大醫院爲主軸》，臺北：遠流，1998.6。

101. 莊金德、賀嗣章編譯：《羅福星抗日革命案全檔》，臺北：臺灣省文獻委員會，1965.10。

102. 許世楷著，李明峻、賴郁君譯：《日本統治下的台灣》，臺北：玉山社，2006.1。

103. 許佩賢譯：《攻臺戰紀：日清戰史・臺灣篇》，臺北：遠流，1995.12。

104. 許雪姬、林文鎮編著：《澎湖早期的職業婦女——醫師與教師》，澎湖：澎縣文化局，2003.2。

105. 許朝卿、藍美雅編譯：《台灣經典寫眞：邂逅 30 年代 Formosa》，臺北：田野影像，1997.10。

106. 連溫卿著：《臺灣政治運動史》，臺北：稻鄉，1988.10。

107. 郭再強述：《漫談麻豆社古今——兼述我的回顧與所感——》，出版地不詳：著者，1975.8。

108. 郭弘斌著：《偉大的台灣人：日據時期臺灣史記》，臺北：台灣文藝復興協會，2005.4。

109. 陳芳明：《殖民地臺灣：左翼政治運動史論》，臺北：麥田，1998.10。

110. 陳芳明：《殖民地摩登：現代性與臺灣史觀》，臺北：麥田，2004.6。

111. 陳柔縉：《台灣西方文明初體驗》，臺北：麥田，2005.7。

112. 陳浩洋作，江秋玲譯：《臺灣四百年庶民史》，臺北：自立晚報，1992.5。

113. 陳培豐著，王興安、鳳氣至純平編譯：《「同化」的同床異夢：日治時期臺灣的語言政策、近代化與認同》，臺北：麥田，2006.11。

114. 陳淑均：《噶瑪蘭廳志》，臺北：臺灣銀行，1963.3。

115. 陳惠雯著：《大稻埕查某人地圖——大稻埕婦女的活動空間／近百年來的變遷》，臺北：博揚文化，1999.2。

116. 陳華民著：《台灣野史小札》，臺北：常民文化，1998.9。

117. 陳錦榮編譯：《日本據臺初期重要檔案》，臺中：臺灣省文獻委員會，1978.12。

118. 陸奧宗光原著，龔德柏譯：《蹇蹇錄——日本侵略中國外交秘史》，臺北：國防研究院，1971.5。

119. 國立臺灣師範大學中等教育輔導委員會主編：《認識臺灣歷史論文集》，臺北市：國立臺灣師範大學中等教育輔導委員會，1996.6。

120. 傅柯（Michel Foucault）著，劉北成、楊遠嬰譯：《規訓與懲罰：監獄的誕生》，臺北：桂冠，1994.8。

121. 喜安幸夫著：《日本統治臺灣秘史》，臺北：武陵，1984.1。

122. 喜安幸夫著：《台灣抗日秘史》，臺北：武陵，1989.4。

123. 喜安幸夫著：《臺灣——400 年的故事》，臺北：海信圖書，2006.11。

124. 曾友正、金永麗編纂：《日據前期臺灣北部施政紀實衛生篇大事記》，臺北：臺北市文獻委員會，1986.12。

125. 曾汪洋：《臺灣交通史》，臺北：臺灣銀行，1955.10。

126. 曾旺萊編著：《蕭壠走番仔反：臺灣抗日秘辛》，臺南：南縣文化局，2001.12。

127. 程大學編譯：《臺灣前期武裝抗日運動有關檔案》，臺中：臺灣省文獻委員會，1977.5。

128. 程大學、許錫專編譯：《日據初期之鴉片政策（附錄保甲制度）》，臺中：臺灣省文獻委員會，1978.12。

129. 程佳惠著：《臺灣史上第一大博覽會：1935 魅力台灣 show》，臺北：遠流，2004.1。

130. 黃武忠：《臺灣作家印象記》，臺北：眾文圖書，1984.5。

131. 黃武東著：《黃武東回憶錄》，臺北：前衛，1989.2。

132. 黃秀政著：《臺灣割讓與乙未抗日運動》，臺北：臺灣商務，1992.12。

133. 黃秀政、張勝彥、吳文星著：《臺灣史》，臺北：五南，2003.8。

134. 黃昭堂著，廖為智譯：《臺灣民主國之研究》，臺北：財團法人現代學術研究基金會，1993.12。

135. 黃昭堂著，黃英哲譯：《台灣總督府》，臺北：前衛，2002.5。

136. 黃開祿編：《臺灣研究研討會紀錄續集》，臺北：國立臺灣大學文學院考古人類學系，1968.5。

137. 黃富三、陳俐甫編：《近現代臺灣口述歷史》，臺北：林本源基金會，1991.7。

138. 黃師樵著：《台灣共產黨祕史》，臺北：海峽學術，1999.9。

139. 黃通、張宗漢、李昌槿編：《日據時代之臺灣財政》，臺北：聯經，1987.1。

140. 黃頌顯編譯：《林呈祿選集》，臺北：海峽學術，2006.4。

141. 黃麗川、潘廷幹主修：《高雄市志・藝文篇》，高雄：高雄市文獻委員會，1968.1。

142. 葉振輝著：《台灣開發史》，臺北：臺原，1997.10。

143. 葉肅科著：《日落臺北城：日治時代臺北都市發展與臺人日常生活（1895～1945）》，臺北：自立晚報，1993.9。

144. 楊孟哲著：《臺灣歷史影像》，臺北：藝術家，1996.3。

145. 楊彥騏：《臺灣百年糖記》，臺北：貓頭鷹，2002.4。

146. 楊雲萍：《台灣的文化與文獻》，臺北：臺灣風物雜誌社，1990.1。

147. 楊碧川：《日據時代台灣人反抗史》，臺北：稻鄉，1996.6。

148. 董宜秋作：《帝國與便所：日治時期台灣便所興建及污物處理》，臺北：台

灣古籍，2005.10。

149. 鹽澤亮繪著，張良澤翻譯：《從臺中雙冬疏散學校到內地復員繪卷：一位臺北女子師範學校教授在戰爭末期的紀錄》，南投：臺灣文獻館，2006.12。

150. 鈴木滿男著，蔡恩林譯：《日本人在台灣做了什麼》，臺北：前衛，2002.8。

151. 臺中縣立文化中心編：《中縣口述歷史—— 第一輯》，臺中：臺中縣立文化中心，1993.6。

152. 臺中縣立文化中心編：《中縣口述歷史—— 第二輯》，臺中：臺中縣立文化中心，1993.6。

153. 臺北教育大學數位內容設計學系編輯：《莎韻之鐘殖民地文化國際學術研討會》，臺北：臺北教育大學數位內容設計學系，2007.11。

154. 臺灣省文獻委員會主編，林熊祥主修，黃旺成纂修：《台灣省通志稿·革命志抗日篇》，臺北：海峽學術，2002.4。

155. 臺灣省文獻委員會口述歷史專案小組編著：《基隆市鄉土史料》，南投：省文獻會，1992.7。

156. 臺灣省文獻委員會口述歷史專案小組編著：《南投縣鄉土史料》，南投：省文獻會，1993.6。

157. 臺灣省文獻委員會：《新竹縣鄉土史料》，南投：省文獻會，1994.4。

158. 臺灣省文獻委員會採集組編校：《桃園縣鄉土史料》，南投：省文獻會，1996.5。

159. 臺灣省文獻委員會採集組編校：《南投縣鄉土史料》，南投：省文獻會，1997.4。

160. 臺灣省文獻委員會採集組編校：《新竹市鄉土史料》，南投：省文獻會，1997.6。

161. 臺灣省文獻委員會採集組主編：《嘉義市鄉土史料》，南投：省文獻會，1997.7。

162. 臺灣省文獻委員會採集組主編：《臺北縣鄉土史料》，南投：省文獻會，1997.7。

163. 臺灣省文獻委員會採集組主編：《雲林縣鄉土史料》，南投：省文獻會，1998.11。

164. 臺灣省文獻委員會採集組編：《花蓮縣鄉土史料》，南投：省文獻會，1999.4。

165. 臺灣省文獻委員會採集組編校：《苗栗縣鄉土史料》，南投：省文獻會，1999.6。

166. 臺灣省文獻委員會採集組編校：《彰化縣鄉土史料》，南投：省文獻會，1999.9。

167. 臺灣省文獻委員會採集組編校：《嘉義縣鄉土史料》，南投：省文獻會，

2000.1。

168. 臺灣省文獻委員會整理組編輯:《臺灣文獻史料整理研究學術研討會論文集》,南投:省文獻會,2000.11。

169. 臺灣師範大學歷史學系、臺灣省文獻委員會編輯:《回顧老臺灣、展望新故鄉──臺灣社會文化變遷學術研討會論文集》,臺北:國立臺灣師範大學歷史學系,2000.9。

170. 臺灣銀行經濟研究室編:《日據時代臺灣經濟之特徵》,臺北:臺灣銀行,1957.7。

171. 臺灣銀行經濟研究室編:《馬關議和中之伊李問答》,臺北:臺灣銀行,1959.6。

172. 臺灣銀行經濟研究室編:《割臺三記》,臺北:臺灣銀行,1959.10。

173. 臺灣銀行經濟研究室編:《清季外交史料選輯》,臺北:臺灣銀行,1964.7。

174. 臺灣銀行經濟研究室編:《清光緒朝中日交涉史料選輯》,臺北:臺灣銀行,1965.5。

175. 臺灣歷史學會編輯委員會:《歷史意識與歷史教科書論文集》,臺北:稻鄉,2003.6。

176. 臺灣憲兵隊編著,王洛林總監譯:《台灣憲兵隊史》,臺北:海峽學術,2001.6。

177. 臺灣總督府警務局編,徐國章譯注:《臺灣總督府警察沿革誌(第一篇)中譯本I》,南投:臺灣文獻館,2005.12。

178. 臺灣總督府警務局編,王洛林總監譯:《台灣抗日運動史》,臺北:海峽學術,2000.8。

179. 劉妮玲:《清代臺灣民變研究》,臺北:國立臺灣師範大學歷史研究所,1983.9。

180. 劉捷原著,林曙光譯註:《臺灣文化展望》,高雄:春暉,1994.1。

181. 劉捷:《我的懺悔錄》,臺北:九歌,1998.10。

182. 劉寧顏主編:《臺灣省文獻委員會慶祝成立四十週年紀念論文專輯》,臺中:臺灣省文獻委員會,1988.6。

183. 蔡慧玉撰稿:《中縣口述歷史第四輯　日治時代台灣的街庄行政》,臺中:中縣文化局,1997.6。

184. 蔡慧玉編著:《走過兩個時代的人──台籍日本兵》,臺北:中央研究院台灣史研究所籌備處,1997.11。

185. 蔡錦堂編著:《戰爭體制下的台灣》,臺北:日創社文化,2006.10。

186. 鄭麗玲採訪撰述:《臺灣人日本兵的戰爭經驗》,臺北:臺北縣立文化中心,

1995.7。

187. 諫山春樹等原著，日本文教基金會編譯：《祕話·台灣軍與大東亞戰爭》，臺北：文英堂，2002.9。

188. 賴澤涵主編：《台灣社會、經濟與文化的變遷》，桃園：中央大學，2005.8。

189. 應大偉著：《台灣女人》，臺北：田野影像，1996.7。

190. 戴書訓等編纂：《重修台灣省通志·卷十·藝文志·文學篇》，南投：省文獻會，1997.12。

191. 戴國煇：《台灣史探微：現實與史實的相互往還》，臺北：南天，1999.11。

192. 戴維遜（Lames W. Davidson）著，蔡啓恆譯：《臺灣之過去與現在》，臺北：臺灣銀行，1972.4。

193. 戴震宇著：《台灣的鐵道》，臺北：遠足文化，2002.7。

194. 戴寶村計畫主持，曾秋美、賴信眞訪談整理：《口述歷史：說古道今話桃園》，桃園：桃縣文化局，2000.12。

195. 戴寶村、王峙萍著：《從台灣諺語看台灣歷史》，臺北：玉山社，2004.12。

196. 蕭銘祥主編：《屏東縣鄉土史料》，南投：省文獻會，1996.1。

197. 薛光前、朱建民主編：《近代的臺灣》，臺北：正中，1977.9。

198. 檜山幸夫等譯著：《臺灣總督府檔案之認識與利用入門》，南投：臺灣文獻館，2002.12。

199. 羅吉甫著：《日本帝國在臺灣：日本經營臺灣的策略剖析》，臺北：遠流，2004.10。

200. 羅特蒙特（Dietmar Rothermund）著，朱章才譯：《殖民統治的結束：一九四七年八月十五日，德里》，臺北：麥田，2000.1。

201. 蘇碩斌：《看不見與看得見的臺北——清末至日治時期臺北空間與權力模式的轉變》，臺北：左岸文化，2005.8。

202. 警察沿革誌編纂委員會撰，王詩琅譯：《臺灣社會運動史——文化運動》，臺北：稻鄉，1988.5。

## 四、其　他

1. 中央圖書館臺灣分館編：《全國博碩士臺灣研究論文發表會資料彙編》，臺北：國立中央圖書館臺灣分館，1999.8。

2. 文崇一著：《臺灣居民的休閒生活》，臺北：東大，1990.2。

3. 片岡巖撰：《臺灣風俗誌》，臺北：臺灣日日新報社，1921.2。

4. 片岡巖撰，陳金田譯：《臺灣風俗誌》，臺北：眾文圖書，1987.3。

5. 王育德著，黃國彥譯：《台灣話講座》，臺北：前衛，2000.4。

6. 王夢鷗註譯：《禮記今註今譯上冊》，臺北：商務，1972.9。

7. 江柏煒主編:《閩南文化學術研討會論文集》,金門:金門縣立文化中心,2004.3。

8. 艾森斯達(S.N.Eisenstadt)著,嚴伯英、江勇振譯:《現代化:抗拒與變遷》,臺北:黎明,1979.9。

9. 何聯奎、衛惠林著:《臺灣風土志》,臺北:中華書局,1956.10。

10. 佐倉孫三著:《臺風雜記》,臺北:臺灣銀行,1961.5。

11. 吳守禮:《近五十年來臺語研究之總成績》,臺北:大立,1955。

12. 吳瀛濤著:《臺灣民俗》,臺北:眾文圖書,1992.8。

13. 東方孝義著:《台灣習俗》,臺北:南天,1997.12。

14. 林川夫主編:《民俗臺灣》,臺北:武陵,1991.3。

15. 邱文鸞、劉範徵、謝鳴珂作,周永芳校釋:《臺灣旅行記校釋》,臺北:台灣古籍,2004.3。

16. 洪敏麟主講,洪英聖著作:《臺灣風俗採錄》,臺中:台灣省新聞處,1992.6。

17. 〔唐〕徐堅:《初學記》,臺北:鼎文,1976.10。

18. 張春興:《教育心理學──三化取向的理論與實踐──》,臺北:臺灣東華,1995.3。

19. 梶原通好:《台灣農民生活考》,臺北:南天,1995.10。

20. 莫耳(Wilbert E.Moore)著,俞景蓬譯:《社會變遷》,臺北:巨流,1988.4。

21. 許師俊雅總編輯:《第一屆臺灣本土文化學術研討會論文集》,臺北:國立臺灣師範大學文學院、人文教育研究中心,1995.4。

22. 許極燉:《台灣話流浪記》,臺北:台灣語文研究發展基金會,1988.2。

23. 陳紹馨:《臺灣的人口變遷與社會變遷》,臺北:聯經,1985.9。

24. 陳健銘:《野台鑼鼓》,臺北:稻鄉,1995.1。

25. 楊碧川編著:《臺灣歷史辭典》,臺北:前衛,2003.11。

26. 臺中教育大學台灣語文學系:《台灣語言學一百周年國際學術研討會:紀念台灣語言學先驅小川尚義教授張貼組論文》,臺中:臺中教育大學台灣語文學系,2007.9,http://www.ntcu.edu.tw/taiwanese/ogawa100/a/,上線日期:2008.3.6。

27. 臺灣慣習研究會原著,臺灣省文獻委員會譯編:《臺灣慣習記事(中譯本)》(第壹卷～第七卷),臺中:臺灣省文獻委員會,1884.6～1993.9。

28. 劉元孝主編:《永大當代日華辭典》,臺北:永大書局,1992.6。

29. 〔漢〕劉安:《淮南子》,臺北:廣文,1965.8。

30. 劉還月著:《台灣民俗田野行動入門》,臺北:常民文化,1999.3。

31. 潘乃德著，黃道琳譯：《菊花與劍》，臺北：桂冠，1986.2。

32. 鄭曉云著：《文化認同與文化變遷》，北京：中國社會科學出版社，1992.10。

33. 謝樹新主編：《中原文化叢書》（第一集～第七集），苗栗：中原苗友週刊社，1965.2～1981.12。

34. 簡上仁編輯：《福爾摩沙之美 —— 臺灣的傳統音樂》，臺北：文建會，2001.12。

## 貳、學位論文、報刊、期刊、學報

### 一、學位論文

1. 丁鳳珍：《「歌仔冊」中的台灣歷史詮釋 —— 以張丙、戴潮春起義事件敘事歌爲研究對象》，臺中：東海大學中國文學研究所，2005.2。

2. 許淑月：《海島之聲 —— 澎湖褒歌研究》，臺南：臺南大學教育經營與管理所國語文教學碩士班論文，2005.5。

3. 黃文車：《日治時期臺灣福佬歌謠研究》，嘉義：中正大學中國文學研究所博士論文，2005.6。

4. 楊克隆：《台語流行歌曲與文化環境變遷之研究》，臺北：臺灣師範大學國文研究所碩士論文，1998.6。

5. 臧汀生：《臺灣民間歌謠研究》，臺北：政治大學中國文學研究所碩士論文，1979.5。

6. 臧汀生：《臺灣閩南語民間歌謠新探》，臺北：政治大學中國文學研究所博士論文，1989.6。

7. 盧佑俞：《臺灣閩南歌謠與民俗研究》，臺北：臺灣師範大學國文研究所碩士論文，1993.12。

8. 謝淑珠：《臺灣閩南語褒歌研究》，臺南：臺南大學教育經營與管理所國語文教學碩士班論文，2005.6。

### 二、報　刊

1. 《三六九小報》，1930.9～1935.9，臺北：成文出版社複印本。

2. 《風月・風月報・南方・南方詩集》，1935.5～1944.3，臺北：南天書局複印本，2001.6。

3. 《新高新報》，1929.5～1938.2。

4. 《臺灣日日新報》，1898～1944，《臺灣日日新報》電子資料庫。

5. 《臺灣民報・臺灣（新）民報》，1923.4～1932.4，臺北：東方文化書局複印本，1974。

6. 《臺灣時報》，1919.1～1945.3，《臺灣時報》電子資料庫。

7. 《漢文臺灣日日新報》，1905.7～1937.3，《漢文臺灣日日新報》電子資料庫。

8. 李國祁：〈甲午戰後‧台灣民主國的歷史眞相〉，《聯合報》1995.3.19，11版。

9. 林照眞調查採訪：〈台籍日本兵‧權益誰聞問〉，《中國時報》1994.6.6，17版。

10. 周美惠報導：〈追溯莎韻之鐘‧歷史見證人‧中日學者會師宜蘭〉，《聯合報》1994.6.20，35版。

11. 陳兆南：〈皇民的悲歌 —— 臺灣歌仔的抗日心聲〉，《台灣新生報》1988.10.25，22版。

## 三、期刊、學報

1. 《文藝臺灣》，1940.1～1944.1，臺北：東方文化書局複印本，1981。

2. 《民俗臺灣》，1941.7～1945.1，臺北：古亭書屋複印本，1969。

3. 《南音》，1932.1～1932.9，臺北：東方文化書局複印本，1981。

4. 《臺灣》，1922.4～1924.5，臺北：東方文化書局複印本，1973。

5. 《臺灣文學》，1941.5～1943.12，臺北：東方文化書局複印本，1981。

6. 《臺灣文藝》，1934.11～1936.8，臺北：東方文化書局複印本，1981。

7. 《臺灣文藝》，1944.5～1945.1，臺北：東方文化書局複印本，1981。

8. 《臺灣青年》，1920.7～1922.2，臺北：東方文化書局複印本，1973。

9. 《臺灣教育會雜誌》，1901～1964，《臺灣教育會雜誌》影像資料庫。

10. 《臺灣新文學》，1935.12～1937.6，臺北：東方文化書局複印本，1981。

11. 《臺灣慣習記事》，1904.1～1907.8，臺北：古亭書屋複印本，1969。

12. 《フオルモサ》，1933.7～1934.6，臺北：東方文化書局複印本，1981。

13. 小林道彦著，李文良譯：〈後藤新平與殖民地經營 —— 日本殖民政策的形成與國內政治〉，《臺灣文獻》48卷3期，1997.9。

14. 山本有造原著，杜武志譯：〈一視同仁、一億一心　以所謂「皇民化政策」爲中心論點〉，《臺北文獻》直字143期，2003.3。

15. 尹章義：〈日本人屠殺了多少無辜的臺灣人？〉，《歷史月刊》226期，2006.11。

16. 中西美貴：〈大正後期台灣新知識分子的世界——「新民會」雜誌中戀愛結婚議題爲主要分析場域——〉，《台灣風物》54卷1期，2004.3。

17. 井上聰：〈臺灣第七代總督明石元二郎與同化政策〉，《臺灣風物》37卷1期，1987.3。

18. 介逸生：〈義民合攻臺北城〉，《臺北文物》5 卷 1 期，1956.4。

19. 介逸：〈日據時期及光復後的稻江童謠〉，《臺北文物》8 卷 1 期，1959.4。

20. 方美芬：〈有關台灣文學研究的博碩士論文分類目錄（1960～2000）〉，《文訊》185 期，2001.3。

21. 方耀乾：〈台灣古早女性的生活畫像——以台灣民間歌謠爲論述場域（台語）〉，《台南女子技術學院學報》18 期，1999.8。

22. 王一剛：〈日據初期的習俗改良運動〉，《臺北文物》9 卷 2、3 期合刊，1960.11。

23. 王世慶：〈外國記者和外商筆下的乙未之役〉，《臺灣風物》39 卷 2 期，1989.6。

24. 王世慶：〈皇民化運動前的臺灣社會生活改善運動：以海山地區爲例（1914～1937）〉，《思與言》29 卷 4 期，1991.12。

25. 王明珂：〈集體歷史記憶與族群認同〉，《當代》91 期，1993.11。

26. 王順隆：〈談臺閩「歌仔冊」的出版概況〉，《臺灣風物》43 卷 3 期，1993.9。

27. 王禮謙：〈日據初期的懷柔政策〉，《臺北文物》10 卷 1 期，1961.3。

28. 王櫻芬：〈戰時漢人音樂的禁止和「復活」：從一九四三年「臺灣民族音樂調查團」的見聞爲討論基礎〉，《臺大文史哲學報》61 期，2004.11。

29. 正希：〈臺灣婦女罵人的口頭語〉，《臺灣風物》2 卷 8、9 期合刊，1952.12。

30. 本社：〈臺灣的諺語和民謠（筆談會）〉，《臺灣風物》19 卷 1、2 期，1969.6。

31. 石光眞清著，梁華璜譯：〈『城下之人』——乙未日軍侵臺實記——〉，《臺灣風物》33 卷 3 期，1983.9。

32. 朱惠足：〈帝國主義、國族主義、「現代」的移植與翻譯：西川滿《台灣縱貫鐵道》與朱點人〈秋信〉〉，《中外文學》33 卷 11 期，2005.4。

33. 求適齋主人：〈臺灣北部土匪投降顚末〉，《臺灣風物》第 8 卷 7、8 期合刊，1959.6。

34. 何義麟：〈皇民化期間之學校教育〉，《臺灣風物》36 卷 4 期，1986.12。

35. 吳文星：〈日據時期臺灣總督府推廣日語運動初探（上）〉，《臺灣風物》37 卷 1 期，1987.3。

36. 吳文星：〈日據時期臺灣總督府推廣日語運動初探（下）〉，《臺灣風物》37 卷 4 期，1987.12。

37. 吳政憲：〈日治前期臺灣的電燈應用與社會變遷——以《臺灣日日新報》爲討論中心（1895～1937）〉，《歷史教育》創刊號，1997.6。

38. 吳政憲：〈「油燈、瓦斯燈、電燈」——近代台灣照明工具之變遷（1860～1920）（上）〉，《臺灣風物》48 卷 4 期，1998.12。

39. 吳政憲：〈「油燈、瓦斯燈、電燈」——近代台灣照明工具之變遷（1860～1920）（下）〉，《臺灣風物》49 卷 1 期，1999.3。

40. 吳萬水：〈士林土匪仔歌〉，《臺灣風物》4 卷 5 期，1954.5。

41. 呂訴上：〈七七抗戰後的臺灣劇運〉，《臺北文物》3 卷 2 期，1954.8。

42. 呂訴上：〈臺灣布袋戲〉，《臺灣風物》10 卷 5 期，1960.5。

43. 呂訴上：〈臺灣戲劇與大陸〉，《臺灣風物》10 卷 8、9 期合刊，1960.9。

44. 李功勤：〈殖民地的傷痕——論日本殖民台灣的政策及其影響〉，《世界新聞傳播學院人文學報》第 7 期，1997.7。

45. 李知灝：〈殖民現代性初體驗——以洪棄生《寄鶴齋詩集》中日治時期社會詩作為研究中心〉，《彰化文獻》第 7 期，2006.8。

46. 李季樺：〈八里廖添丁廟巡禮〉，《臺灣風物》36 卷 4 期，1986.12。

47. 李季樺：〈從日文原始檔案看廖添丁其人其事〉，《臺灣風物》38 卷 3 期，1988.9。

48. 李季樺：〈廖添丁傳說一則〉，《臺灣風物》39 卷 4 期，1989.12。

49. 李獻璋輯校：〈清代福佬話歌謠〉，《臺灣文藝》78、79 期合刊，1982.12。

50. 杜武志：〈皇民化運動與臺灣文化〉，《臺北文獻》直字 139 期，2002.3。

51. 周明鴻：〈鴉片在臺灣〉，《臺灣風物》12 卷 2 期，1962.4。

52. 周榮杰：〈台灣歌謠的產生背景（一）〉，《民俗曲藝》64 期，1990.3。

53. 周榮杰：〈台灣歌謠的產生背景（二）〉，《民俗曲藝》65 期，1990.5。

54. 明耀：〈誰殺了北白川宮能久親王？〉《臺北文物》9 卷 2、3 期合刊，1960.11。

55. 林本元：〈臺灣日用成語梗概〉，《臺灣風物》12 卷 2 期，1962.4。

56. 林果顯：〈以《台灣慣習記事》探討日據初期（1900～1907）日本人眼中的台灣人〉，《台灣歷史學會通訊》第 7 期，1998.9。

57. 林美容：〈草屯地區傳說諺語〉，《臺灣風物》36 卷 1 期，1986.3。

58. 林秋敏：〈從不纏足運動談女性自覺的萌芽〉，《歷史月刊》135 期，1999.4。

59. 林培雅：〈近四十年來台灣民間文學的調查、研究狀況〉，《台灣文學研究學報》第 3 期，2006.10。

60. 林淑慧：〈日治時期臺灣婦女解纏足運動及其文化意義〉，《國立中央圖書館臺灣分館館刊》10 卷 2 期，2004.6。

61. 林惠娟、孫瑞琴：〈白馬將軍陳秋菊評傳（一）～先世及其崛起〉，《東南學報》27 期，2004.12。

62. 林衡道：〈日治時期台北日籍市民的歲時節令〉，《臺灣風物》44 卷 4 期，1994.12。

63. 金前成：〈臺灣省乙未抗日之役〉，《臺灣文獻》28 卷 1 期，1977.3。

64. 姚政志：〈《三六九小報》中的台灣藝妲（1930～1935）〉，《政大史粹》第 7 期，2004.12。

65. 施博爾：〈五百舊本「歌仔冊」目錄〉，《臺灣風物》15 卷 4 期，1965.10。

66. 春暉：〈兒玉總督之苛政〉，《臺北文物》8 卷 4 期，1960.2。

67. 柯榮三：〈淫穢？鄙野？——論《烏貓烏狗歌》的戀愛故事〉，《臺灣文學評論》6 卷 1 期，2006.1。

68. 柯榮三：〈烏煙鬼？阿片仙？——兼論《臺灣日日新報》上的一種「阿片歌」〉，《臺灣文學評論》8 卷 1 期，2008.1。

69. 洪秋芬：〈台灣保甲和「生活改善」運動：（1937～1945）〉，《思與言》29 卷 4 期，1991.12。

70. 洪秋芬：〈日據初期臺灣的保甲制度（1895~1903）〉，《中央研究院近代史研究所集刊》21 期，1992.6。

71. 洪郁如：〈日本殖民統治與婦人團體——試論 1904～1930 年的愛國婦人會台灣支部〉，《臺灣風物》47 卷 2 期，1997.6。

72. 洪惟仁：〈日據時代的台語教育〉，《臺灣風物》42 卷 3 期，1992.9。

73. 洪敏麟：〈纏腳與臺灣的天然足運動〉，《臺灣文獻》27 卷 3 期，1976.9。

74. 洋洋：〈「走樣的臺灣話」補〉，《臺灣風物》10 卷 2、3 期合刊，1960.3。

75. 胡紅波：〈稻田尹的《臺灣歌謠集》〉，《臺灣文學評論》1 卷 2 期，2001.10。

76. 胡萬川：〈台灣民間文學的過去與現在〉，《臺灣史料研究》創刊 1 號，1993.2。

77. 徐杏宜：〈台灣當代文學研究之博碩士論文分類目錄（一九九九～二〇〇二）〉，《文訊》205 期，2002.11。

78. 徐富美：〈從時代社會變遷看台灣歌謠三大主題〉，《人文社會學報》1 卷 1 期，1998.7。

79. 翁佳音：〈吳鳳傳說沿革考〉，《臺灣風物》36 卷 1 期，1986.3。

80. 翁佳音：〈府城教會報所見日本領台前後歷史像〉，《臺灣風物》41 卷 3 期，1991.10。

81. 翁慧雯：〈廖添丁的人格與神格〉，《歷史月刊》139 期，1999.8。

82. 高麗雲：〈臺灣女性的髮型〉，《臺灣風物》2 卷 8、9 期合刊，1952.12。

83. 張雄潮：〈唐景崧抗日之心迹及其奏電存稿〉，《臺灣文獻》16 卷 1 期，1965.3。

84. 張雄潮：〈苗栗抗日英烈三秀才〉，《臺灣文獻》17 卷 1 期，1966.3。

85. 張雄潮：〈臺灣乙未抗日死難五統領〉，《臺灣文獻》17 卷 2 期，1966.6。

86. 張雄潮：〈光緒乙未廷臣疆吏諫阻割臺的幾種論調〉，《臺灣文獻》18 卷 1 期，1967.3。

87. 曹介逸：〈稻江兒童的遊戲〉，《臺北文物》8 卷 3 期，1959.10。

88. 曹甲乙：〈童謠集零〉，《臺灣文獻》20 卷 1 號，1968.3。

89. 梁華璜：〈光緒乙未臺灣的交割與保臺（上）〉，《國立中央圖書館館刊》新 7 卷 1 期，1974.3。

90. 梁華璜：〈光緒乙未臺灣的交割與保臺（下）〉，《國立中央圖書館館刊》新 7 卷 2 期，1974.9。

91. 梁華璜：〈甲午戰爭前日本併吞臺灣的醞釀及其動機〉，《臺灣文獻》26 卷 2 期，1975.6。

92. 淺田喬二著，張炎憲譯：〈在臺日本人大地主階級的存在結構〉，《臺灣風物》31 卷 4 期，1981.12。

93. 莊永明：〈「丟丟銅仔」之我見〉，《臺灣文藝》70 期，1981.3。

94. 莊永明：〈百年來台灣歌謠傳略〉，《復興劇藝學刊》20 期，1997.7。

95. 莊金德：〈乙未割臺前後朝野的諍諫與臺灣官民奮鬥的經過〉，《臺灣文獻》18 卷 3 期，1967.9。

96. 莊金德：〈日據時期臺北之保甲〉，《臺北文物》第 5 卷 2、3 期，1957.1。

97. 莫素微：〈戰爭、同化與階級——〈志願兵〉與公民身分的追尋〉，《臺灣文學學報》10 期，2007.6。

98. 許佩賢：〈從戰爭期教科書看殖民地「少國民」的塑造〉，《臺灣風物》46 卷 1 期，1996.3。

99. 許師俊雅：〈日治時代台灣文學史料的蒐藏與應用 以報紙、雜誌為對象〉，《文訊》214 號，2003.8。

100. 連文希：〈李鴻章與臺灣〉，《臺灣文獻》23 卷 2 期，1972.6。

101. 郭水潭：〈日據初期北市社會剪影〉，《臺北文物》5 卷 1 期，1956.4。

102. 陳世慶：〈日據臺時之「皇民奉公」運動〉，《臺北文物》8 卷 2 期，1959.6。

103. 陳立家：〈殖民統治下的協力關係——以李春生為例〉，《洄瀾春秋》第 3 期，2006.7。

104. 陳沛淇：〈日治時期歌謠中的詩意〉，《文訊》224 期，2004.6。

105. 陳美蓉、高玉似記錄：〈第六十七次林本源中華文化教育基金會臺灣研究研討會會議記錄〉（主題：日據初期（1895～1910）西人的臺灣觀），《臺灣風物》40 卷 1 期，1990.3。

106. 陳政三：〈日據時期台灣武裝抗日事件〉，《歷史月刊》226 期，2006.11。

107. 陳益源：〈明清時期的台灣民間文學〉，《中正中文學報年刊》第 3 期，2000.9。

108. 陳昭順整理：〈莎韻之鐘的迷思〉，《歷史月刊》79 期，1994.8。

109. 陳建忠：〈解構殖民主義神話：論賴和文學的反殖民主義思想〉，《中外文學》31 卷 6 期，2002.11。

110. 陳健銘：〈閩台歌冊縱橫談〉，《民俗曲藝》52 期，1988.3。

111. 陳健銘：〈從歌仔冊看臺灣早期社會〉，《臺灣文獻》47 卷 3 期，1996.9。

112. 陳逸雄譯註：〈H.B Morse 著天壽的民主國（臺灣——一八九五年五月二十四日至六月三日）〉《臺灣風物》39 卷 1 期，1989.3。

113. 陳逸雄譯解：〈福澤諭吉的臺灣論說（一）〉，《臺灣風物》41 卷 1 期，1991.3。

114. 陳逸雄譯解：〈福澤諭吉的臺灣論說（二）〉，《臺灣風物》41 卷 2 期，1991.6。

115. 陳逸雄譯解：〈福澤諭吉的臺灣論說（三）〉，《臺灣風物》42 卷 1 期，1992.3。

116. 陳逸雄譯解：〈福澤諭吉的臺灣論說（四）〉，《臺灣風物》42 卷 2 期，1992.6。

117. 陳逸雄著，林莊生譯：〈台灣新文學運動導論〉，《文學台灣》36 期，2000.10。

118. 陳義弘、陳義丁：〈台灣戲謔歌詩在台灣早期口語文化中的地位研究〉，《彰化藝文季刊》14 期，2002.1。

119. 陳漢光：〈姜紹祖——臺灣抗日先烈傳略之一——〉，《臺灣風物》2 卷 3 期，1952.5。

120. 陳漢光：〈簡大獅文獻四則〉，《臺北文物》8 卷 3 期，1959.10。

121. 陳漢光：〈臺北市的新童謠〉，《臺灣風物》12 卷 4 期，1962.8。

122. 陳慧玲：〈反抗、妥協與認同——以日據初期陳秋菊的抗日與歸順爲例〉，《東南學報》27 期，2004.12。

123. 曾子良：〈台灣閩南語說唱文學——歌仔的內容及其反映之思想〉，《民俗曲藝》54 期，1988.7。

124. 曾迺碩：〈乙未臺澎交接文獻之校訂〉，《臺灣文獻》8 卷 2 期，1957.6。

125. 曾迺碩：〈乙未割臺詩選〉，《臺灣文獻》10 卷 4 期，1959.12。

126. 游淑珺：〈近代基隆地區俗語中的漢人移民與戰亂經驗〉，《臺北文獻》直字 144 期，2003.6。

127. 游鑑明：〈日治時期臺灣學校女子體育的發展〉，《中央研究院近代史研究所集刊》33 期，2000.6。

128. 黃世孟：〈臺灣都市計畫歷史之初探（1895～1945 年）〉，《都市與計劃》12 卷 1 期，1985.8。

129. 黃秀政：〈中日馬關議和的割地問題〉，《臺灣文獻》25 卷 3 期，1974.9。

130. 黃秀政：〈馬關議和的割臺交涉（上）〉，《近代中國》55 期，1986.10。

131. 黃秀政：〈馬關議和的割臺交涉（下）〉，《近代中國》56 期，1986.12。

132. 黃昭堂著，林偉盛譯：〈殖民地與文化摩擦 —— 台灣同化的糾葛〉，《台灣風物》41 卷 3 期，1991.10。

133. 黃師樵：〈臺灣今昔雜談〉，《臺灣風物》15 卷 4 期，1965.10。

134. 黃師樵：〈日據時期毒害臺胞的鴉片政策〉，《臺灣文獻》26 卷 2 期，1975.6。

135. 黃得時：〈關於臺灣歌謠的搜集〉，《臺灣文化》第 6 卷 3、4 期合刊，1950.12。

136. 黃得時：〈臺灣歌謠之形態〉，《文獻專刊》3 卷 1 期，1952.5。

137. 黃潘萬：〈陳秋菊抗日事蹟採訪記〉，《臺灣文獻》10 卷 4 期，1959.12。

138. 圓通子：〈閩南人學習日語的笑話〉，《臺灣風物》18 卷 3 期，1968.6。

139. 楊雅慧：〈日據末期的台灣女性與皇民化運動〉，《臺灣風物》43 卷 2 期，1993.6。

140. 楊春鳳、劉天賦：〈第二章 繁華破壞一瞬間：日治末期的岡山街生活〉，《高縣文獻》24 期，2005.12。

141. 楊麗祝：〈台灣福佬系歌謠中的婦女〉，《台北科技大學學報》31 之 1 期，1998.3。

142. 溫兆遠：〈《大陸和台灣詞語差別詞典》中收錄之福佬話詞彙 兼談出現在非文學作品中的福佬話書面語〉，《臺灣風物》41 卷 2 期，1991.6。

143. 溫振華：〈日本殖民統治下臺北社會文化的變遷〉，《臺灣風物》37 卷 4 期，1987.12。

144. 葉龍彥：〈日治時期臺灣「唱片」史〉，《臺北文獻》直字 129 期，1999.9。

145. 詹瑋：〈日據初期臺灣北部的抗日活動〉，《臺北文獻》直字 115 期，1996.3。

146. 詹瑋：〈白馬將軍陳秋菊的崛起與抗日〉，《臺北文獻》直字 155 期，2006.3。

147. 廖偉棠：〈臺灣義民的武裝抗日故事〉，《臺灣文獻》24 卷 4 期，1973.12。

148. 廖漢臣：〈乙未抗日在文壇上的反映〉，《文獻專刊》2 卷 3、4 期，1952.11。

149. 廖漢臣：〈詹振抗日考〉，《臺北文物》3 卷 1 期，1954.5。

150. 廖漢臣：〈彰化縣之歌謠〉，《臺灣文獻》11 卷 3 期，1960.9。

151. 榮峰：〈娼妓的民族正氣〉，《臺北文物》6 卷 4 期，1958.6。

152. 劉士永：〈「清潔」、「衛生」與「保健」—— 日治時期臺灣社會公共衛生觀念之轉變〉，《臺灣史研究》8 卷 1 期，2001.10。

153. 劉寄園：〈臺灣俗語考〉，《臺北文物》8 卷 4 期，1960.2。

154. 蔡慧玉：〈保正、保甲書記、街庄役場——口述歷史（一）〉，《史聯》23 期，1993.11。

155. 蔡慧玉：〈保正、保甲書記、街庄役場——口述歷史之二〉，《臺灣風物》44 卷 2 期，1994.6。

156. 蔡慧玉：〈保正、保甲書記、街庄役場——口述歷史（三）〉，《臺灣風物》45 卷 4 期，1995.12。

157. 蔡錦堂：〈日據末期台灣人宗教信仰之變遷——以「家庭正廳改善運動」為中心〉，《思與言》29 卷 4 期，1991.12。

158. 蔡錦堂：〈日本治台時期所謂「同化政策」的實像與虛像初探〉，《淡江史學》13 期，2001.10。

159. 篁村：〈日軍侵竹邑前後〉，《臺北文物》10 卷 2 期，1961.9。

160. 鄭麗玲：〈不沈的航空母艦——台灣的軍事動員〉，《臺灣風物》44 卷 3 期，1994.9。

161. 鄭麗玲：〈日治時期台灣戰時體制下（1937～1945）的保甲制度〉，《臺北文獻》直字 116 期，1996.6。

162. 賴建銘：〈清代臺灣歌謠〉（上），《臺南文化》6 卷 1 期，1958.8。

163. 賴建銘：〈清代臺灣歌謠〉（中），《臺南文化》6 卷 4 期，1959.10。

164. 賴建銘：〈清代臺灣歌謠〉（下），《臺南文化》7 卷 1 期，1960.9。

165. 賴錦松：〈台灣民俗歌謠之源流與展望〉，《屏東師專學報》第 3 期，1985.3。

166. 禮謙：〈朱一貴亂歌與日據初時民歌〉，《臺北文物》10 卷 1 期，1961.3。

167. 薛順隆：〈李獻璋《台灣民間文學集》評介〉，《東海學報》38 卷，1997.7。

168. 簡炯仁：〈三年一小反，五年一大亂——清據與日據台灣社會發展模式互異之探討〉，《臺灣風物》43 卷 4 期，1993.12。

169. 簡笙簧：〈簡大獅傳〉，《臺灣文獻》48 卷 3 期，1997.9。

170. 顧忠華：〈台灣的現代性　誰的現代性？哪種現代性？〉，《當代》221 期，2006.1。

171. E. Patricia Tsurum 著，林正芳譯：〈日本教育和台灣人的生活〉，《臺灣風物》47 卷 1 期，1997.3。

## 參、網路資料

1. 國家文化資料庫，http://nrch.cca.gov.tw/ccahome/。

2. 臺灣民間文學館，http://cls.hs.yzu.edu.tw/TFL/。

# 附錄一　本論文使用歌謠一覽表

說明：1. 本表所收爲本論文使用之歌謠。

2. 爲免表格內容過於繁瑣，歌謠出處不標注。

3. 一首歌謠若於多處分別使用，將在出現章節欄與頁數欄一一標記出。

4. 出現章節以國字數字標明，前面爲章，後面爲節，中間以「.」爲斷。

5. 本論文所用大部分爲整首歌謠，但亦有使用歌仔冊及一首歌謠裡面某段之情形，在此情形下，表中也不列出整首歌謠。

6. 部分歌謠在原文本中無標點符號，表中所示標點係筆者所加，以便觀覽。

| 編號 | 出現章節 | 頁　數 | 歌　　謠　　本　　文 |
|---|---|---|---|
| 1 | 二.一 | 21～22 | 鴻章東洋通日本，卜征滿州光緒君。<br>在伊打算一半允，望卜江山對半分。<br>說到京城李鴻章，奸臣心肝眞正雄。<br>本身朝內佐宰相，何用甲伊去通商。<br>鴻章見用奸臣計，去通日本打高麗。<br>返來朝中見皇帝，五路港口著盡把。<br>光緒力話應鴻章，乎伊打算免參詳。<br>每日朝中隨皇上，無宜背心無盡忠。<br>日本戰船掛銃空，一時打去高麗港。<br>若無鴻章塊變弄，世事亦免即大空。<br>…… |

| | | | |
|---|---|---|---|
| | | | 高麗打了出外鄉，卜打滿洲之地場。<br>鴻章心內一下想，子兒現在治東洋。<br>做番駙馬李經芳，鴻章朝內隨君王。<br>奸臣拐友雙頭弄，不怕日后去沈亡。<br>鴻章朝內有名聲，通番串位眞出名。<br>姓李經芳是伊子，五月時節來交城。<br>日本好漢打汝順，未曾出戰先行文。<br>說到京城光緒君，水面並無一戰船。<br>淮軍鴻章新名字，朝內無人過盤伊。<br>好呆盡望伊主意，無宜背心做一時。<br>日本塊通李鴻章，前時后日有參詳。<br>起兵去征一必仲，不免失了個刀傷。<br>高麗汝順伊打開，亦是鴻章塊變鬼。<br>添起大遂過別往，雖時打電來淡水。<br>鴻章心肝想倒秉，假奏君王著倩兵。<br>楚軍腳手不通用，盡用淮軍伊學生。<br>就奏君王卜去平，朝內伐落著倩兵。<br>望卜成功來得勝，無宜背心即絕情。<br>鴻章朝內見皇帝，卜去日本平高麗。<br>心肝思起有一計，臺灣寫乎恰著脈。<br>君王心內有主意，也免即謹做一時。<br>鴻章心內想計智，暗寫密書去乎伊。<br>日本看見有主意，雖時起兵來征伊。<br>（〈臺灣民主歌〉） |
| 2 | 二.二 | 26 | 尾省頭人眞不通，封伊撫臺民主王。<br>未曾拉旅人就廣，敢能爲伊去沈亡。<br>（〈臺灣民主歌〉） |
| 3 | 二.二 | 26 | 撫臺一時要返倒，無共頭人說下落。<br>狗官眞正無公道，臭油潑落燒人燃。 |
| 4 | 二.二 | 27 | 說到敗兵个代志，撫臺个罪無塊擬。<br>貝心也免相通知，透冥逃走做一時。<br>……<br>頂年德國打圭良，亦無今年走即空。<br>撫臺逃走罪卦重，克開百姓無賢人。<br>頭人伸士眞良貝，來倚撫臺眞卜疏。<br>望卜掛伊做元帥，無宜此事來獻花。<br>撫臺反貝放伊須，克開百姓尋無主。 |

| | | | |
|---|---|---|---|
| | | | 那卜盡忠甲伊誅，百姓也免即六無。 |
| | | | （〈臺灣民主歌〉） |
| 5 | 二.三<br>六.一<br>七.二<br>七.二<br>七.二 | 28〜29<br>213<br>240〜241<br>247<br>250 | 聽我唱！聽我唱！東邊出有一粒星；<br>中國出有劉欽差，劉欽差，做人眞属害，<br>隔轉年日本仔來，台灣則改民主國，<br>台北十日漉漉漉，唐總統無底踏，<br>總統卜換劉永福，台南紳士陳仔搏，<br>紳士無采工，六八用七三，<br>銀票使無路，兵餉無法度，兵仔無食無變步。<br>乒，磅，唭！大砲，銃子亂肆彈，<br>日本仔南北來上山，百姓唔甘願，<br>共伊刣甲血那濺，大戰八卦山，<br>南打狗，北彰化，一下破，<br>唐欽差唔敢滯，半暝走唐山，百姓大哭搥心肝。<br>日本仔刣一贏，兵馬來入城，百姓大驚惶，<br>蕃仔上山無頭鬃，胡蠅變蜜蜂，塗蚓變蜈蚣，<br>台灣變番邦，<br>大厝走空空，查某囝仔，宓甲就挖老鼠空。<br>蕃仔上山偷掠雞，一遍雞鳥掠了了，<br>順勢禁跋繳，跋繳禁去人驚驚，<br>道衙口改做民政廳，台南廟宇封最濟，<br>派卜警察巡邏趕掃地，掃地掃來眞懊惱，<br>苦刑來損狗，損狗人人看見面烏烏，<br>設納營業佮地租，營業地租完去無歡喜，<br>開山宮屎山仔頂，卜起大菜市，<br>日本仔眞勢請，眞勢反，<br>一擔扣五仙，擔頭扣來無生理，<br>大家食貴米，日本仔勢反變，<br>台灣人剝甲攏無錢，番仔兮未是，<br>講著橫死死，無敗無天理，<br>日本仔若無趕出去，台灣人縛甲死死死。 |
| 6 | 二.三<br>七.二 | 30<br>249〜250 | 基隆嶺頂作煙墩，滬尾港口填破船。<br>番仔相刣唔不恐，着刣番頭來賞銀。 |
| 7 | 二.二<br>二.三 | 27<br>31 | 去年五月十三迎城隍，今年五月十三搶軍裝；<br>可惡撫臺一時走去死，害唔百姓反亂豎白旂；<br>是儂皇帝太不瑾，放伊東洋來做王； |

| | | | |
|---|---|---|---|
| | | | 東洋做王未時知，下腳刘義拍起來；<br>刘義東洋來相對，害唔淡水做戰場；<br>東洋不比紅毛番，看伊食穿比儂恰不堪；<br>驚伊將來那變動那佮，總着離了臺灣心即安。 |
| 8 | 二.三 | 33 | 十三城內全振動，亦無一个是好人。<br>軍兵一時如蔥蔥，並無一个是頭人。<br>……<br>通庄土匪葉葉是，天地卜變做一時。<br>正人打羅夯家司，囝仔大小驚半死。<br>……<br>五月反亂眞好看，臺灣一省尋無官。<br>五路官兵通走散，城內軍宗眾人搬。<br>（〈臺灣民主歌〉） |
| 9 | 二.三<br>七.二 | 34<br>239～240 | 撫臺逃走十二暝，羅漢歡喜投半天；<br>內面庫銀淀淀淀，若有福氣驚無錢。 |
| 10 | 二.三 | 35 | 日本上山兵五萬，看見姓辜行頭前；<br>歡頭喜面到臺北，不管阮娘舊親情。 |
| 11 | 二.三 | 36 | 八卦山，畫八卦，八卦山頂屢相剋；<br>吳湯興起義兵，殺死一隻狗山精；<br>吳彭年咸相連，聯合義士施仁思；<br>八卦山麓大出征，炸死倭王親久能；<br>民族精神大復興。 |
| 12 | 二.三 | 37 | 嘿嘿嘿都一隻鳥仔哮救救嘿嘿啁，<br>哮到三更一半暝找無巢，啁嘿啁啊；<br>嘿嘿嘿都什麼人仔加阮弄破這個巢都呢，<br>乎阮掠著不放伊干休，啁嘿啁啊。 |
| 13 | 二.三 | 40 | 說到頂港个名姓，頭人紳士眞半丁。<br>亦無賊案共人命，一時般走過別省。<br>光緒日止再紅須，眾人請叫伊才情。<br>乎佯世界眞好用，日本手頭了光名。<br>（〈臺灣民主歌〉） |
| 14 | 二.三<br>七.三 | 41<br>257 | 日本憲兵若出門，紅的帽仔手拿刀；<br>第一盡忠林朝棟，第一怕死林本源。 |
| 15 | 二.三 | 42 | 說到敗兵个代志，圭良有物無人遲。<br>眾人苦走不得到，錢銀恰多是卜年。<br>（〈臺灣民主歌〉） |

| 16 | 二.三 | 43 | 不少日本脫庫生，赤身路体一時間。<br>力人雞鴨滿六萬，正人看見驚甲瘦。<br>……<br>日本那有手了賤，去址媽祖个披肩。<br>此時反亂眞無變，眾人看見眞了然。<br>冬洋日本眞無樣，巢撻人家个姿娘。<br>長官甌伊出外鄉，眾人欣喜打手掌。<br>（〈臺灣民主歌〉） |
|---|---|---|---|
| 17 | 二.三 | 44 | 日本排陣火蜈蚣，放火燒厝不見人。<br>……<br>新庄山頂龍潭陂，廿一法水全日子。<br>囝仔大小走不利，全家个人巢巢死。<br>日本見打幾所在，也示百姓甲伊刣。<br>被伊燒去八十擺，并無眞主通出來。<br>（〈臺灣民主歌〉） |
| 18 | 二.三 | 46 | 五分埔出詹振，盡忠報國在招兵，<br>招到石曹山仔頂，五路招起八萬人，<br>十七早起殺苦力，錫口眾庄全罷市，<br>看見火車來到著，詹振點兵去鬥爭。 |
| 19 | 二.三 | 47 | 錫口查某罵一疼，詹振狗拖不示人。<br>無頭公案先不通，害人無厝罪掛重。<br>（〈臺灣民主歌〉） |
| 20 | 三 | 52～53 | 帽仔戴斜 phue²，無人知，<br>我家己 kue²，恬恬聽我唱。<br>唱到彼當時，火車卜行行鐵枝，<br>無腳無手會行眞怪 i³，行到半路會停 tang¹；<br>大正二年剪頭鬃，頭鬃剪了了；<br>日本人順續禁簿局，簿局禁來有詼諧；<br>食薰著掛牌，食薰人介 ni¹ si¹；<br>荣店查某設藝妓，藝妓設來眞正沖；<br>日本人住佇嘉義街仔城佮咧反，<br>反卜荣擔一擔拾五仙；<br>拾來無歡喜，翻轉冬抽苦力；<br>苦力抽來眞正經，庄頭設壯丁；<br>壯丁設來藤牌銃，庄頭設保正； |

| 21 | 三.一<br>七.一 | 57<br>234 | 憲兵出門戴紅帽，肩頭負銃手舉刀；<br>若有歹人即來報，銀票澤山免驚無。 |
|----|------|------|----------------------------------------|
| 22 | 三.一 | 59 | 臺灣賢人陳總理，說到和番許當時；<br>日本總督伊也肯，隨時打電過番平。 |
| 23 | 三.一<br>七.二 | 60<br>246 | 請看國王回書信，阿老這人有才情；<br>總督國王都歡喜，南平一時寫呼伊。 |
| 24 | 三.一 | 60 | 兄弟和番真正妙，二來下本整腦寮；<br>收除山賊卻然了，安局收兵第一條。 |
| 25 | 三.一 | 62～64 | 土匪南旁來起置，過來北山招兄弟；<br>食酒結拜來講起，不可梟心及背義。<br>自掠處野作大哥，世事給伊去伐落；<br>土匪亦敢剖打操，臺灣占返有功勞。<br>土匪出門背刀銃，頭兄背印押號令；<br>招伊和庄若不肯，掠來狹吊及欺凌。<br>土匪要做真兇死，較講也是愛人錢；<br>有錢來講放汝去，無錢來講再凌治。<br>講到作頭人歡喜，掠來剖頭浸血池；<br>大獅管兵做頭兄，出來北山真出名。<br>日本探聽及探影，即時點兵來輸贏；<br>日本相剖陣陣輸，不時給番結死對。<br>打死番仔坐六牛，總督自提李國代；<br>招汝北山和大獅，錢銀外多由汝愛。<br>不可兩旁來相剖，國代坐轎到雙溪；<br>借問大獅何一個，招汝來和敢著好？<br>不可兩旁來冤家，招我來和我歡喜；<br>愛汝淡泊的銀錢，下日擔銀與汝呼。<br>錢銀給汝去造路，講實不是打嘴鼓；<br>不可路頭無招呼，大獅心內想好好。<br>兄弟造路有人無，減彩日後若失錯；<br>建置江山無功勞，兄弟造路免認真。<br>較講也是愛汝銀，返來守營大要緊；<br>只驚日本先反面，日本反面也不知。<br>天光點兵觀看覓，看到五番四面來；<br>日本號齊掠大獅，大獅銃藥扛上山。 |

| | | | |
|---|---|---|---|
| | | | 扛到山頭著發火，大獅看著頭就低；<br>臺灣不是土匪的，兄弟相招亦著退。<br>十月廿八濛煙雨，日本站在草山埔；<br>土匪相刣擂戰鼓，飢餓失頓無疑誤。<br>十月廿八著晏晏，日本交戰七股山；<br>兩旁銃子暴暴彈，打入查某透心肝。<br>通街大小走四散，走入山頭去藏山；<br>要食潘粥三頓攜，若有親族走來看。<br>即時消瘦變人干，衫褲沃潛臼臼踊；<br>尋無潘粥可食燒，這糟煩惱攏無笑。<br>不比往時彼鵑踊，蹇糞歪庄打橫閘；<br>打死日本哭媽媽，日本退到聖公媽。<br>土匪號齊與伊刣，日本的銃是馬貢，<br>打死土匪著滅亡。 |
| 26 | 三.一 | 65 | 內山土匪眞正橫，總督來後就太平；<br>大家安穩免驚賊，誰人不感這恩情。 |
| 27 | 三.二 | 69 | 都是頂司有命令，派卜支廳來抽兵，<br>抽入內山打得勝，即卜放咱返家庭。<br>支廳即派乎保正，派卜保正拈國名，<br>第一號頭來拈起，我拈十名亦著行。<br>（〈警丁歌〉） |
| 28 | 三.二<br>七.一 | 71<br>235 | 鮎鮘無腳講行有路，繪過許變來逮吳湖；<br>吳湖講是得作甲長，繪過許變伊得想；<br>卜交就保正合甲長，若卜見官廳，<br>十擺的官司九擺贏。 |
| 29 | 三.二 | 72 | 自動車，jidosha，火車鉤甘蔗，<br>疕瘤猫，掛目鏡。<br>伊老爸做保正，煙箠頭，損勿痛。 |
| 30 | 三.二<br>七.二 | 73<br>251 | 南保正眞難叫，北保正米絞嫌恰小，<br>山仔內保正勢開票，合然保正歪喙人愛笑，<br>五塊寮保正囝仔條，潭內保正開瓦窯，<br>西庄保正無牌照。 |
| 31 | 三.二<br>七.三 | 74<br>255～256 | 講火車卜駛磅崆內，磅崆的水流出來；<br>夭壽日本哦唉嗍來所害，家家戶戶才著造街甲牌。 |

| 32 | 三.三<br>七.二 | 78<br>249 | 一保保正管十甲，十個甲長攏𣍐合，<br>一日共伊捌捌吵，吵欲衙門見巡查，<br>巡查叫來共伊問，敢是風林牽傷長？<br>欲跪草埔仔毋汝轉，早起欲跪格下昏。 |
|---|---|---|---|
| 33 | 三.三<br>七.二 | 79<br>242 | 杏仁茶，見著警察酷〃爬，盅仔損破四五個。<br>警察掠來警察衙，雙腳跪齊〃，<br>大人：後擺不敢賣！ |
| 34 | 三.三 | 81 | 紅的黑的二十八，警察被我躂。<br>你怎樣愛博局，並罵警察？<br>給你批鬢邊甲躂腳踵。<br>大人啊！後擺我不敢！這擺恩典，後擺即給您罰銅錢。<br>好好！這擺放汝去，後擺掠著打半死。 |
| 35 | 三.三<br>七.二 | 81<br>243 | 大人比虎較大隻，嘴開親像大尿杓；<br>若有物件到宿舍，較大代誌攏無掠。 |
| 36 | 三.三 | 83 | 蟺蟲仔——ia⁷ moo¹ lih⁴，<br>博筊——ba⁷ khu¹ jih⁴，<br>佚陶——a⁷ soo¹ bih⁴，<br>大人卜掠走來覕。 |
| 37 | 三.三 | 83～84 | 新做眠床四角桄，三片遮風彫夜婆；<br>咱二人仔來睏尚介好，三人仔來睏睏𣍐落。<br>新做眠床八支腳，中央一堵梢楠柴；<br>咱二人仔來睏較合拍，姻緣無配大精差。<br>新做眠床掛蔥管，蔥管落來蚊罩門；<br>蚊罩掀開卜予兄轉，目尾相拖心頭酸。<br>新做眠床獅仔陣，新撚蚊罩白蘆藤；<br>兄當敢僥娘敢反，招你落街見大人。<br>大人見來齊齊到，日本掠去去斬頭；<br>斬頭𣍐準過，燒香 ieng² nua⁷ 放風飛。 |
| 38 | 三.四 | 88～91 | 日本ハリ講是針，番仔酒矸アキビン，<br>ナキマメ土豆仁，ショイク是做陣，<br>ワタクシ我本身，ニワトリ臺灣雞，<br>アカクツ紅皮鞋，ヒトタサン人此多，<br>キクハナ菊仔花，日本ナク臺灣哭，<br>イロトコ講鉛骰，カケアシ大步走，<br>ヤマサル講山猿，オキトラ大隻虎， |

シヒタケ講香菇，アメフル天落雨，
モチノリ蔴糍糊，カミサマ是神明，
ネマ臺灣講房間，ツマラン無路用，
イソガシ眞無閒，タケノコ是竹筍，
シキシマ敷島煙，イショネル做陣睏
フロシキ包袱巾，サヲタケ是竹篙，
アリマセン講是無，アニヨメ叫兄嫂，
オキホチョ大菜刀，サケタル燒酒桶，
阿媽號做オバサン，トショリ老大人，
カラカサ紙雨傘，ホシソバ大麵干，
チョトミテ借我看，オキサラ大塊皿，
チリガミ綿仔紙，オキヒロイ大與濶，
暗時行禮コンバンハ，卒業號做ソツギョ，
バショノミ是芎蕉，キミワラウ恁愛笑，
透早行禮オアヨ，ワリバシ消毒箸，
アカイモ紅蕃薯，鐵桶號做バケツ，
オキブタ大隻豬，ナマイキ眞激屎，
コチクル對此來，ウミ解說是海，
オキシシ大隻獅，オキイヌ大隻狗，
國語ミゾ是水溝，トシトル人眞老，
タマネギ是蔥頭，アチタテ站彼竪，
タベナイ講無食，アリガト眞多謝，
チョトル去拿蝶，ハツカシ眞見笑，
ウソ臺灣講詨精，ミナイク去了了，
ハラヘル腹肚飢，チョトマテ緩且是，
イツマデ到何時，朝日號做アサヒ，
オキハタ大枝旗，枕頭號做マクラ，
ブタアシ是猪腳，笠仔日本講カサ，
マチガイ有爭差，日本ムシ講是蟲，
オレオト阮親夫，不知號做ワカラン，
ゴロツキ鱸鰻人，講話號做ハナシ，
カネカギ鐵鎖匙，カワイソ無捨施，
オキイケ大口埤，夥記號做ミカケ，
オチヤノム是飲茶，ヤカマシ在哭父，
ホシエビ金鈎蝦，大兄日本叫アニ，
カネトル去提錢，センセイヨム叫先生，
行路號做アルク，アネモコ講姉夫，

| | | | |
|---|---|---|---|
| | | | 水蛙日本カヘル，オキカメ大隻龜，<br>風吹日本講タコ，コガタナ細枝刀，<br>トリボシ打鳥帽，マセマセ當〃邀，<br>イエ日本講是厝，スイギウ講水牛，<br>アリマス着是有，マケ臺灣講是輸，<br>マチ土名番仔火，ブタカワ猪肉皮，<br>イラシヤイ入來坐，チヤリユウ打笑科，<br>カユカク講爬癢，日本ヨメ是新娘，<br>ロユワケ是怎樣，オキハコ大脚箱，<br>石頭日本講イシ，ワステタ沒記得，<br>兎仔號做ウサギ，シラサギ白鴒鴛，<br>愛眠號做ネムタイ，アタリマイ合應該，<br>オモシロイ心適事，オキバカ大箍憃，<br>銀票日本講サツ，ホンヨム在讀書，<br>イシヨイク做陣去，ジヤガイモ馬鈴薯，<br>サケノム食燒酒，タマツキ是撞球，<br>トモダチ講朋友，シラシメ白絞油，<br>手指國語ユビワ，日本スナ臺灣沙，<br>ヤブレタ物打破，ウタ臺灣講唱歌，<br>明日號做アシタ，カンボク是棺柴，<br>青暝日本メクラ，シタ臺灣講下脚，<br>オレツマ我的妻，ツチトル去提土，<br>オキハラ大腹肚，ヒトフトイ人大箍，<br>オニミタ看着鬼，ホヤ臺灣講鷄管，<br>ワルクチ眞歹嘴，カワイソウ眞克虧，<br>イロ臺灣講古井，ソラ解說號做天，<br>耳仔國語講ミミ，ホシ臺灣講天星。<br>（〈國語學習歌〉） |
| 39 | 三.四 | 91 | 日本酒矸せきびん，なんきんまめ塗豆仁，<br>日本いぬ叫做狗，やまさる是山猴，<br>ちよとまて稍等候，いろこと是緣投。 |
| 40 | 三.四 | 91 | 漢文國語三人欠，字若毋捌您再添，下句卜續落去唸。<br>日本 ha² li³ 講是針，酒矸號做 a¹ khi² bin²，<br>na¹ khin² ma² me³ 土豆仁，i¹ so² i² khu³ 是做陣，<br>ua¹ ta² khu² si³ 我本身，sa¹ o² tha² khe³ 是竹篙，<br>a¹ li² ma² sen³ 講是無，a¹ ne² io² me³ 叫兄嫂，<br>oo¹ ki² ho² io³ 大茶刀，no¹ tsir² mo² tsir³ 講無閒， |

| | | | |
|---|---|---|---|
| | | | nin¹ to² 台灣講電燈，tsir¹ ma² lai² 講叫做無路用，<br>i¹ so² nga² si² 眞無閒。 |
| 41 | 三.四 | 92 | 酒矸號做あきびん，なんきんまめ土豆仁，<br>いっしよいく講做陣，わたくし我本身，<br>おおきいとら大隻虎，しいたけ是香菇，<br>あめふり天落雨，もちのり麻䉤糊，<br>さおだけ是竹篙，ありません是講無，<br>あによめ叫阿嫂，おおきいほうちょう大菜刀，<br>なく台灣講是哭，いろおとこ是緣投，<br>かけあし大步走，やまざる講山猴，<br>さけたる燒酒桶，おおきいはち大隻蜂，<br>阿媽是叫おばあさん，としより老大人。 |
| 42 | 三.四 | 92～93 | na¹ ma² i² khi³ 講是成格屎，<br>kho¹ ci¹ khu² loo³ 講是對遮來，<br>oo² moo² si³ loo² i³ 講是心適代，<br>ni¹ ua² thoo² li³ 講是雞，<br>a¹ khai² khu³ cu³ 講紅皮鞋，<br>oo⁵ jie² hit⁴ too³ tha¹ ku³ sang² 講呰爾濟，<br>khi¹ khu³ ha³ na³ 講菊仔花，<br>u² mi³ 解說講是海，<br>oo⁵ ki² si³ si³ 大隻獅，<br>ho¹ oo² tha³ kheh⁴ 講竹篙，<br>a¹ li² ma² sian² 就是無。 |
| 43 | 三.四 | 94 | 羅福星，眞英明，領導抗日大革命。<br>四腳仔，眞不行，<br>強迫大家洋涇濱，說是實行無恥的家庭。 |
| 44 | 三.五 | 99 | 身穿白衫戴白帽，肩頭背銃手舉刀；<br>大大細細都煩惱，煩惱 lio⁵ 腳做番婆。 |
| 45 | 三.五<br>七.三 | 99<br>256 | 韭菜開花直溜溜，芹菜開花拍結毬；<br>日本那會赫夭壽，叫人縛腳擱再揉。 |
| 46 | 三.五 | 99 | 日本來佫遮夭壽，跤仔細細著來揉；<br>踏著石頭痛唉唉，親像毛蟹跤趖趖。 |
| 47 | 三.五 | 100 | 火車欲行行路枋，胡蠅變蜜蜂，土蚓變蜈蚣；<br>大正五年鉸頭鬃，頭鬃鉸了了；<br>順續設博繳，博繳有敗壞；<br>食鴉片得掛牌。 |

| 48 | 三.五 | 100～101 | 男：荏懶查某眞腌臢，日本會議欲搰跤；<br>　　搰跤搰起燴行踏，將心欲跳紫茱礁。<br>女：帽仔戴來佫即聳，日本剪髮佫即重；<br>　　恁厝父母咧苦疼，苦疼鱸鰻無頭鬃。 |
| 49 | 三.六<br>七.二 | 103<br>247～248 | 噆謷醒！<br>內山出瓜笠，瓜笠出來大細頂；<br>鳳山出龍眼，龍眼食來眞正甘；<br>海底出烏蚶，烏蚶食來眞臭羶；<br>日本出阿片，阿片食來眞正濟；<br>妻娶去嫁，子娶去賣，<br>灶君公，奏玉帝，<br>玉帝起脆雷，摃死阿片槌。 |
| 50 | 三.六<br>七.二 | 103<br>241～242 | 鴨江金順利，順和林仔耳，<br>和順黑煙鬧，豐祥得剃頭，<br>茂美周蒼浪，德馨矮仔逢，<br>祥順林錦秀。 |
| 51 | 三.六 | 104 | 鴉片食來腳曲曲，日本掠去龍蝦捆；<br>親成朋友來看眞見笑，鴉片癮著是直條條。 |
| 52 | 三.六<br>七.二 | 104<br>246～247 | 鴉片猴來鴉片猴，鴉片食了半暝後；<br>大人掠去縛馬後，去到茱園亂亂哭；<br>明仔載擱來看，麼是鴉片猴。 |
| 53 | 三.六 | 105～106 | 竹仔街彫弓箭，彫來親堂兄，<br>親堂兄出螃蟹。螃蟹食來眞好食；<br>二府口出木屐，木屐削來眞好穿；<br>公館口飼加鴿，加鴿飼來會講話；<br>十三舖拍綿被，綿被蓋來眞正燒；<br>消壠出弓蕉，弓蕉食來粉〞〞；<br>關帝廟出竹筍，竹筍食來眞是清；<br>番仔出牛奶，牛奶食來眞臭羶；<br>番仔出阿片，阿片食來離忠厚；<br>親戚朋友斷路，妻子也不顧，<br>見着雞就想掠，見着人就著僻，<br>見着蕃藷芋仔下力挖。 |
| 54 | 三.六 | 106 | 朱蘭開花能合蕊，阿片食癮成餓鬼，<br>二蕊目睭烏蕊蕊，一個胸前成樓梯。 |

| | | | |
|---|---|---|---|
| 55 | 三.六 | 107～108 | 講起清朝的明君，五穀豐收是好年巡；<br>外邦各國來歸順，巡備坐天換到道光君。<br>道光坐天天下亂，清朝出有洪秀全；<br>這陣長年咧造反，外國進菸在中原。<br>清朝烏菸是大禮，菸盤敬落大家躺；<br>一人一缽點咧ㄙㄝ丶，吃菸講話是配燒茶。<br>一拖捉著幾落個，烏菸吃來腳蹺蹺；<br>日本捉去龍蝦刁，傢俬雜物嘛敗了了。<br>驚無通燒毋驚餓，烏菸吃著失打算；<br>歸日吃飽顧眠床，一頓無燒就腳手軟。<br>倒落眠床哼ㄍㄚ丶光，煞著賣田擱賣園；<br>烏菸吃著眞毋好，田園厝地嘛續無。<br>人情世事若齊到，親戚朋友得煞絕交；<br>烏菸吃著眞僥倖，每日吃飽顧瘋癲。<br>欲吃無賺眞慘正，淒慘無人通贊成；<br>烏菸吃著眞淒慘，欠穿麻衫像孝男。<br>一頓無吃得酣酣酣，目睭親像咧打大潭；<br>烏菸吃著歸日睏，親像羅漢四界ㄨㄣ。<br>欲吃毋賺變羅漢，欲做頭路嘛眞重難；<br>彼陣愛吃無愛賺，甘願褲帶繫卡緊。<br>烏菸吃著眞正壞，是年過節也毋知；<br>不時守在眠床內，親像死人也未埋。<br>烏菸吃著眞歹命，講著吃菸通人驚；<br>變做沒某也沒子，無朋友嘛無親戚，<br>這條死路著愛行。 |
| 56 | 三.六 | 109 | 枇杷開花子是黃，煙盤排落床中央，<br>哥若要食娘來裝，阮今蓮花泡冰糖。 |
| 57 | 三.六<br>七.二 | 109<br>248～249 | 大頭員外，打死無尋，一冥著蓋被；<br>蓋鈎燒，大頭的愛食弓蕉。<br>弓蕉一下冷，愛食龍眼。<br>龍眼一下甜，愛食牛奶。<br>牛奶一箇羶，愛食阿片。<br>阿片吸一下乾，愛食羼脬。 |
| 58 | 四 | 114 | 近來看見百項新，機器好用果是眞；<br>大家衣食有所靠，都由總督費心神。 |

| 59 | 四 | 115 | 大正八年景氣好，花間查某是滿街趖；<br>有錢通開都就好，毋驚查某生癩瘑。……。 |
|---|---|---|---|
| 60 | 四.一<br>七.三 | 116～117<br>260 | 人插花，你插草；<br>人抱嬰，你抱狗；<br>人睏紅眠床，你睏屎ㄏㄚˇ仔口；<br>人坐轎，你坐匏梏。<br>半天造銅橋，地下量寸尺，<br>田蛉滿天飛，半壁講鬼話，<br>有厝無人企，有米無人吃，<br>銅蛇排路，大蛇吐煙，<br>烏龜ㄋㄨˊ入山，有聽聲無看影。 |
| 61 | 四.一 | 119 | 路頭出有紅金瓜，路尾出有銅線梧，<br>銅線會吼膾講話，牽像戀人唸戀話。 |
| 62 | 四.一<br>七.二 | 121<br>245 | 日本的設巧是牽啊電火，電火是牽來啊較光啊月；<br>望卜是合君啊頭到尾，無疑是相撞啊是到這個五月。 |
| 63 | 四.一<br>四.二 | 122<br>150 | 火車起走嘟嘟叫，七點半鐘到板橋；<br>板橋查某水甲俏，回去賣某給娘招。 |
| 64 | 四.一 | 122 | 白紙寫字青紙封，紅紙包面做批囊；<br>欲寄幾句共君講，內山火車未交通。 |
| 65 | 四.一 | 123 | 火車行到阿公店，無食海水不知鹹；<br>阿君尋娘袂走閃，阿娘尋君海摸針。 |
| 66 | 四.一<br>四.一<br>七.一 | 123<br>131<br>227～228 | 火車欲行〃鐵軌，茉店查某点胭脂。<br>点屆朱〃紅，茉店查某賢揀人。<br>Autobi（オートバイ） Pu〃〃，<br>駛去公園洗身軀。 |
| 67 | 四.一<br>七.二<br>七.三 | 123<br>242<br>256 | 双腳行屆火車頂，双手按在窓仔前；<br>夭壽車長偌僥倖，無可加停五分鐘！ |
| 68 | 四.一 | 123～124 | 水錦（那）開花，紅尾 la-ta，tiuh（仔）<br>tiuh tiuh tan a tom-a la-ta tiuh-a a-to tiuh tiuh tan；<br>牡丹（那）開花，紅尾 la-ta，tiuh（仔）<br>tiuh tiuh tan a tom-a la-ta tiuh-a a-to tiuh tiuh tan；<br>野合（那）開花，紅尾 la-ta，tiuh（仔）<br>tiuh tiuh tan a tom-a la-ta tiuh-a a-to tiuh tiuh tan；<br>黃菊（那）開花，紅尾 la-ta，tiuh（仔） |

| | | | |
|---|---|---|---|
| | | | tiuh tiuh tan a tom-a la-ta tiuh-a a-to tiuh tiuh tan；<br>火車（那）行到，紅尾 la-ta，tiuh（仔）<br>tiuh tiuh tan a tom-a la-ta tiuh-a a-to 磅空內；<br>磅空（那）冷水，紅尾 la-ta，tiuh（仔）<br>tiuh tiuh tan a tom-a la-ta tiuh-a a-to 滴落來；<br>阿兄（那）錢銀，紅尾 la-ta，tiuh（仔）<br>tiuh tiuh tan a tom-a la-ta tiuh-a a-to 我不愛；<br>愛欲（那）手指，紅尾 la-ta，tiuh（仔）<br>tiuh tiuh tan a tom-a la-ta tiuh-a a-to 一只來；<br>阿君（那）錢銀我不愛，愛欲（那）阿君阿都較常來。 |
| 69 | 四.一 | 125～126 | 火車行到，イトアモイタ丢仔，磅空內；<br>磅空的水イト，丢〃銅仔イト，アモイタ丢仔イト，<br>滴落來。 |
| 70 | 四.一 | 126 | 火車卜行三角龍，彎彎越越行燴雄；<br>焦著婿某呣免暢，擺無幾個存天良；<br>焦著婿某呣免品，擺無幾個存良心。 |
| 71 | 四.一<br>四.一 | 127<br>131 | 自動車，坐阿舍；<br>五分仔車，拖甘蔗；<br>癩痔貓，掛目鏡；<br>恁老父，做保正；<br>薰吹頭，損燴疼。 |
| 72 | 四.一 | 127～128 | 娘今共哥隔偌遠，聽見水螺心就酸；<br>若得車路越倒轉，今冥共哥睏同床。 |
| 73 | 四.一 | 128 | 屏東車頭一叢松，親像涼傘無許成；<br>阿哥是娘親看中，相好偌久不可冷。 |
| 74 | 四.一<br>七.三 | 128<br>258 | 憶着下港的錢銀，才着離別臺北君；<br>來屆車頭哭一困，等待幾時娘見君。 |
| 75 | 四.一<br>七.二 | 128<br>246 | 車頭鐘仔響三聲，鐘仔響了車欲行；<br>車頭人客全知影，知影小妹離別兄。 |
| 76 | 四.一<br>七.一 | 130～131<br>233 | 自動車，坐屆第一樓，<br>起腳爬上樓，樓頂蹴透〃，<br>火鍋一皿壹箍五角九，銀袋仔開起來錢無夠；<br>爬起腳，想欲走，<br>叮〃〃，電話屆，<br>將三領献的掠去吊猴。 |

| 77 | 四.一 | 132 | 飛行落地陳金水，君旺駛車潛落水，<br>欣仔坐車展威威，跌落橋腳嘴開開。 |
|---|---|---|---|
| 78 | 四.一<br>七.三 | 135<br>255 | 刺竹開花，歹年冬，日本仔設計除屎桶；<br>老伙仔煩惱無桶放，少年仔歡喜唔免捧。 |
| 79 | 四.一 | 136 | 電髮洋裝高踏鞋，卜交巧氣少年家。<br>交著老君錢較多，迌迌相毛較輸勢。 |
| 80 | 四.一 | 137 | 激洛一隻烏貓氣，頭鬃剪到無半絲；<br>講想卜嫁翁較巧氣，無尾鵪鶉誰卜挓。 |
| 81 | 四.一<br>七.二 | 137～138<br>249 | 講昭和五年齊改正，改正 $e^0$ 剪髮呰流行；<br>講肩頭背二个雞毛揁，安怎剪髮是呰流行。 |
| 82 | 四.一 | 140 | 球間是卜予人解心悶，手舉球箠嘴咬薰；<br>一球三占較省本，較好你散步四界運。 |
| 83 | 四.一<br>六.一<br>七.二 | 140<br>212<br>252 | 第一戀插甘蔗去給會社磅，<br>第二戀吃煙吹風，<br>第三戀吃檳榔吆紅，<br>第四戀撞球相碰，<br>第五戀做戲癲看戲呆。 |
| 84 | 四.一 | 141 | 一台球台四支腳，球床專門茄茇柴；<br>知影的人緊來拍，拍久點數有精差。 |
| 85 | 四.一 | 141 | 一支球箠直 $bun^5 bun^5$，一台球台卜像船；<br>$nge^1 mu^2 to^2 lih^4$ 生水無阮份，撞球無愛傷齊勻。 |
| 86 | 四.二 | 144 | 一年兮槓鼓，二年兮乇某，<br>三年兮騎馬，四年兮送禮，<br>五年兮扛轎，六年兮歕鼓吹。 |
| 87 | 四.二<br>七.二 | 145<br>253 | 一年兮槓鼓，二年兮乇某，<br>三年兮三隻馬，四年兮死娘嬭，<br>五年兮五六排，六年兮拖去坮。<br>高等科，放屎摵雞膏；<br>高等科，放屎糊蠓罩。 |
| 88 | 四.二<br>七.二 | 145～146<br>253～254 | 一年的一年的倥倥，二年的二年的戀戀，<br>三年的吐劍光，四年的愛膨風，<br>五年的上帝公，六年的閻羅王閻羅王。 |
| 89 | 四.二 | 147～148 | 第一工場人拍鐵，手舉鐵錘仔撼鐵枝；<br>撼來汗流全散滴，身軀無洗黏黐黐。 |

| | | | 第二工場人得搓苦蔴，搓來二手全全籖。<br>第三工場人做笠，林投較刺亦著剾。<br>第四工場人油漆，父母生阮大毋值；<br>就細毋聽父母罵，當來艱苦得受監。<br>第五工場人織皮鞋，正手舉針倒手提。<br>第六工場人得織藤籃，大正六年織到當；<br>就細毋聽父母罵，當來艱苦得受監。<br>第七工場人得捌竹椅，刀仔一人舉一支；<br>就細毋聽父母嘴，當來艱苦無剾虧。<br>第八工場人得做木匠，手舉寸尺就來量；<br>量來量去量無夠，剾刀舉來就來；<br>剾來仔剾去又一孔，第一艱苦是犯人。<br>第九工場做土水，手舉土盤超樓梯；<br>超來啊超去毋著位，摔死犯人無所歸。<br>第十工場洗白衫，一日決定洗一籃；<br>就細毋聽父母罵，當來艱苦得受監。<br>十一工場種菜園，手舉鋤頭心就酸；<br>想卜行倕共伊問，問看當時仔通轉家方。<br>十二工場人種菜，抵著朋友淚哀哀；<br>想卜行倕共伊問看覓，驚伊看守倕來捵。<br>十三工場扛石頭，雙腳跪落土腳兜；<br>一日食您三丸飯，石頭較重亦著扛。<br>十四工場人得拍草索，掠人去做犯人哥；<br>是你阿哥仔毋徹透，當來艱苦受監牢。 |
| 90 | 四.二 | 151 | 時鐘看來四點半，冷水洗面通心肝；<br>有僥無僥人在看，隨人伸手摸心肝。 |
| 91 | 四.二 | 151 | 千里路途無嫌遠，見面親像蜜攪糖；<br>苦不時鐘行倒返，好話未講天卜光。 |
| 92 | 四.三 | 152 | 烏貓哥嫁烏狗夫，哥扐白貓做媒人；<br>是哥是不定來迚，拗無烏貓嫁別人。 |
| 93 | 四.三 | 152～153 | 人講烏貓是啥款，衫穿短〃裙下高；<br>有穿長衫花色緞，有掛手錶無手環。<br>人講烏狗都落一个，衫穿束腰褲穿低；<br>毛巾塞滯胸前下，手指目鏡紅皮鞋。<br>烏貓豎滯巷仔口，激夠一身白雹〃；<br>烏狗看著假咳嗽，烏貓捝手合點頭。 |

| | | | 烏猫帶在三層樓，烏狗豎滯土腳兜；<br>二人約束假咳嗽，厚人看著擲石頭。 |
|---|---|---|---|
| 94 | 四.三<br>七.三 | 153<br>256～257 | 一更〃鼓月照山，烏狗數想烏猫娟；<br>街頭巷尾找無伴，找無一个烏猫娟。<br>二更〃鼓月照庭，烏猫數想烏狗兄；<br>人講猫嬈祖無影，但愛烏狗做陣行。<br>三更〃鼓月照門，烏猫烏狗一項物；<br>站的車路想哥爽，夭壽電火簡即光。<br>四更〃鼓月照窓，烏猫哥嫁烏狗夫；<br>烏狗數想猫一項，來去公園恰無人。<br>五更〃鼓天漸光，猫狗結婚免眠床；<br>天公拜了無哥返，來去海埼公會堂。 |
| 95 | 四.三 | 155 | 烏猫穿裙無穿褲，烏狗穿褲激拖土，<br>欲娶烏猫去散步，腳骨若痠坐草埔。 |
| 96 | 四.三 | 157 | 男女若有相中意，愛情發生連當時；<br>正當戀愛有合理，免照古禮來維持。<br>戀愛結婚無甚呆，尙過束縛有事來；<br>未必古早勝現代，論長論短不應該。<br>有粟見風出風櫃，粳米縛粽難做堆；<br>性情無合油攪水，強制婚姻快離開。<br>阻人戀愛無理解，發生結果最悲哀；<br>戀愛若是逢阻碍，失望到底什麼來。<br>最大希望是愛情，生命敢愿做犧牲；<br>黃金到時無路用，戀愛用錢買不成。<br>戀愛此貼好藥方，百年偕老歲壽長；<br>不可一時失打算，消瘦落肉面青黃。<br>鳥隻痛子的苦代，猛獸失羣的悲哀；<br>何況人額的戀愛，離開較慘拖去剀。<br>鳳求凰兮心相同，斬草除根敢不可；<br>鏨索失了雙掛桶，到時反悔尋無人。 |
| 97 | 五.一<br>七.三 | 166<br>256 | 龍眼好食粒粒有，蓮霧開花像銅鐘；<br>夭壽日本仔做僥倖，叫阮君仔去做兵。 |
| 98 | 五.一 | 166 | 蓮霧開花吊銅鐘，夭壽日本仔叫阮阿胤仔去做兵；<br>欲去關仔嶺許神明，許若返來去散步較流行。 |

| 99 | 五.一 | 167 | 我君調去海南島，害阮台灣揣無哥；<br>無采君情對阮好，上驚下日飲合好。<br>第一悽慘守寡婦，儂儂笑阮無丈夫；<br>阮是爲囝來辜負，即著離母丌身軀。<br>大囝哭枵細囝啼，家中無米閣無錢；<br>甘願受苦過日子，望卜晟囝出頭天。 |
|---|---|---|---|
| 100 | 五.一 | 169 | 支那事變英國反，割稻仔派派總動員；<br>日本保正來置管，一排分做兩三團。 |
| 101 | 五.一 | 169 | 徵發公工照戶分，海軍做佫迵陸軍；<br>婿个免做咧歇睏，穗个就做佫痠跤筋。 |
| 102 | 五.一 | 170 | 徵發公工繪離手，山面種作難得收；<br>拄著宮本無講究，蘆黍逐穗發喙鬚。 |
| 103 | 五.一 | 171 | 早起上工五點半，下昏煞工日落山；<br>阮厝父母金金看，看汝心肝在內垵。 |
| 104 | 五.一 | 171 | 想著做工眞歹命，三烏四暗亦著行；<br>行到腳底燒熱痛，找無小娘可憐兄。 |
| 105 | 五.一 | 171 | 石頭發草繪勇健，教狗犁園繪曉行；<br>擔石肩頭哩會痛，腳骨若酸就繪行。 |
| 106 | 五.二 | 177 | 送阮夫君卜起行，目屎流落無做聲，<br>正手舉旗倒手牽子，我君仔做你去拍拼，<br>家內放心免探聽。<br>火車慢慢卜起行，逐个萬歲叫三聲，<br>正手舉旗倒手牽子，我君仔做你去拍拼，<br>家內放心免著驚。<br>爲國盡忠無惜命，從軍出門好名聲，<br>正手舉旗倒手牽子，我君仔神明有靈聖，<br>保庇功勞頭一名。<br>火車慢慢卜起行，一時心酸哭出聲，<br>正手舉旗倒手牽子，我君仔身體顧勇健，<br>盡忠報國頭一名。 |
| 107 | 五.二 | 177 | 送阮夫君卜起行，逐个萬歲喝三聲，<br>正手舉旗倒手牽子，我君啊做你去拍拼，<br>家內放心免探聽。<br>爲國盡忠無惜命，招君出門好名聲，<br>正手舉旗倒手牽子，我君啊神魂有靈聖， |

| | | | 保庇功勞頭一名。<br>火車慢慢卜起行，目屎流落燴出聲，<br>正手舉旗倒手牽子，我君啊卜轉隨便聽，<br>凱旋回轉滿街迎。 |
|---|---|---|---|
| 108 | 五.二 | 177 | 送阮夫君卜起行，目屎流灕燴出聲，<br>正手舉旗倒手牽子，我君做你去拍拼，<br>家內放心免探聽。<br>為國盡忠無惜命，將軍出門好名聲，<br>正手舉旗倒手牽子，我君麼神明有靈聖，<br>保庇功勞頭一名。<br>火車慢慢卜起行，目屎流灕燴出聲，<br>正手舉旗倒手牽子，我君麼著隨便定，<br>解散歌詩滿街迎。 |
| 109 | 五.二 | 178～179 | 坐轎愛知扛轎重，齒痛愛知齒痛人；<br>守備恩情是真重，忘恩背義仙不可。<br>我勸朋友人勸我，趁錢不可思虛華；<br>出征軍人情意大，咱住臺灣真快活。<br>平素開用鹹死死，虛華真會出得錢；<br>講着寄附緊閃避，公益無卜插半絲。<br>非常時局的時代，此時行情愛著知；<br>咱帶臺灣隻自在，塊受致蔭何處來。<br>此時算是非常時，有賣新聞誰不知；<br>咱的兵士真勇氣，每擺都捞優勝旗。<br>日本帝國的國民，士農工商愛認真；<br>着積兵費較要緊，出門即燴逢看輕。<br>自我食到隻大漢，非常時代上為難；<br>總着勤苦骨力趁，食較節約無相干。<br>非常時局愛用錢，着毯着儉可相添；<br>我共朋友恁講起，若不識思戀百姓。 |
| 110 | 五.二 | 180 | 我身亦卜志願兵，著喊賢妻來參詳，<br>母親汝著來接應，我對國即有盡忠。<br>丈夫汝去得認真，即是真正丌國民，<br>母親我會來奉敬，做汝放心去戰爭。<br>我當身體驗兩擺，驗著甲種眾儂知，<br>上慢茲个幾日內，軍營著會寄批來。<br>丈夫靴遠丌地界，汝著寫批回轉來，<br>唔知三年抑五載，丈夫燕回合應該。 |

| 111 | 五.二 | 181 | then⁷ ni⁷ kha¹ ua¹ li³ te⁷ u¹ ki¹ io¹ cu²，<br>前去志願做軍伕，爲著國家咧的義務，<br>出去無比在咱厝，離開某子咧流目屎。<br>卜送軍伕喝萬歲，元帥內底喝出來，<br>雙腳企入 hong³ bu⁷內，元帥內底喝出來。<br>手提手巾拭目屎，聽見水螺咧彈一聲，<br>薄情火車做伊行，無想咱厝的某子，<br>火車直直到兵營。 |
|---|---|---|---|
| 112 | 五.二 | 182 | 提出志願做軍伕，出征不比在咱厝，<br>得要保重咱身軀，就送軍伕到驛頭。<br>相送彼人亂糟糟，離別妻兒想欲哭，<br>嘴喊"萬載"目滓流，聽著風螺瞋一聲。<br>無情火車拖在行，今日離別咱台灣，<br>阮厝父母唅哀怨，會得和平來解散，<br>若無刣贏就不願。 |
| 113 | 五.二 | 183 | 爲著國家的啊義務，出啊外毋比在咱厝，<br>才著保重的身軀，超去車頂想著厝，<br>想著咱厝的啊父母，想啊著父母可憐代，<br>目屎流落無人知。 |
| 114 | 五.二 | 184 | 風雲變色風颱雨，煩惱翁婿海南島，<br>家庭散三頓難度，細子致病卜如何，<br>望翁婿轉來照顧，又去遠路途，<br>望天公共阮保護，保護翁婿過來台灣島。 |
| 115 | 五.三 | 186 | 招官做人眞破格，假意掘草欲煮麋，<br>予到洪賞 gie1 兩下，空擔擔起嚎唉唉。 |
| 116 | 五.三<br>七.二 | 187<br>253～254 | 台中到豐原，褲底結一丸，<br>豐原到彰化，褲底就破了。 |
| 117 | 五.三 | 189 | 敵機來佮公用地，炸彈下了陳水螺；<br>日本看著眞正感，想想分高射砲扑一下。 |
| 118 | 五.三 | 189～190 | 聽去水螺陳一聲，大路停止獪使行；<br>若無照法扑眞痛，日本軍隊眾儂驚。<br>聽去水螺陳三聲，家家戶戶斷火薰；<br>腹肚枵枵著囥忍，目屎攢落做飯吞。<br>敵機來佮街仔底，掃射見射公用地；<br>予咱想著足怨感，炸彈下了陳水螺。 |

| 119 | 五.三<br>七.一 | 190<br>235 | 要疏開，唔疏開，啄鼻仔來，汝就知。 |
|---|---|---|---|
| 120 | 五.三 | 190 | 敵機來佮公用地，爆彈抃了陳水雷，<br>害百姓驚一下，有兮驚佮做狗爬。 |
| 121 | 五.三<br>七.一 | 190～191<br>234 | 飛行機，橄欖子，<br>癩痔王，癩痔墘，<br>來欲死，來欲放銃子。 |
| 122 | 五.三 | 191 | 時機變遷攔快換，日本卜換清朝官，<br>清朝有戲通好看，伊免得驚燒夷彈。 |
| 123 | 六.一 | 196 | 苦苓開花半黑紅，娘仔要跟日本人，<br>日本金銀水噹噹，嘴鬚胡胡驚死人。 |
| 124 | 六.一 | 197 | 出日落雨，刣猪秉猪肚，<br>尪仔穿紅褲，乞食走無路，<br>走去竹腳邊給狗哺。 |
| 125 | 六.一 | 198 | 刺竹大欉眞難彫，日本仔辦事用藤條；<br>此範阿兄遮爽巧，無儂佮汝帶會稠。 |
| 126 | 六.一<br>七.二 | 198<br>243 | 富貴啊富貴，<br>摸脈上對，紅包上貴，<br>日本仔掠去，壓倒就打，<br>按倒就捶，穿紅衫禁在死囚監，<br>木蝨歸堆，蝨母歸總，<br>某囝來看是啼喃哭淚，<br>無牌賣藥是萬代烏龜啊，萬代烏龜。 |
| 127 | 六.一<br>七.二 | 199<br>254 | 男：水蛤仔卜佮恁貫歸摜，貫流溪邊卜飼鱸鰻。<br>男：恁厝父母失照顧，親像壁邊个尿壺。<br>女：石頭發草繪勇健，教狗犁園繪曉行，<br>　　汝怀去台灣係好命，踮厝擔石痞名聲。<br>男：我頂日仔有去衙門報，一張證明煞失落，<br>　　畚斗有時嘛會底糞掃，仙人扑鼓有時錯，<br>　　骸步行歪啥儂無？ |
| 128 | 六.一 | 200～201 | 頭个梳管得骰下鞋，想著苦會死，<br>清朝怀徛日本天，想著日本卜有勢靠，<br>無疑摺骰做番婆，咱嘛第一氣，<br>卜共咱查夫个剪頭毛，日本剪髮得這重，<br>卜剪鱸鰻个頭鬃，日本剪髮格外外， |

| | | | |
|---|---|---|---|
| | | | 路邊剪髮無奈何，想著日本佇苦痛，<br>苦痛鱸鰻無頭鬃，想咱這馬這痞運，<br>艱苦佇時會青春，想著日本這蹩惡，<br>春金怕火倒頭烏。 |
| 129 | 六.一 | 204 | 火車欲行螺絲拴，車頭不離啊日本番；<br>娘仔共哥無啥款哪，予恁一庄才反復亂。 |
| 130 | 六.一<br>七.一 | 204<br>236 | 阿君欲做巡查補，那不店頭食頭路？<br>想著警察偌艱苦，白白的肉曝屆烏。 |
| 131 | 六.一 | 205 | 埔筆仔開花五葉紅，阿娘卜嫁日本人，<br>娶去三工就做 ok[4] sang[3]，手舉藤條卜拍人。 |
| 132 | 六.一 | 206 | 一日總趁二角九，目珠金金看日頭，<br>等候時間猶未到，盤算夭壽監督仔挽過頭。 |
| 133 | 六.一<br>七.二 | 206～207<br>245 | 甘蔗好食二五號，小娘欲逮監督哥，<br>逮著監督都是好，出門人人叫監督婆。 |
| 134 | 六.一 | 207 | 腳踏一叢是牛振鬃啦，手舉這叢葉會紅；<br>阿娘仔欲嫁監督仔樣了，不嫁人家趁食人哦。 |
| 135 | 六.一<br>七.二 | 207<br>252 | 會社銀票若炮紙，做工的挈著歸大拖；<br>少年的若做有粉乃抹，老的做無才掙心肝。 |
| 136 | 六.一 | 207 | 菅芒開花心紅紅，蘆竹開花像菅芒；<br>做工查某綴著監督迗，卡晏去做嘛算一工。 |
| 137 | 六.一 | 207 | 一个飯包是斤二重，揹卜來去農場做農工；<br>夭壽監督仔勢戲弄，予阮下昏轉來毋挃翁。 |
| 138 | 六.二<br>七.二<br>七.三 | 216～217<br>251～252<br>259 | 人插花，你插草。<br>人抱嬰，你抱狗。<br>人坐轎，你坐糞斗。<br>人睏紅眠床，你睏屎礐仔口。 |
| 139 | 六.二<br>七.二 | 217<br>250～251 | 內地留學生，過來臺灣打鐵釘，<br>步兵看做學生，剃頭看做醫生，<br>屎礐看做房間，牢仔內看做佚陶間。 |
| 140 | 六.二 | 218 | 日本查某，穿裙無穿褲，<br>白粉拼命塗，跪地叩頭，爛糊糊。 |
| 141 | 六.二 | 218 | 蕹菜開花會旋藤，花間查某臭賤人；<br>大麵毋食卜食米粉，百姓毋逮逮日本。 |

| 142 | 六.二<br>七.二 | 219<br>244 | 一隻水雞跋落深古井，夯頭一看天圓圓；<br>等待落雨井水淀，才有咱的出頭天。 |
|-----|------|-----|---|
| 143 | 六.二 | 219 | 火車卜行行尾尾，台灣出甜粿；<br>甜粿真好食，台灣出木屐；<br>木屐真好穿，臺灣出鵁鴿；<br>鵁鴿真勢飛，台灣出鼓吹；<br>鼓吹真勢彈，台灣出炸彈；<br>炸彈真厲害，日本仔企繪在。 |
| 144 | 七.一 | 223 | a¹i²u¹e¹o³，扦擔勾仔索，<br>擔石頭，砌石埧，<br>石埧一下崩，先生無鼻孔，<br>石埧一下溜，先生無目睭。 |
| 145 | 七.一<br>七.一 | 223<br>225 | a i u e o，阿兄交阿嫂，<br>這個合彼個，多尾生一個，oo¹ too² khoo³。 |
| 146 | 七.一 | 223～224 | a i u e o，扦擔李仔索，<br>來農場抾蔗粕，抾無，轉來，<br>予人硞硞譟。 |
| 147 | 七.一<br>七.一 | 224<br>228 | 講皮鞋穿來是腳會疼哦，亦有 e⁰ 布鞋仔較好行；<br>講 sap⁴ bun⁵ 仔一塊水一桶哦，洗洗 e⁰繪輸企店人；<br>嫁未三工做 ok⁴ sang³，手舉藤條卜扬人。 |
| 148 | 七.一 | 224～225 | 囝仔兄，恬恬聽，<br>阿公放屁予你聽，<br>呼一下，呼一下二三聲。<br>歐吉桑，食肉粽；<br>肉粽燒燒食芎蕉，芎蕉冷冷食龍眼；<br>龍眼圓圓食粉圓，粉圓滑滑食屜核；<br>屜核脯脯食菜脯，菜脯鹹鹹食李仔鹹；<br>李仔鹹酸酸食尻川，尻川臭臭放大砲；<br>大砲繪出煙，掠你來搟。 |
| 149 | 七.一 | 225 | 手捾飯篋仔卜做工，卜來農場選好翁，<br>看去一个緣投 さん，拜託阿婆仔作媒人。 |
| 150 | 七.一<br>七.一 | 225<br>232 | sen sei，<br>我的腹肚威威鑽，<br>na ni ta be ta ka？牛奶糖，<br>do ko re ta be ta ka？甘蔗園， |

| | | | i tzu ta be ta ka？中晝頓，<br>i ku ra ta be ta ka？無地算。 |
|---|---|---|---|
| 151 | 七．一 | 225 | High collar san 破辮梳，<br>穿雨蒙，偷掠鷄，<br>出去落雨，給爾刣起來秉豬肚。 |
| 152 | 七．一<br>七．一<br>七．一<br>七．一<br>七．一 | 225<br>228<br>229<br>231<br>231 | sa¹ khe² noo³ mih⁴ 啉燒酒，<br>tha¹ ma² chu³ khi³ ua² 是撞球，<br>我咧 lok⁴ kai³ sio²，<br>a¹ too² hi² khi³ 顛倒 khiu²，<br>khoo¹ leh⁴ io¹ se¹ lah⁴ bah⁴ 結歸句，<br>joy na joy na joy，<br>……。 |
| 153 | 七．一 | 226 | Do Re Mi，臭頭桸埕嬰，<br>Do Re Do，臭頭桸たゐば。 |
| 154 | 七．一 | 226 | 紗咪吟曨運動鞋，金框目鏡外國笠，<br>聽候咱有錢才流買，才伓免衰潲戴箬笠。 |
| 155 | 七．一 | 226 | 五隻烏貓排一黨，中央這隻烏貓王，<br>若卜海口共我講，予我發落穿洋裝，<br>洋裝獻領無愛穿，卜穿 io⁹ so² 較流行，<br>si¹ 珠鍊仔背胸前，錶仔卜結倒手爿，<br>懸崎仔皮鞋掐來穿。 |
| 156 | 七．一 | 226 | 膨風啊來哥仔食豆啊餡噢，限娘噢一領ㄅ se²luh⁴ 衫，<br>閣無影來無跡閣汝也ㄅ敢，汝從舊年仔ㄅ限到今。 |
| 157 | 七．一<br>七．一 | 227<br>231 | 火車起行是九點半，手提 kha² ne² 卜拍車單，<br>kha¹ bang² 雨傘是家己掐，sa¹ io¹ na² la³ 是搥心肝。 |
| 158 | 七．一 | 227 | 莧茮煮湯紅 tim³ tim³，白米煮飯紅米心，<br>無兄無弟通致蔭，早去茶園挽茶心，<br>挽有一條腳巾百二拗，送你長腳鱸鰻頭，<br>手提這張 ha⁷ na² khi³，寄去三日予哥字，<br>夭壽提批無好死，共我提到無身屍。 |
| 159 | 七．一 | 227 | 自動車 ji⁷ too³ sia³，<br>五分仔車擔甘蔗，癩寫貓掛目鏡，<br>個老父做保正，薰吹頭仔損繪痛。 |
| 160 | 七．一<br>七．一 | 227<br>234 | 烏貓欲逮運轉手，欲坐大 chiat⁴ 的四界遊，<br>頭家看到訶夭壽，害我減趁兼了油。 |

| 161 | 七・一 | 228 | 紅 phang²，牛乳 phang²，<br>腰桶，屎桶。 |
|---|---|---|---|
| 162 | 七・一 | 228 | 眠床ベト滿房紅，茶盤茶桌金瑝瑝，<br>下暗眠床若齊振動，新娘你就毋通喝救人。 |
| 163 | 七・一<br>七・一 | 228<br>229 | 近視猴，目眈眈，便所看做乎地律，<br>牽目鏡，飲米律，半瞑仔爬起來跳弄斯。 |
| 164 | 七・一 | 229 | 一之三，王是細，<br>玉姐妹，油毋搭，<br>菱薦仔兄戴草笠，まるやま運動會。 |
| 165 | 七・一 | 229～230 | 牧師，牧師，<br>頭 lu¹ lu¹，身痀痀，<br>兼做醫生，醫マうりセン，治痔痀，<br>三不五時，焐信徒種花一大坵，<br>籬笆仔內田櫻樹歇金龜，金龜耀耀飛，<br>牧師流汗請人食西瓜。 |
| 166 | 七・一 | 230 | 扦擔鈎仔索，擔石頭砌石埧，<br>砌無好，人罵你，ばかやろ。 |
| 167 | 七・一 | 230 | 一支二支罔來拈，毋通共阿母仔哭無錢，<br>一退做了又一退，做到當時仔才會快活，<br>人做瓜笠仔金噹噹，咱做瓜笠仔破三孔，<br>人做草蓆いちばん，咱做草蓆蓋屎礐仔桶。 |
| 168 | 七・一 | 230 | 阿哥存辨搭別嫂，阿娘存辨搭別哥；<br>人材比你有較無，紙票提來在蟯刀。 |
| 169 | 七・一 | 231 | 講腳穿皮鞋來 khik⁸ khiak⁸ 叫哦，<br>出門 e⁰ 帶飯略矗燒哦，<br>講身軀 tha¹ khu¹ sang¹ 來金仔票，<br>阮無彼嘴水提繪著。 |
| 170 | 七・一 | 232 | 水鬼父仔，擯捶洗腳帛。<br>河童の叔父さんがばく御洗濯。 |
| 171 | 七・一 | 232 | 為娘割吊心肝亂，六十甲子算十番；<br>咱若一人歹一款，任仙來接繪照原。 |
| 172 | 七・一 | 233 | 台灣治安那咯頭一段，全省發明掠流氓；<br>咯掠去校庭審來判，啊若有罪無罪送後山； |

| | | | |
|---|---|---|---|
| | | | 嘿復來判官<sub>坐彼個交椅頂哪</sub>，咯犯人牽來面頭前；<br>嘿一些書類直直翻，刏人放火定死刑哪；<br>強姦的人那彼個罪上重，上少定得猶有十外冬；<br>會面親像在培墓，看守親像大主公啊。 |
| 173 | 七．一 | 233 | 時鐘來行有時陣，行俗一點六十分，<br>俗君講話無勞滾，無驚予怎賣新聞。 |
| 174 | 七．一 | 234 | 講屆警察戴紅帽，腳穿皮鞋身下刀；<br>欲來吾厝掠相好，害吾娘仔尋無哥。 |
| 175 | 七．一 | 234 | 監獄對面是學校，學校對面八卦樓；<br>日頭過午哥未屆，知是先生做對頭。 |
| 176 | 七．一 | 234 | ……有的賣電池，<br>……裁縫做洋服，<br>……有的洗便所，<br>……齒科補嘴齒，<br>……技師在畫圖，<br>……。 |
| 177 | 七．一 | 235 | 水蛙仔娟，牽金線，牽馬上南山。<br>南山無馬草，牽屆老婆仔門腳口；<br>老婆拍一下痛〃〃，投來投去投保正；<br>保正去餉龜，投姊夫；<br>姊夫去賣蚵，投嬸婆；<br>嬸婆賣粗紙，投來投去投着我；害我心肝拍〃彈。<br>雞公弄雞妹；雞妹下落井。<br>井鳥〃，鱔魚咬蝦姑，蝦姑走去蟄，<br>龜咬劍，劍一缺，<br>龜咬鱉，鱉無尾，蟮虫咬柿粿；<br>柿粿必做周，鱔魚咬泥鰍，<br>泥鰍水裡汜，老公穿破裘；<br>破裘十八補，在田岸頭哭無妻。<br>掠隻水蛙仔娟給做妻。 |
| 178 | 七．一 | 235～236 | 高枝辦事真正清，<br>九份總巡是高登，<br>辦桌叫凹嘴， |

| | | | 凹嘴辦桌好食極無比，<br>九份團長楊仔枝，<br>流籠伊咧開，<br>楊仔石開烏歸。 |
|---|---|---|---|
| 179 | 七.一 | 236 | 七月十六人普渡，一陣壯丁卜押孤；<br>隨人伙計隨人某，㐂去嶺頂看搶孤。 |
| 180 | 七.一 | 236 | 甘蔗拖歸車，拖去到會社；<br>你若敢偷食，原料蝦仔共你掠，<br>打到嘴毗疼。 |
| 181 | 七.一 | 236〜237 | ……店在鐵道部，<br>……畢業店役場，<br>……市場做巡查。<br>……市場監督送，<br>……車頭做驛夫。<br>……店在海山郡，<br>……會社份股株，<br>……帶在太田組，<br>……店在臺北驛，<br>……保甲做書記，<br>……學校做小使，<br>……在做辯護士，<br>……郵便提電報，<br>……有的在配達，<br>……。 |
| 182 | 七.一 | 237 | 人客：四句𣍐曉講，<br>　　　$a^1 khe^2 mo^2 no^3$ 卜總捧。<br>新娘：薰葉佇薰欉，<br>　　　薰枝佇薰行，<br>　　　請你毋通總捧，<br>　　　一條請你，賰的卜請別人。 |
| 183 | 七.一 | 237 | 敷島一支食一半，留卜一半乎心肝；<br>心肝無來卜按怎，暝昏老戲續免搬。 |
| 184 | 七.一 | 327〜238 | 㤉尾烏貓串穿穿ばんべ，心肝注想少年家，<br>是娘生婿毋懸佫毋低，阿兄嫌汝屁股較大个。 |
| 185 | 七.一 | 238 | 阿君可比五小爺，出門無轎也著車；<br>五萬銀錢寄會社，五百開了才趁食。 |

| 186 | 七.一 | 238 | 火車欲行劍潭廟，劍潭落來明治橋；<br>今來為哥給人笑，更再給哥看無着！ |
|---|---|---|---|
| 187 | 七.一 | 238 | ……<br>打狗淺野紅毛土。<br>……。 |
| 188 | 七.一 | 238〜239 | ……<br>二幅漆仔畫神社，神社吊橋自動車；<br>叫君轉去著好子，路頭離遠惡探聽。<br>……。 |
| 189 | 七.一 | 239 | 新起瓦厝土埆壁，厝頂卜蓋日本瓦；<br>今年阿哥仔較散赤，姑將無奈入會社；<br>會社入來艱苦代，眾人有去才會知。 |
| 190 | 七.二 | 240 | 日本過來啊戴啊紅帽，身啊軀背銃是手仔舉刀；<br>大大細細是愛煩惱，煩啊惱搙腳是做啊番啊婆。 |
| 191 | 七.二 | 243〜244 | 一欉樹仔迍過嶺，海底的船卜載兄；<br>台灣嘛會換保正，小娘仔嘛會換親兄。<br>一欉樹仔迍過嶺，海底的船卜載君；<br>台灣嘛會換日本，小娘嘛會換親君。 |
| 192 | 七.三 | 258 | 農插花伊插草，農坐新娘轎伊坐破糞斗。 |
| 193 | 七.三 | 258 | 人插花，你插草；<br>人睏紅眠床，個睏屎礐仔口。 |
| 194 | 七.三 | 259 | 人插花，你插草；<br>人睏紅眠床，你睏屎礐仔門。 |
| 195 | 七.三 | 259 | 人插花，你插草；<br>人抱嬰，你抱狗；<br>人睏紅眠床，個睏屎礐仔口。 |
| 196 | 七.三 | 259 | 人插花，你插草；<br>人抱嬰，你抱狗；<br>人睏紅眠床，你睏屎礐仔口； |
| 197 | 七.三 | 259 | 人插花，你插草；<br>人抱嬰，你抱狗；<br>人睏紅眠床，你睏門腳口；<br>人嫁翁，你逮人走。 |
| 198 | 七.三 | 259 | 人插花，你插草；<br>人未嫁，你先走； |

| | | | 人睏紅眠床，你睏屎礜仔口；<br>人抱嬰，你抱狗。 |
|---|---|---|---|
| 199 | 七.三 | 259 | 人插花，你插草；<br>人坐轎，你坐膨匏笔；<br>人抱孫，你抱狗；<br>人未嫁，你先綴人走。 |
| 200 | 七.三 | 259 | 人插花，你插草；<br>人抱嬰，你抱狗；<br>人睏大眠床，你睏屎仔礜口；<br>人坐轎，你坐黃金斗。 |
| 201 | 七.三 | 259 | 人插花，伊插草；<br>人抱嬰，伊抱狗；<br>人睏眠床，伊睏屎巷仔口；<br>人坐轎，伊坐畚箕。 |
| 202 | 七.三 | 259 | 人插花、你插草、<br>人未嫁、你先走、<br>人抱孫、你抱狗、<br>人睏紅眠床，你睏糞堆斗。 |
| 203 | 七.三 | 259 | 人插花，伊插草；<br>人抱嬰，伊抱狗；<br>人未嫁、伊先走；<br>人坐轎，伊坐糞斗；<br>人睏紅眠床，伊睏屎礜仔口。 |
| 204 | 七.三 | 260 | 人插花，你插草；<br>啊人抱嬰，你抱狗；<br>啊人未嫁，你安怎逮人溜溜走；<br>啊人坐轎，你坐斗；<br>人睏紅眠床，你睏屎礜仔口。 |
| 205 | 七.三 | 260 | 羞！羞！羞！未見誚。<br>人插花，伊插草，<br>人抱嬰，伊抱狗，<br>人未嫁，伊先對人走， |

| | | | |
|---|---|---|---|
| | | | 人坐轎，伊坐糞斗，<br>人睏紅眠床，伊睏屎礐仔口。 |
| 206 | 七.三 | 260 | 人插花，你插草；<br>人宰豬，你宰狗；<br>人在吃，你在號；<br>人坐船，你坐糞斗；<br>人睏紅眠床，伊睏屎斛兒口；<br>人做紅頂四轎，你掛包袱兒隨人走。 |
| 207 | 七.三 | 260 | 人插花，你插草，<br>人抱嬰，你抱狗，<br>人未嫁，你先走；<br>人睏紅眠床，你睏竈腳口；<br>人食山珍味，你煮芋仔頭；<br>人穿紅花衫，你結殕稻草；<br>人坐金花轎，你佇得摔畚斗。 |

# 附錄二　本論文使用歌謠異文表

說明：1. 表中所列本論文使用歌謠之異文係筆者所查見者，實際變化當不止此。

2. 爲免表格內容過於繁瑣，異文部分只標示歌謠出處、頁數、講述者，歌謠出處文本詳細資料請參〈參考文獻〉。

3. 出現章節以國字數字標明，前面爲章，後面爲節，中間以「.」爲斷。

4. 部分歌謠在原文本中無標點符號，表中所示標點係筆者所加，以便觀覽。

| 編號 | 出現章節 | 論文使用之歌謠 | 異文 |
|---|---|---|---|
| 1 | 二.三<br>六.一<br>七.二 | 聽我唱！聽我唱！東邊出有一粒星；中國出有劉欽差，劉欽差，做人眞厲害，隔轉年日本仔來，台灣則改民主國，台北十日漉漉漉，唐總統無底踏，總統卜換劉永福，台南紳士陳仔搏，紳士無采工，六八用七三，銀票使無路，兵餉無法度，兵仔無食無變步。乒，磅，唪！大砲，銃子亂肆彈，日本仔南北來上山，百姓唔甘愿，共伊刣甲血那濺，大戰八卦山，南打狗，北彰化，一下破，唐欽差唔敢滯，半暝走唐山，百姓大哭搥心肝。日本仔刣一贏，兵馬來入城，百姓大驚惶，蕃仔上山無頭鬃，胡蠅變蜜蜂，塗蚓變蜈蚣，台灣變番邦，大厝走空空，查某囡仔，宓甲就 | 劉欽差用計無采工，胡蠅變蜜蜂，肚滾變蜈蚣，大厝走空空，台灣變番邦，日本無頭鬃。（周榮杰：〈台灣歌謠的產生背景（一）〉，《民俗曲藝》64 期，1990.3，頁 30。） |

| | | | |
|---|---|---|---|
| | | 挖老鼠空。蕃仔上山偷掠雞，一遍雞鳥掠了了，順勢禁跋繳，跋繳禁去人驚驚，道衙口改做民政廳，台南廟宇封最濟，百姓大哭爸，派卜警察巡邏趕掃地，掃地掃來真懊惱，苦刑來損狗，損狗人人看見面烏烏，設納營業佮地租，營業地租完去無歡喜，開山宮屎山仔頂，卜起大菜市，日本仔真勞請，真勞反，一擔扣五仙，擔頭扣來無生理，大家食貴米，日本仔勞反變，台灣人剝甲攏無錢，番仔兮未是，講著橫死死，無敗無天理，日本仔若無趕出去，台灣人縛甲死死死。 | |
| 2 | 二.三 | 日本上山兵五萬，看見姓辜行頭前；歡頭喜面到臺北，不管阮娘舊親情。 | 日本起山五萬兵，遇著○○做頭前；娘花要乞想心行，無想早前半點情。（東方孝義著：《台灣習俗》，頁166。） |
| 3 | 二.三 | 嘿嘿嘿都一隻鳥仔哮救救嘿嘿嗬，哮到三更一半暝找無巢，嗬嘿嗬啊；嘿嘿嘿都什麼人仔加阮弄破這個巢都呢，乎阮掠著不放伊干休，嗬嘿嗬啊。 | 一、捉要死，捉要死，個生個有，個生個有，一隻鳥仔，嘿，嘿，嘿，都哦三更半夜，嘿，嘿，找無巢不知要怎樣。（舒蘭編著：《中國地方歌謠集成 11 台灣兒歌（一）》，頁184～185。）<br>二、一隻鳥仔，嗨嗨嗨都咬吱球伙嗨，三更半暝，伙伙伙嗨伙嗨，找無巢哩，真可憐呀。（舒蘭編著：《中國地方歌謠集成 12 台灣兒歌（二）》，頁63。） |
| 3 | 三.一<br>七.一 | 憲兵出門戴紅帽，肩頭負銃手舉刀；若有乞人即來報，銀票澤山免驚無。 | 一、日本出戰戴白帽，肩頭負銃手舉刀；抵著好人就緊去通報，抵著乞人就過刀。（胡萬川總編輯：《蘆竹鄉閩南語歌謠〈六〉》，頁238；講述者：吳陳桂。）<br>二、日本憲兵戴紅帽，街頭巷尾賴賴趖；若有乞人就來報，賞金較濟錢多多。（游淑珺：〈近代基隆地區俗語中的漢人移民與戰亂經驗〉，《臺北文獻》直字144期，2003.6，頁171。） |

| 4 | 三.一 | 兄弟和番眞正妙，二來下本整腦寮；收除山賊卻然了，安局收兵第一條。 | 兄弟和番眞正妙，二來下本整腦寮；收除山賊卻默然，安局收兵第一條。（喜安幸夫著：《台灣抗日秘史》，頁 147。） |
|---|---|---|---|
| 5 | 三.二 | 自動車，jidosha，火車鈎甘蔗，疕瘖猫，掛目鏡。伊老爸做保正，煙箠頭，損匆痛。 | 一、瘋烏猫！掛目鏡！烟吹頭損怱痛！損一下痛！見保正！保正怱采理！見雞稠！雞稠要飼雞！見茱花！茱花眞好食！見乞食！乞食要分錢！死了年！（曹甲乙：〈童謠集零〉，《臺灣文獻》20 卷 1 號，1968.3，頁 167。）<br>二、自動車，坐阿舍；五分仔車，拖甘蔗；癩瘖貓，掛目鏡；恁老父，做保正；薰吹頭，損繪疼。（邱冠福編著：《台灣童謠》，頁 87。）<br>三、自動車 ji$^7$ too$^3$ sia$^3$，五分仔車擔甘蔗，癩瘖貓掛目鏡，個老父做保正，薰吹頭仔損繪痛。（胡萬川總編輯：《沙鹿鎮閩南語歌謠（二）》，頁 178；講述者：陳清漢。）<br>四、自動車，坐阿舍，団仔人，牽墨鏡，尹老爸，做保正，煙吹頭，損不痛。（施福珍：《台灣団仔歌一百年》，頁 141。） |
| 6 | 三.二<br>七.二 | 南保正眞難叫，北保正米絞嫌恰小，山仔內保正勢開票，合然保正歪喙人愛笑，五塊寮保正囡仔條，潭內保正開瓦窯，西庄保正無牌照。 | 南保正眞難叫，北保正米絞嫌較小，山仔內保正賢開票，合然保正斜嘴人愛笑，五塊寮保正団仔條，潭內保正開瓦窰，西庄保正無般腳。（本社：〈臺灣的諺語和民謠（筆談會）〉，《臺灣風物》19 卷 1、2 期，1969.6，頁 4；講述者：蔡秋桐。） |
| 7 | 三.三<br>七.二 | 杏仁茶，見著警察酷〃爬，盅仔損破四五個。警察掠來警察衙，雙腳跪齊〃，大人：後擺不敢賣！ | 一、油炸粿杏仁茶，見著警察咯喀爬，碗公弄破四五個，大人掠去警察衙，叫阮雙腳企齊齊，唉唷喂！大人啊！阮後擺不敢賣，阮後擺不敢賣。（施福珍：《台灣団仔歌一百年》，頁 52。）<br>二、油炸粿，杏仁茶，看到警察 |

| | | | | |
|---|---|---|---|---|
| | | | | 做狗爬，甌仔摃破四五塊，警察拿去警察衙，大人後擺不敢賣。（黃哲永編：《台灣民間文學精選集》，頁76。） |
| 8 | 三.三<br>七.二 | 大人比虎較大隻，嘴開親像大尿杓；若有物件到宿舍，較大代誌攏無掠。 | | 日本警察比虎卡大隻，嘴開參象那尿蝦，那有密件到宿舍，卡大殆誌噥無抓。（臺灣省文獻委員會採集組編校：《彰化縣鄉土史料》，頁621；講述者：林金津。） |
| 9 | 三.三 | 新做眠床四角桃，三片遮風彫夜婆；咱二人仔來睏尚介好，三人仔來睏睏膾落。新做眠床八支腳，中央一堵梢楠柴；咱二人仔來睏較合拍，姻緣無配大精差。新做眠床掛蔥管，蔥管落來蚊罩門；蚊罩掀開卜予兄轉，目尾相拖心頭酸。新做眠床獅仔陣，新撚蚊罩白蘆藤；兄當敢僥娘敢反，招你落街見大人。大人見來齊齊到，日本掠去去斬頭；斬頭膾準過，燒香 ieng² nua⁷ 放風飛。 | | 新做眠床掛八柱，手枕毋睏睏手ㄎ一ㄠ；手ㄎ一ㄠ睏來有較軟，小姐嘴邊親起來有較甜糖。新做眠床掛八腳，三片遮風是好材；新作眠床掛床道，三片遮風睏夜婆。阿娘仔願心ㄍㄚˋ哥好，並無外人通拐索；新做眠床紅綢綢，蚊罩放落兩條抽。少年有君通拐誘，年老無君仔通收留；新做眠床獅仔陣，新做蚊罩青羅藤。阿君無來娘做稞，做欲台中見大人；結果大人緊緊到，掠阮親兄去ㄊㄞ一頭，ㄍㄚˋ伊燒灰研磨放風飛。（林松源主編：《彰化縣民間文學集 13【溪湖埔鹽】》，頁67～68；講述者：洪高月英。） |
| 10 | 三.五 | 身穿白衫戴白帽，肩頭背銃手舉刀；大大細細都煩惱，煩惱 lio⁵ 腳做番婆。 | | 日本過來啊戴啊紅帽，身啊軀背銃是手仔舉刀；大大細細是愛煩惱，煩啊惱摺腳是做啊番啊婆。（胡萬川總編輯：《苗栗縣閩南語歌謠集》，頁54；講述者：紀月霞。） |
| 11 | 三.五<br>七.三 | 韭菜開花直溜溜，芹菜開花拍結毬；日本那會赫夭壽，叫人縛腳攔再摺。 | | 竹筍出世尖尾溜，捲心白菜尾勾勾；台灣日本真夭壽，叫咱縛腳攔再摺。（胡萬川總編輯：《蘆竹鄉閩南語歌謠〈二〉》，頁60；講述者：王陳匾。） |
| 12 | 三.六 | 鴉片食來腳曲曲，日本掠去龍蝦搁；親成朋友來看真見笑，鴉片癮著是直條條。 | | 阿片食來腳曲曲，挪去衙門龍眼雕；乎人刑把大見少，食得阿片卜食道。（張哲郎總編纂，張素玢等撰稿：《北斗鎮志》，頁690。） |

| 13 | 三.六<br>七.二 | 鴉片猴來鴉片猴，鴉片食了半暝後；大人掠去縛馬後，去到菜園亂亂哭；明仔載攔來看，麼是鴉片猴。 | 鴉片食來半暝後，去佫菜園亂亂蕁；予儂掠去縛甸後，天光來看着此个烏薰猴。（黃鴻禧主編：《員山相褒歌》，頁 229；講述者：張阿員。） |
|---|---|---|---|
| 14 | 三.六 | 竹仔街彫弓箭，彫來親堂兄，親堂兄出螃蟹。螃蟹食來眞好食；二府口出木屐，木屐削來眞好穿；公館口飼加鴒，加鴒飼來會講話；十三舖拍綿被，綿被蓋來 | 一、毛蟹仔腳丁當擲，竹仔腳張弓箭；張來我不驚，臺灣出蓁兄。蓁兄眞正濟，淡水出毛蟹；毛蟹四散去，大埔林出加莖。加莖大細腳，雲霄厝破香腳；香腳破來好做香，內山好種薑。種去大細批，溪仔底出蕃薯；蕃薯種來眞好食，暗街仔刐木屐。木屐眞好穿，鹽館口飼加令；加令飼久賢講話，布街打棉被。棉被蓋來眞正燒，山頂穩芎蕉；穩來眞正煙，內山發竹筍。竹筍眞正清，後庄仔出牛乳；牛乳眞臭獻，日本出阿片。阿片眞正香，海底出烏蛉（案：應爲「蛤」之誤）；烏蛤眞厚肉，布街淋糖塔。糖塔眞正高，生子孫中狀元；狀元出遊街，賊仔偷拿雞；拿雞拿去藏，紅龜換肉粽。（片岡巖撰，陳金田譯：《臺灣風俗誌》，頁 295～296。）<br><br>二、毛蟹仔腳叮噹挍，竹仔腳張弓箭，台灣出菅蓁，菅蓁眞正多，滬尾出毛蟹，毛蟹四散去，大莆林出葭筍，葭筍大細口，雲霄厝剖香腳，香腳做好香，內山好種薑，種去大細排，溪仔底種蕃藷；蕃藷眞好食，暗街仔做木屐，木屐眞好穿，鹽館口飼鴛鴒，鴛鴒飼久會講話，布街頭打棉被，棉被蓋來眞正燒，山頂種芎蕉，芎蕉得要燻，內山出竹筍，竹筍眞正甜，後庄仔出牛奶，牛奶眞臭羶，印度出鴉片，鴉片眞正芳，海底出烏蚶，烏蚶眞夥肉，布街淋糖塔，糖塔眞正高，生子生孫中狀元，狀元出遊 |

| | | | 街，賊仔偷獵雞，獵雞獵去藏，紅龜換肉粽。（黃哲永編：《台灣民間文學精選集》，頁 103。） |
|---|---|---|---|
| 15 | 四.一七.二 | 日本的設巧是牽啊電火，電火是牽來啊較光啊月；望卜是合君啊頭到尾，無疑是相撞啊是到這个五月。 | 一、日本來佫牽電火，電火牽來卡光月；阿兄來行娘來綴，親像天頂雲綴月。（黃鴻禧主編：《員山相褒歌》，頁 152；講述者：簡阿玉。） |
| | | | 二、日本仔來佫牽電火，電火牽來卡光月；娘身一年加一歲，唔敢佮君仔扑笑詼。（林錦賢總編輯：《宜蘭縣壯圍鄉囝仔歌老歌謠》，頁 17；講述者：莊何阿寶。） |
| | | | 三、若無日本牽電火，電火牽來較光月；小妹咱若欲歹絕，毋通留在嘴唇皮。（張詠捷計畫、執行：《海島的歌　澎湖地區褒歌採集計畫成果》；講述者：洪文魁。） |
| 16 | 四.一四.二 | 火車起走嘟嘟叫，七點半鐘到板橋；板橋查某水甲俏，回去賣某給娘招。 | 一、火車起行嘟嘟叫，五點十分到板橋，板橋女人水又笑，回來賣某給她招。（臺灣省文獻委員會採集組主編：《臺北縣鄉土史料》，頁 347；講述者：張振成。） |
| | | | 二、十點半鐘到板橋，板橋查某美加笑，轉去離某給娘招。（臺灣省文獻委員會採集組主編：《臺北縣鄉土史料》，頁 30；講述者：林銘勳。） |
| | | | 三、火車欲行嘟嘟叫，十點五分到板橋，板橋查某水甲笑，來去賣某乎伊招。（本社：〈臺灣的諺語和民謠（筆談會）〉，《臺灣風物》19 卷 1、2 期，1969.6，頁 5；講述者：陳德利。） |
| | | | 四、火車卜行吱吱叫，三點五分到枋橋，枋橋查某婿佮笑，轉來賣某去予伊招。（曾子良等采編：《基隆市民間文學采集（三）》，頁 69；講述者：林卻。） |
| | | | 五、火車起行嘟嘟叫，一點五 |

| | | | 分到枋橋，枋橋諸婦婿復俏，返來賣婦予伊招。（黃哲永編：《台灣民間文學精選集》，頁62。）<br>六、火車欲行嘟嘟叫，十點五分到板橋，板橋查某婿閣笑，離母離父來予招。（張詠捷計畫、執行：《海島的歌　澎湖地區褒歌採集計畫成果》；講述者：陳李門。） |
|---|---|---|---|
| 17 | 四.一<br>七.二<br>七.三 | 双腳行屆火車頂，双手按在窗仔前；夭壽車長佶僥倖，無可加停五分鐘！ | 火車卜行鐵枝頂，雙手攀在窗仔前。夭壽車長真僥倖，無可等候五分鐘。（怒濤：〈歌謠拾遺〉，《風月報》一二三期，昭和16（1941）.2.1，5 版。） |
| 18 | 四.一<br>七.三 | 刺竹開花，歹年冬，日本仔設計除屎桶；老伙仔煩惱無桶放，少年仔歡喜唔免捧。 | 一、近來時設電頭鬃，日本過來除屎桶；啊這些老也煩惱無埇放，啊少年也就歡喜唔免捧。（筆者采訪所得。講述者：臺南縣後壁鄉王先生。）<br>二、日本來台除土桶，少年仔歡喜毋免捧，老人煩惱無塊放。（黃文博作：《南瀛俗諺故事誌》，頁272。） |
| 19 | 四.一<br>六.一<br>七.二 | 第一戀插甘蔗去給會社磅，第二戀吃煙吹風，第三戀吃檳榔呅紅，第四戀撞球相碰，第五戀做戲癲看戲呆。 | 一、第一戀挵球相碰，第二戀種甘蔗予會社磅，第三戀食菸歕風。（李明進著：《萬丹鄉采風錄》，頁290。）<br>二、第一戀，食薰歕風；第二戀，插甘蔗予會社磅。（胡萬川、康原、陳益源總編輯：《彰化縣民間文學集 18【芬園花壇秀水地區】》，頁79；講述者：吳成偉。）<br>三、第一戀，插甘蔗予會社磅；第二戀，焉查某撚洋裝；第三戀，啉酒住街路亞亞撞；第四戀，食檳榔嘔紅；第五戀，食薰唉風；第六戀，簿局倲 hong[1]。（胡萬川、康原、陳益源總編輯：《彰化縣民間文學集18【芬園花壇秀水地區】》，頁150；講述者：黃 |

|  |  |  | 源榮。） |
| --- | --- | --- | --- |
|  |  |  | 四、第一憨，替人選舉運動；第二憨，種甘蔗給會社磅，第三憨食煙噴風。（莊秋情編著：《臺灣鄉土俗語》，頁 218。） |
|  |  |  | 五、第一憨選舉運動，第二憨提錢相撞，第三憨吃煙噴風，第四憨種甘蔗會社磅。（吳新榮著：《吳新榮全集卷 4 南台灣采風錄》，頁 100。） |
|  |  |  | 六、第一傻抽煙吹氣，第二傻撞球相碰，第三傻測甘蔗給會社檢查。（臺灣省文獻委員會採集組編校：《彰化縣鄉土史料》，頁 244；講述者：簡賜久。） |
|  |  |  | 七、第一憨，撞球相碰；第二憨，呷烟吸風；第三憨，呷檳榔嘔紅；第四憨，種甘蔗給會社碰。（臺灣省文獻委員會採集組編校：《彰化縣鄉土史料》，頁 671～672；講述者：鄭查某。） |
|  |  |  | 八、第一憨，種甘蔗會社磅。第二憨，食薰歕風害健康。第三憨，徛路邊看喝玲瓏。第四憨，食檳榔四界嘔紅。第五憨，食酒醉來吐劍光。第六憨，喪事請五子來哭墓。第七憨，吸毒販毒速死康。第八憨，三字經罵人祖先。第九憨，選舉替人四界□。第十憨，博儌提錢互人東。（陳義弘、陳義丁：〈台灣戲謔歌詩在台灣早期口語文化中的地位研究〉，《彰化藝文季刊》14 期，2002.1，頁 41。） |
|  |  |  | 九、第一憨，食薰哼風；第二憨，食檳榔呸紅；第三憨，做人選舉運動；第四憨，异球桿相撞；第五憨，曝鹽予會社磅；第六憨，㤉查某囡仔搧東風；第七憨，做頭家；第八憨，做舵公。（江寶釵總編輯：《布袋鎮閩南語謠諺》，頁 30；講述者：蕭長洪。） |

| 20 | 四.二 | 第一工場人拍鐵，手舉鐵錘仔撼鐵枝；撼來汗流全散滴，身軀無洗黏黐黐。第二工場人得搓苦蔴，搓來二手全全篾。第三工場人做笠，林投較刺亦著剖。第四工場人油漆，父母生阮大毋值；就細毋聽父母罵，當來艱苦得受監。第五工場人織皮鞋，正手舉針倒手提。第六工場人得織藤籃，大正六年織到當；就細毋聽父母罵，當來艱苦得受監。第七工場人得挶竹椅，刀仔一人舉一支；就細毋聽父母嘴，當來艱苦無剖鬮。第八工場人得做木匠，手舉寸尺就來量；量來量去量無夠，剾刀舉來就來；剾來仔剾去又一孔，第一艱苦是犯人。第九工場做土水，手舉土盤趄樓梯；趄來啊趄去毋著位，摔死犯人無所歸。第十工場洗白衫，一日決定洗一籃；就細毋聽父母罵，當來艱苦得受監。十一工場種荽園，手舉鋤頭心就酸；想卜行偎共伊問，問看當時仔通轉家方。十二工場人種荽，抵著朋友淚哀哀；想卜行偎共伊問看覓，驚伊看守偎來捩。十三工場扛石頭，雙腳跪落土腳兜；一日食您三丸飯，石頭較重亦著扛。十四工場人得拍草索，掠人去做犯人哥；是你阿哥仔毋徹透，當來艱苦受監牢。 | 一、……第一工程人拍鐵，手舉鐵搥損鐵枝；損到汗流全汁滴，等待當時出頭天。第二工程做土水，手捾土捧趄樓梯；趄來趄去毋著位，摔死犯人大剾鬮。第三工程人做木，一手損搥一手鑿；看守出來戞頭殼，今也毋死慇拾角。第四工程做木匠，手舉尺寸卜來量；飼君仔細漢繪曉想，等待當時轉回鄉。第五工程人洗衫，一日限定洗二籃；細漢毋聽父母罵，大正三年洗到當。……（胡萬川總編輯：《沙鹿鎮閩南語歌謠（二）》，頁 160、162；講述者：蔣清傳。）<br><br>二、第一 e⁰ 工啊場啊得啊拍鐵，手舉鐵搥啊撼鐵枝；撼到汗流全汁得滴，一身無洗黏黐黐。第二 e⁰ 工啊場啊搓苦 te⁰ 蔴，搓到雙手全全篾；自細毋聽父母罵，這時艱苦來受監。第三 e⁰ 工啊場啊得油漆，爲著這遭大毋值；牽手啊偎來蹔合 te⁰ 踢，這遭轉來啊愛揩力。第四工啊場啊做藤籃，大正三年啊來到當；自細毋聽父母罵，這時艱苦做藤籃。第五工場啊摺白衫，一日限定哦摺五籃哦；自細毋聽啊父母罵，這時艱苦來受監哦。第六工場啊得種荽，遠遠看著朋友來；想卜出嘴共覓，只驚看守仔偎來 sai¹。第七 e⁰ 工啊場啊做荽 te⁰ 園，看著朋友心頭酸；想卜出嘴共伊問，看 e⁰ 看守仔面仔又擱荒荒荒。（胡萬川、王正雄總編輯：《外埔鄉閩南語歌謠》，頁 210、212；講述者：鄭陳隆盛。）<br><br>三、第一工場ㄝˉ拍鐵，手舉鐵搥損鐵支；鐵支損來汗來共散滴，等候ㄅ尢ˉ時出頭天。第二工場ㄝˉ做土水，手拿土捧爬 |

| | | | |
|---|---|---|---|
| | | | 樓；企勢雙腳踏無對，摔死這個犯人攔尚克虧。第三工場廿⁻做木匠，手舉寸尺就欲來量；一日連做十數樣，毋知ㄅㄤ⁻時仔才欲轉家休。（林松源主編：《彰化縣民間文學集11【田中區1】》，頁153；講述者：蕭玉樹。） |
| 21 | 四.三 | 烏貓穿裙無穿褲，烏狗穿褲激拖土，欲娶烏貓去散步，腳骨若痠坐草埔。 | 一、烏貓隨烏狗，烏貓穿裙無穿褲，烏狗穿褲故拖土。（舒蘭編著：《中國地方歌謠集成12台灣兒歌（二）》，頁137。）<br><br>二、烏貓穿裙，無穿褲，烏狗穿褲，褲骹激拖塗。烏狗卜娶烏貓去散步，行佮公園，拄著落大雨。烏貓只愛烏狗你一人，雙人感情誠好，呷甘放，若卜禮壜趕緊提來送，若呣烏貓卜嫁別人。（江寶釵總編輯：《嘉義市閩南語歌謠集（三）》，頁114；講述者：鄭坤霖。） |
| 22 | 五.一<br>七.三 | 龍眼好食粒粒有，蓮霧開花像銅鐘；夭壽日本仔做僥倖，叫阮君仔去做兵。 | 蓮霧開花吊銅鐘，夭壽日本仔叫阮阿胤仔去做兵；欲去關仔嶺許神明，許若返來去散步較流行。（黃哲永總編輯：《六腳鄉閩南語歌謠集》，頁12；講述者：陳招蘭。） |
| 23 | 五.二 | 為著國家的啊義務，出啊外毋比在咱厝，才著保重的身軀，趄去車頂想著厝，想著咱厝的啊父母，想啊著父母可憐代，目屎流落無人知。 | 一、cu⁷cit⁴志願做軍伕，為著國家的義務，出戰無比在咱厝，亦著保重咱身軀。離開某子亦會哭，火車無定著攔行，行到戰場毋免行，做你心頭掠予定。（胡萬川總編輯：《彰化縣民間文學集10歌謠篇（四）》，頁262；講述者：周林現。）<br><br>二、為著國家的任務，出征不比在咱厝，身體保護你身軀。火車慢慢卜起行，倒手舉旗正手牽子，保庇阿君二冬做透，轉來好名聲。（胡萬川、陳益源總編輯：《雲林縣閩南語歌謠集（四）》，頁142；講述者：翁周玉梅。） |

| | | | |
|---|---|---|---|
| 24 | 五.三<br>七.一 | 要疏開，唔疏開，啄鼻仔來，汝就知。 | 叫汝疏開汝若毋疏開，阿啄仔若來汝著知。（曾子良等采編：《基隆市民間文學采集（三）》，頁133；講述者：林錦泉。） |
| 25 | 五.三 | 敵機來佫公用地，爆彈抾了陳水雷，害百姓驚一下，有兮驚佫做狗爬。 | 敵機來佫公用地，爆彈抾了陳水雷，日本掠去搊喙頓，焉怎人民死靴濟。（黃鴻禧主編：《員山相褒歌》，頁250。） |
| 26 | 六.一 | 苦苓開花半黑紅，娘仔要跟日本人，日本金銀水噹噹，嘴鬚胡胡驚死人。 | 日本錢銀較 tha⁷ khu¹ sang²，嘴鬚鬍鬍鑿死人，鑿著娘仔的面，親像彼芥荣著 ku¹ sin⁵。（胡萬川總編輯：《苗栗縣閩南語歌謠集》，頁56；講述者：陳登仔。） |
| 27 | 六.一 | 出日落雨，刣豬秉豬肚，尪仔穿紅褲，乞食走無路，走去竹腳邊給狗哺。 | 一、天烏〃，欲落雨，尪仔穿紅褲，乞食走無路；和尚穿紅褲，青盲的偷負子撞無路。（李獻璋編著：《臺灣民間文學集》，頁198。）<br>二、也出日！也落雨！刣豬翻豬肚！尪仔！尪仔穿紅褲！乞食走無路！（曹甲乙：〈童謠集零〉，《臺灣文獻》20卷1號，1968.3，頁162。） |
| 28 | 六.一 | 埔筆仔開花五葉紅，阿娘卜嫁日本人；娶去三工就做 ok⁴ sang³，手舉藤條卜拍人。 | 一、講埔筆仔開花是五葉紅噢，啥人兮卜嫁日本人噢；嫁去三工嘛做惡桑，手舉兮藤條卜扬人。（胡萬川總編輯：《桃園市閩南語歌謠〈三〉》，頁122；講述者：黃張阿甜。）<br>二、講埔筆仔開花五葉紅哦，我阿娘仔卜嫁是日本人哦；去到個兜做 ok⁴ sang³，手舉藤條卜拍人哦。（胡萬川總編輯：《中壢市閩南語歌謠〈一〉》，頁176；講述者：藍游阿貴。） |
| 29 | 六.一<br>七.二 | 甘蔗好食二五號，小娘欲逮監督哥；逮著監督都是好，出門人人叫監督婆。 | 甘蔗好食二五號，小娘欲逮委員哥；逮著委員都是好，欲要田園苦驚無。（黃哲永總編輯：《六腳鄉閩南語歌謠集》，頁32；講述者：陳金水。） |

| 30 | 六.一 | 一个飯包是斤二重，揹卜來去農場做農工；夭壽監督仔勞戲弄，予阮下昏轉來毋捽翁。 | 一領白衫白蒼蒼啦，手舉鋤頭做農工；夭壽監督仔勞戲弄啦，戲弄阿娘仔不持翁。（黃哲永總編輯：《六腳鄉閩南語歌謠集》，頁46；講述者：黃王險。） |
|---|---|---|---|
| 31 | 四.一<br>七.三<br><br><br><br><br><br>六.二<br>七.二<br>七.三 | 一、人插花，你插草；人抱嬰，你抱狗；人睏紅眠床，你睏屎ㄏㄧㄚㄍㄧ仔口；人坐轎，你坐匏栳。半天造銅橋，地下量寸尺，田滿天飛，半壁講鬼話，有厝無人企，有米無人吃，銅蛇排路，大蛇吐煙，烏龜ㄋㄨㄣˋ入山，有聽聲無看影。<br><br>二、人插花，你插草。人抱嬰，你抱狗。人坐轎，你坐糞斗。人睏紅眠床，你睏屎礜仔口。 | 一、農插花伊插草，農坐新娘轎伊坐破糞斗。（周長楫、魏南安編著：《臺灣閩南諺語》，頁199。）<br>二、人插花，你插草；人睏紅眠床；個睏屎礜仔口。（胡萬川總編輯：《現場采風：八十三年度民間文學整理研習營實習成果》，稻埕婦女的活動空間／近百年來的變遷，頁109；講述者：蘇女士。）<br>十一、人插花、你插草、人未嫁、你先走、人抱孫、你抱狗、人睏紅眠床、你睏糞堆斗。（黃連發：〈臺灣童詞抄〉，《民俗臺灣》3卷4期，1943.4，頁20。）<br>十二、人插花，伊插草，人抱嬰，伊抱狗；人未嫁，伊先走；人坐轎，伊坐糞斗；人睏紅眠床，伊睏屎學仔口。（舒蘭編著：《中國地方歌謠集成11台灣兒歌（一）》，頁29。）<br>十三、人插花，你插草；啊人抱嬰，你抱狗；啊人未嫁，你安怎逮人溜溜走；啊人坐轎，你坐斗；人睏紅眠床，你睏屎礜仔口。（胡萬川總編輯：《沙鹿鎮閩南語歌謠》，頁136；講述者：李交。）<br>十四、羞！羞！羞！未見誚。人插花，伊插草，人抱嬰，伊抱狗，人未嫁，伊先對人走，人坐轎，伊坐糞斗，人睏紅眠床，伊睏屎礜仔口。（洪敏麟主講，洪英聖著作：《臺灣風俗探錄》，頁265。）<br>十五、人插花，你插草；人宰豬，你宰狗；人在吃，你在號；人坐船，你坐糞斗；人睏紅眠床，伊睏屎斛兒口；人坐紅頂四轎，你掛包袱兒隨人走。（黃麗川、潘廷 |

| | | | |
|---|---|---|---|
| | | | 幹主修：《高雄市志‧藝文篇》，頁 80～81。） |
| | | | 十六、人插花，你插草；人抱嬰，你抱狗；人未嫁，你先走；人睏紅眠床，你睏竈腳口；人食山珍味，你煮芋仔頭；人穿紅花衫，你結瘄稻草；人坐金花轎，你佇得揀畚斗。（胡萬川總編輯：《彰化縣民間文學集 1 歌謠篇（一）》，頁 24；講述者：陳李招治。） |
| 32 | 六.二<br>七.二 | 內地留學生，過來臺灣打鐵釘，步兵看做學生，剃頭看做醫生，屎礐看做房間，牢仔內看做佚陶間。 | 內地留學生，過來台灣打鐵釘，步兵看做學生，剃頭的看做醫生，屎礐仔看做房間，牢仔內看做撞球間。（施福珍：《台灣囝仔歌一百年》，頁 66～67。） |
| 33 | 六.二<br>七.二 | 一隻水雞跋落深古井，夯頭一看天圓圓；等待落雨井水淀，才有咱的出頭天。 | 一、水雞跋落深古井，目睭金金噢看上天；做風落雨若古井滇，水雞綴水出頭天。（林金城主編：《平溪相褒歌》，頁 135；講述者：沈朱娘。）<br>二、水雞跋落古井內，目睭是金金看起來；等待六月若做風颱，水雞綴水流起來。（林金城主編：《平溪相褒歌》，頁 135；講述者：沈朱娘。）<br>三、舊年前年望上天，吂知今年又過顛；蝦蟆跋落深井水，唔知那久出頭天。（鍾理和著：《鍾理和全集 6》，頁 182。） |
| 34 | 六.二 | 火車卜行行尾尾，台灣出甜粿；甜粿真好食，台灣出木屐；木屐真好穿，臺灣出鵁鴒；鵁鴒真勢飛，台灣出鼓吹；鼓吹真勢彈，台灣出炸彈；炸彈真厲害，日本仔企繪在。 | 喂！喂！喂！臺灣出甜粿，甜粿真好食，臺灣出木屐，木屐真好穿，臺灣出駕鴒，駕鴒會講話，臺灣出棉被，棉被蓋會燒，臺灣出芎蕉，芎蕉真大排，臺灣出蕃藷，蕃藷會止飢，臺灣出飛機，飛機真飛，臺灣出鼓吹，鼓吹歕會韻，臺灣出炸彈，炸彈真厲害，予歹人不敢來。（黃哲永編：《台灣民間文學精選集》，頁 96。） |

| 35 | 七.一 | $a^1i^2u^1e^1o^3$，扦擔勾仔索，擔石頭，砌石埗，石埗一下崩，先生無鼻孔，石埗一下溜，先生無目睭。 | あいうえお，擔石頭 $gi^3$ 石埗，石埗一下崩，腳 $liam^5$ 斷一孔。（胡萬川總編輯：《桃園市閩南語歌謠〈二〉》，頁 20；講述者：簡素月。） |
|---|---|---|---|
| 36 | 七.一 | 水蛙仔娟，牽金線，牽馬上南山。南山無馬草，牽屆老婆仔門腳口；老婆拍一下痛〃〃，投來投去投保正；保正去餇龜，投姊夫；姊夫去賣蚵，投嬸婆；嬸婆賣粗紙，投來投去投著我；害我心肝拍〃彈。雞公弄雞妹；雞妹下落井。井烏〃，鱔魚咬蝦姑，蝦姑走去螫，龜咬劍，劍一缺，龜咬鱉，鱉無尾，蟳虫咬柿粿；柿粿必做周，鱔魚咬泥鰍，泥鰍水裡泅，老公穿破裘；破裘十八補，在田岸頭哭無妻。掠隻水蛙仔娟給做妻。 | 一、水蛙仔干，牽金線；牽馬落南山。南山無馬草，牽屆老婆門腳口。老婆仔跋一倒痛〃〃，投保正；保正賣眞珠，投來投去投姊夫；姊夫賣粗紙，投來投去投着我；害我心肝拍〃彈，雞母娶雞妹；雞妹跋落井。井烏〃，要刣〃尼姑；尼姑走去螫，龜咬劍；劍無尾，蟳虫咬柿粿；柿粿必做周，鱔魚咬泥鰍；泥鰍水裡泅，老人穿破裘，穿去十八補，在田岸頭哭無妻。哭着水蛙仔干給做妻。（李獻璋編著：《臺灣民間文學集》，頁 168～169。）<br><br>二、水蛙仔娟，牽金線，牽馬落南山。南山無馬草，牽屆老婆仔的門口；老婆仔拍一下痛〃〃，投來投去投寶鏡；寶鏡去瓦窯，投來投去投嬸婆；嬸婆開窗仔賣粗紙，投來投去投着我。害我心肝拍〃彈。雞母弄雞妹，雞妹跋落井；井烏〃，鱔魚咬魚姑；魚姑沕〃泅；老公老媽穿破裘；穿屆十八補，在船仔頭哭無妻。掠一個水蛙仔娟給做妻。（李獻璋編著：《臺灣民間文學集》，頁 169。）<br><br>三、水蛙仔干，牽金線，牽馬落南山。南山無馬草，走屆老婆仔門腳口；老婆仔拍一下痛〃〃，投來投去投目鏡；目鏡去做客，投來投去投阿伯；阿伯去餇龜，投來投去投姊夫；姊夫去刻紙，投來投去投着我；害我心肝拍〃彈。雞母弄雞妹，雞妹跳落井；井烏〃，鱔魚咬蝦姑。蝦姑走去螫，龜咬劍；劍無尾，龜咬粿； |

| | | | |
|---|---|---|---|
| | | | 粿好食，加鴿換筊籬；筊籬好曝粟，四嬸換四叔；四叔好噴風，老婆仔拍老公；老公走去死，老婆偷柴米；柴幾升？柴半升。頭鬃仔螺扭起來看。看甚貨？看新娘。新娘看著大〃〃，有錢才來娶；娶入廳，拜阿兄。阿兄穿褲白溜〃，阿嫂穿褲接四球，四球接牡丹，牡丹接柘榴，柘榴開花朱〃紅，食父食母不成人。食兄〃生氣，食嫂〃念茹。阿老兄，阿老弟，阿老親家賢教示；教示你這個頭無梳，面無洗，濁溝仔糜塗〃一嘴巴。（李獻璋編著：《臺灣民間文學集》，頁 171～173。） |
| 37 | 七.二 | 一欉樹仔辿過嶺，海底的船卜載兄；台灣嘛會換保正，小娘仔嘛會換親兄。一欉樹仔辿過嶺，海底的船卜載君；台灣嘛會換日本，小娘嘛會換親君。 | 一、一條藤仔旋過崙，海中船仔卜載君；台灣麼著換日本，我娘仔麼著換親君。（胡萬川總編輯：《彰化縣民間文學集 1 歌謠篇（一）》，頁 160；講述者：胡林翠香。）<br><br>二、藤仔大欉旋過崙，滬尾港中歇大船；中國就會換日本，我娘仔麼會換親君。（胡萬川總編輯：《蘆竹鄉閩南語歌謠〈七〉》，頁 150；講述者：王陳匹。）<br><br>三、藤仔大欉旋過崙，港中大船水面行；庄中就會換保正，我娘仔麼會換阿兄。（胡萬川總編輯：《蘆竹鄉閩南語歌謠〈七〉》，頁 152；講述者：王陳匹。）<br><br>四、大條藤仔辿過崙，海底船仔卜載君；台灣也會換日本，小娘仔嘛也會換親君。大條藤仔辿過嶺，海底船仔卜載兄；台灣都會選保正，小娘仔嘛會選親兄。（胡萬川總編輯：《八德市閩南語歌謠〈一〉（鄭邱秀英專輯二）》，頁 20。）<br><br>五、茲爿看過胗爿崙，看著大山 |

| | | | 圓渾渾；大清著會換日本，阮娘仔咁獪閣換君。（林錦賢總編輯：《宜蘭縣壯圍鄉囝仔歌老歌謠》，頁 56；講述者：莊何阿寶。） |
| | | | 六、爲娘掛調心肝悶，飯來獪食泔獪吞；清朝都會換日本，我娘那獪換新君？（本社：〈臺灣的諺語和民謠（筆談會）〉，《臺灣風物》19 卷 1、2 期，1969.6，頁 3；講述者：廖漢臣。） |
| | | | 七、頂來開田下開圳，一條情理安怎分，清朝都會換日本，小娘哪獪換新君。（黃哲永編：《台灣民間文學精選集》，頁 59。） |
| | | | 八、手舉一支敷島菸，欲食毋食放伊焚；日本若來換清國，娘仔正正換親哥。（張詠捷計畫、執行：《海島的歌　澎湖地區褒歌採集計畫成果》；講述者：郭四平。） |